KB216115

곽선희 목사 설교집

50

자기 승리의 비결

곽선희 지음

계몽문화사

머 리 말

　'복음은 들음에서'—이는 진리이며 우리의 경험입니다. 하나님께
서 우리에게 주신 복 가운데 가장 큰 복은 말씀을 주신 것입니다. '말씀
이 육신을 입어서 오신 것'입니다. 말씀을 주셨고 들을 수 있게 하셨고
마음문을 열고 받아 믿게 하신 것, 참 놀라운 은혜입니다.

　말씀은 단순한 지식이 아닙니다. 추상적인 이론이 아닙니다. 말씀
은 선포되는 하나님의 계시적 능력인 것입니다. 말씀의 권능, 그 능력
을 알고 체험하면서 비로소 '말씀 안에서 태어나는 생명적 기적'이 나타
나게 됩니다. 오늘도 그 말씀이 증거되고 새롭게 선포되고 있습니다.
설교가 곧 말씀입니다. 성령의 역사와 함께 끊임없이 이루어지는 생명
의 역사입니다. 이 선포되는 말씀, 증거되는 진리를 통하여 구원의 능
력은 항상 새로워집니다. 말씀 안에서 새 생명이 탄생하고 말씀 안에서
영혼이 소생하며, 그 큰 능력 안에서 우리는 강건해집니다. 우상을 이
기는 능력의 사람으로 성장해가는 신비롭고 놀라운 사건을 강단에서
늘 경험하고 있습니다.

　여기에 또다시 설교말씀을 모아 책자로 내어놓습니다. 예수소망교
회 강단을 통하여 하나님께서 우리에게 주신 말씀입니다. 이제 그 말씀
을 책자로 엮어 내어놓음으로써 우리가 시간과 공간을 월하여 개별적
으로 하나님을 만나게 되는 '말씀의 역사'에 귀중한 방편이 되고자 합니
다. 책자라는 그릇에 담긴 이 말씀들은 읽는 자의 마음 안에서 또다른
'말씀의 신비한 기적'을 낳게 되리라 확신합니다.

　한 시간 한 시간의 설교를 위하여 간절히 기도해주신 모든 성도들
과 이 책자를 출간하기까지 수고해주신 여러분께 진심으로 감사를 드
립니다. 그리고 또다시 영광을 오직 하나님께 돌리면서……

곽 선 희

차 례 머리말 ——— 3
자기 승리의 비결(약 1 : 12 - 18) ——— 8
결승점에 선 사명자(행 20 : 17 - 25) ——— 18
가만히 서서 구원을 보라(출 14 : 10 - 14) ——— 27
그치지 아니하는 감사(엡 1 : 15 - 19) ——— 37
너희도 온전하라(마 5 : 43 - 48) ——— 47
너희도 마음을 넓히라(고후 6 : 11 - 13) ——— 59
시온의 대로가 있는 자(시 84 : 1 - 7) ——— 70
더더욱 유익한 것(빌 1 : 19 - 26) ——— 84
이스라엘의 위로를 기다리는 자(눅 2 : 25 - 35) ——— 96
거기서도 나를 붙드시리이다(시 139 : 1 - 10) ——— 107
긍정적 신앙의 속성(약 1 : 2 - 4) ——— 118
네 말이 참되도다(요 4 : 13 - 24) ——— 128
나를 대신하여 깨우치라(겔 3 : 16 - 21) ——— 139
여호와 이레의 시험(창 22 : 1 - 7) ——— 149
와서 보라 하시니라(요 1 : 35 - 46) ——— 159
장차 나타날 영광을 보며(롬 8 : 18 - 25) ——— 168

내 잔이 넘치나이다(시 23 : 1 - 6) ——— 178

나팔을 불지 말라(마 6 : 1 - 4) ——— 188

내가 믿나이다(막 9 : 14 - 24) ——— 198

예루살렘으로 가는 길(눅 13 : 22 - 30) ——— 209

무명 제자의 충성(마 21 : 1 - 11) ——— 218

믿는 자가 되라(요 20 : 26 - 29) ——— 228

내 증인이 되리라(행 1 : 4 - 11) ——— 238

그것을 선으로 바꾸시는 하나님(창 50 : 15 - 21) ——— 250

끝까지 사랑하시니라(요 13 : 1 - 11) ——— 260

한 어머니가 사랑하는 딸(마 15 : 21 - 28) ——— 271

네 아비에게 물으라(신 32 : 6 - 12) ——— 280

참자녀됨의 증거(히 12 : 5 - 13) ——— 288

성령 충만한 자의 얼굴(행 7 : 54 - 60) ——— 297

나는 여호와인 줄 알리라(출 7 : 1 - 7) ——— 308

거울을 보는 사람(고전 10 : 1 - 11) ——— 318

안심하라 두려워 말라(막 6 : 45 - 52) ——— 328

곽선희목사 설교집·강해집·기타 ——— 339

곽선희 목사

장로회 신학대학 졸업
프린스턴 신학석사
풀러신학 선교신학박사
인천제일교회 목사
장로회 신학대학 교수 역임
숭의여자전문대학 학장 역임
서울장로회신학교 교장 역임
소망교회 원로목사

곽선희 목사 설교집 제50권

자기 승리의 비결

인쇄 · 2014년 1월 15일
발행 · 2014년 1월 20일
지은이 · 곽선희
펴낸이 · 김종호
펴낸곳 · 계몽문화사
등록일 · 1993년 10월 11일
등록번호 · 제16—765호
전화 · (02)917-0656
　　　　010-3239-5618
정가 · 20,000원
총판 · 비전북 / (031)907-3927
ISBN 978-89-89628-33-0　03230

* 잘못 만들어진 책은 바꾸어 드립니다.

자기 승리의 비결

자기 승리의 비결

　시험을 참는 자는 복이 있도다 이것에 옳다 인정하
심을 받은 후에 주께서 자기를 사랑하는 자들에게 약
속하신 생명의 면류관을 얻을 것임이니라 사람이 시
험을 받을 때에 내가 하나님께 시험을 받는다 하지
말지니 하나님은 악에게 시험을 받지도 아니하시고
친히 아무도 시험하지 아니하시느니라 오직 각 사람
이 시험을 받는 것은 자기 욕심에 끌려 미혹됨이니
욕심이 잉태한즉 죄를 낳고 죄가 장성한즉 사망을 낳
느니라 내 사랑하는 형제들아 속지 말라 각양 좋은
은사와 온전한 선물이 다 위로부터 빛들의 아버지께
로서 내려오나니 그는 변함도 없으시고 회전하는 그
림자도 없으시니라 그가 그 조물 중에 우리로 한 첫
열매가 되게 하시려고 자기의 뜻을 좇아 진리의 말씀
으로 우리를 낳으셨느니라
　　　　　　　　(야고보서 1 : 12 - 18)

자기 승리의 비결

저는 일 년에 한번씩 옛날에 제가 졸업한 풀러(Fuller) 신학교에 가서 강의를 합니다. 몇 주일 전에도 했습니다. 저로서는 굉장히 힘들고 어려운 과제입니다. 벌써 15년째 일 년에 한 번씩 꼬박꼬박 갑니다. 한 번 가면 나흘 동안 연이어 하루에 8시간씩 강의를 합니다. 특별한 강의입니다. 이것을 끝내고 나서 바로 금 토 일 사흘 동안 어바인이라고 하는 곳에 있는 교회에 가서 부흥회를 인도하고, 거기서 주일을 지켰습니다. 그러고 나니 이틀이 남았습니다. 그래 서울로 돌아오기 전에 좀 쉬어야겠다는 생각이 들어 제가 옛날에 부목사로 데리고 있던 임 목사님과 함께 라스베이거스를 갔습니다. 거기에는 제 후배 목사님들과 예전에 가르쳤던 제자들이 많이 있습니다. 휴식을 겸해 그들과 어울렸습니다. 그때 제가 그 젊은 목사님들에게 자랑을 좀 했습니다. 마침 그날 아침에 라스베이거스에서 슬롯머신으로 50달러를 땄기 때문입니다. 그 현금을 그들에게 자랑삼아 보여줬습니다. 그랬더니 그분들이 말합니다. "여기에 많은 사람들이 다녀가지만, 라스베이거스 와서 돈 딴 사람은 하나도 없는데요. 돈 따는 비결이 뭡니까?" 그래 제가 일장연설을 했습니다. "돈 따는 비결은 간단하다. 하다보면 한 번은 돈이 나올 때가 있다. 한 번 따면 일어서. 더 따려고 하지 마라. 욕심을 부리지 마라. 그것이 제일 중요한 것이다. 그러니까 50달러면 50달러, 100달러면 100달러로 된 것이다. 그랬으면 끝났다고 그냥 일어서고 말아야지, 거기서 돈 더 따겠다고 하다가는 다 집어넣고도 모자란다. 이것이 첫째 비결이다. 두 번째는 만일 잃었거든 잊어버려야 한다는 것이다. 잃은 것을 만회하려고 하지도 말고, 봉창하려고도 하지 마라. 그 잃어버린 것을 되찾겠다고, 봉창하겠다고 욕심을 부리면 집을 팔아 넣어도 모자란다. 그게 바로 패가망신하는 이유다." 그랬더니 거기 있던 젊은 목사님들이 아주 철학적인 비결이라고 말합니다. 인생이 그렇습니다. 절대로 우리는 욕심을 부리지 말아야 합니다. 주어진 대로 만족하고 고맙게 생각하고 살아야 합니다. 과도한 욕심을 부리지 말 것입니다. 또 무엇인가 잘못되었거든 잊어버립시다. 끊고 새로 시작해야 합니다. 다시 옛날로 돌아갈 길은 없습니다. 누구도 옛날을 다시 만회할 길은 없는 것입니다. 바로 그런 생각 때문에 그 소중한 미래를 과거에다 버리고 있더라는 말입니다.

　오늘본문은 아주 간결하게 우리에게 말씀합니다. "욕심이 잉태한즉 죄를 낳고 죄가 장성한즉 사망을 낳느니라." 초점은 나 자신입니다. 시험을 받는 것도 나 자신입니다. '나'라는 존재의 속성을 바로 알고 처신해야 한다는 말씀입니다. 그리고 내가 처한 현주소, 현시점을 알아야 합니다. 그래야 시험을 이길 수 있습니다. 욕심에 끌리는 나, 시험에 약한 나, 그리고 죄로 기울어지기 쉬운 나 자신 ─ 믿는다고 하면서도 의심이 있고, 하늘나라를 지향한다고 하면서도 세상에 매입니다. 점점 다가오는 것을 여러분은 잘 알고 있지 않습니까. 세상은 점점 더 멀어지고 있습니다. 다 알면서 여전히 욕심을 부립니다.

　제가 아는 어떤 분이 돈이 꽤 있었습니다. 명동에 건물도 몇 채 있었습니다. 그런데 그때 벌써 나이가 많았거든요. 제가 찾아가서 좋은 일 하자고, 돈 좀 내놓으라고 여러 차례 권했습니다. 목사라고 하는 위치가 이래서 어렵습니다. 말을 듣지 않습니다. 그냥 꽉 쥐고 있다가 그대로 죽어버렸습니다. 그러고 나니 미국에 있는 조카들이 와서 그가 남겨놓은 재산을 두고 서로 자기 것이라고 주장하며 싸우는데, 참 꼴불견이었습니다. 그때 저는 이런 생각을 해봤습니다. '이 사람, 예수믿는 것 맞아?' 그 다음은 이렇게 생각했습니다. '내가 목회를 잘못했구먼. 어떻게 저 사람을 바로 감동시키지 못했나.' 그 큰 돈이 주인을 잃어버린 것입니다. '참 좋은 일을 할 수도 있었는데, 왜 이래야만 했나?' 그 끈질긴 욕심 때문에 그토록 미련하니 어떡하면 좋겠습니까.

오늘본문은 말씀합니다. '시험을 당할 때 온전히 기쁘게 여기라.' 시험은 아주 중요한 교훈입니다. 시험을 당할 때 하나님을 원망하지 말 것입니다. 가끔 보면 하늘을 들어 원망하는 사람들이 있습니다. 조상을 원망합니다. 부모를 원망합니다. 여러분, 하나님을 원망하지 말 것이고, 환경을 탓하지 말 것입니다. 또 시험 자체도 원망하지 마십시오. 왜요? 시험이란 알고 보면 야고보서의 주제입니다. 시험이란 시련으로 향하는 통로요, 시련이란 하나님께서 우리에게 복을 주시는 통로입니다. 하나님께서 복을 우리 손바닥에다 그냥 올려놓아주시는 것이 아닙니다. 우리는 손을 벌리고 여기다 올려달라고 하지만 하나님께서는 그렇게 복을 주시지 않습니다. 시련을 통해서, 고난을 통해서 깨닫게 하시고 버리게 하시고 끊게 하시고 선택하게 하시고 강하게 하시고 형통케 하셔서 주시는 것입니다. 그냥 주시지 않습니다. 이것을 꼭 잊지 말아야 합니다. 하나님께서 복을 주시는 통로가 바로 시련입니다. 그렇다면 우리가 시련을 당할 때 슬퍼해야겠습니까? 마치 버려진 것처럼, 저주받은 것처럼 생각해야겠습니까? 야고보는 1장 서두에서 말씀합니다. "시험을 만나거든 온전히 기쁘게 여기라(2절)." 이것이 성경이 주는 메시지입니다.

그렇다면 시험을 이기는 비결은 어디에 있겠습니까? 바로 자기 자신을 이기는 데 있습니다. 오늘성경말씀에 귀중한 메시지가 하나 있습니다. "형제들아 속지 말라(16절)." 이것이 무슨 말씀입니까. 남한테 속는다는 뜻이 아닙니다. 자기가 자기에게 속는다는 것입니다. 이 세상에서 가장 정신적이고 인간적인 아픔이 있다면 믿음이 무너지는 것입니다. 내가 믿던 사람이 무너지고, 나의 신뢰가 무너지고, 내가 소중하게 여기던 것이 무가치한 것이 되어 신뢰와 믿음이 무너지는 것이 참으로 아픈 일입니다. 정신적으로 가장 어려운 것입니다. 그런데 그 중에 제일 어려운 것이 뭐냐 하면 자기가 자기에게 속는 것입니다. 내가 뭘 아는 줄 알았는데 실은 아무것도 아는 것이 없습니다. 된 줄 알았는데 된 것도 없습니다. 벌었는 줄 알았는데 벌어놓은 것도 없습니다. 아무것도 없다는 것을 깨닫게 될 때 속았다고 남을 원망할 것 없습니다. 내가 나한테 속은 것입니다. 나는 분명히 사기당했다, 나는 사기당한 생을 평생 살았다, 그리고 헛되이 살았다…… 그러고 세상을 마치는 사람이 제일 불쌍한 사람입니다.

저는 헬렌 켈러 여사의 마지막 말을 가끔 생각해봅니다. 눈도 보이지 않습니다. 귀도 들리지 않습니다. 이렇게 고통스러운 생을 살았습니다. 그런데도 그는 운명할 때 이렇게 말합니다. "참으로 아름다운 생이었다. 나는 일생을 참으로 아름답게 살았다." 그러고 끝났습니다. 여기에 진정한 행복이 있는 것 아니겠습니까. 자기가 자기에게 속는 것은 참으로 비참한 것입니다. 자기 스스로를 생각할 때 잘했다 싶고 선택도 잘했다 싶습니다. 구체적으로 '나는 장가 잘

갔다. 나는 시집도 잘 갔다. 나는 직업도 잘 택했다. 나는 교회도 잘 택했다. 나의 일생은 참으로 은총 속에 아름다운 것이었다' 하고 생각한다면 그는 복된 사람입니다. 한데 이것이 반대로 되면 어떻게 됩니까? '어떻게 저런 사람을 만났나. 이건 역사적인 실수다. 내 직업도 잘못됐고, 인간관계도 잘못됐다. 도대체가 저런 부모 슬하에 태어났다는 것 자체가 잘못됐다.' 이렇게 인생을 한탄하면서 살아가는 사람은 완전히 망가진 것입니다. 자신이 자기 자신에게 속아서 초라해질 때 그것이야말로 정말 비참한 일입니다.

오늘본문에서는 큰 비결을 우리에게 가르쳐주고 있습니다. 문제는 욕심입니다. 내 속에 지나친 욕심이 있다는 것입니다. 어느 정도 욕심은 있어야겠지요. 그러나 욕심이 너무 큽니다. 분수에 넘칩니다. 이것이 문제라는 것입니다. "욕심이 잉태한즉 죄를 낳고……(15절)" 잉태한다─ 아주 생리적인 말씀입니다. 내가 언제 자식을 잉태했는지 내가 모르거든요. 너무나 미미하기 때문입니다. 욕심이 잉태한 것입니다. 다시 말하면 착상하고 집착했다는 말입니다. 무의식 속에서 이것을 알아야 합니다. 내가 의식하지 못할 때 욕심이 내 속에 들어와 자리를 잡았습니다. 잉태했습니다. 나도 내가 욕심의 노예가 됨을 스스로 모르고 있다는 것입니다. 때때로 그렇습니다. 내가 얼마나 큰 욕심을 가지고 사는지, 내가 얼마나 교만한지, 내가 끝없는 욕심쟁이인지를 스스로도 모르고 있습니다. 욕심에 흔들리고 욕심에 끌리고 있다는 말입니다. 잠재의식 속에 은근하게 비밀리에 벌써 욕심에 붙들려 있다는 말입니다.

종교개혁자 마르틴 루터는 이렇게 말합니다. '머리 위로 지나가는 새를 막을 수는 없다. 그러나 내 머리 위에 둥지를 트는 새는 막

아야 한다.' 참 좋은 비사입니다. 우리가 그렇지 않습니까. 지나가다
가 예쁜 아가씨를 보면 속으로 '참 잘빠졌다' 합니다. 그것 감상한다
고 죄 될 것 없습니다. 아름다운 것입니다. 그렇지만 그것이 집에 돌
아가서도 생각나면 안됩니다. 그것 때문에 잠을 못자면 더 안되는
것입니다. 지나가다가 쇼윈도로 정성껏 진열해놓은 보석 반지 들여
다본다고 죄 될 것 없습니다. 속으로 '참 좋다' 하고 감상해도 되겠지
요. 하지만 집에 가서도 자꾸 생각이 나면 큰일입니다. 그러면서 밤
새 남편을 못살게 굽니다. 그것 사달라고 조릅니다. 사주기 전에는
나 만날 생각 말라고 위협합니다. 이렇게 되면 문제입니다. 분명히
알아야 합니다. 깊이 잠재의식 속에 자리가 잡히면 노예가 된다는
것입니다. 벌써 거기에 은근히 붙들려버렸다는 말입니다. 이렇게 되
면 문제가 된다는 말입니다. 무의식을 의식하라―

　내가 물질의 노예가 된 것, 내가 소유욕과 명예욕에 또 끝없는
욕심과 헛된 꿈과 허황된 욕심에 어느 사이에 붙들려 있다는 것을
알아야 합니다. 자가진단을 해야 됩니다. 여러분은 혹 스스로 겸손
하다고 생각합니까? 그렇다면 그는 교만한 사람입니다. 참으로 겸
손한 사람은 항상 '나는 교만하다. 나는 교만하기 쉬운 사람이다. 나
는 너무 욕심이 많다' 하고 생각합니다. 그렇게 생각하고 사는 사람
이 진정 마음을 비운 사람입니다. 오늘본문은 말씀합니다. "욕심이
잉태한즉 죄를 낳고……(15절)" 욕심이 죄를 짓게 한다는 것입니다.
이따금 몸이 아파서 입맛이 없을 때가 있지 않습니까. 입맛이 싹 없
어지고 나면 어떤 음식을 갖다놓아도 시험될 것이 없습니다. 문제는
입맛이 있고 식욕이 왕성할 때입니다. 그러면 비로소 음식이 시험이
되는 것입니다. 마찬가지로 욕심이 없다면 시험이 시험될 것이 없습

니다. 내 속에 있는 욕심이 나도 모르게 나를 죄의 길로 끌고 갑니다. 그러고는 죄가 나를 주장합니다. 죄가 내 주인이 되어버립니다. 또 이어서 말씀합니다. "죄가 장성한즉 사망을 낳느니라(15절)." 죄는 가만히 있지 않습니다. 자꾸 커집니다. 질에서 부피에서 점점 힘을 더합니다. 어느 사이에 나도 모르게 완전히 죄의 노예가 되어버리고 만다는 것입니다. 나는 힘을 잃어버리고 죄는 점점 더 강해집니다. Out of control. 내가 다스릴 수 없는 엉뚱한 존재가 되어버리고 만다는 것입니다. 죄가 장성하면 사망에 이르느니라—

제가 목회생활을 50년 하면서 이런 사람은 처음 만나 보았습니다. 요새 대학시험 볼 때가 되면 수험생들 모아놓고 그 어머니들도 함께 와서 우리 교회에서 기도회를 하지 않습니까. 여러 번 기도회를 하는데, 기도회에 나왔던 어느 여 집사님이 저를 만나서 이렇게 말합니다. 대개는 이런 부탁이 다반사입니다. '제 아들 이번에 꼭 입학해야 됩니다. 제 아들을 위해서 기도해주세요. 제 딸을 위해서 기도해주세요.' 한데 이 여집사님은 다릅니다. "목사님, 부탁이 하나 있습니다." "뭔데요?" "우리 딸아이가 이번에 시험을 보는데 시험에 떨어지게 해달라고 기도해주세요. 꼭 떨어져야 됩니다." 이런 사람 50년 만에 딱 한 번 봤습니다. "이번에 제 딸이 꼭 떨어져야 됩니다. 이름까지 대면서 떨어지게 해달라고 기도해주세요" "왜 그러세요?" 그랬더니 그분이 털어놓습니다. 그 딸아이가 반반하게 생긴데다가 유치원 때부터 고등학교 3년 내내 1등만 했답니다. 얼마나 똑똑하고 잘났는지 부모도 우습게 압니다. 아버지가 뭐라고 하면 무식하다고 무시하고, 엄마가 하는 소리는 아예 듣지도 않는답니다. 너무나 교만하고 도도해서 어머니가 생각다 못해 저를 찾아온 것입니다. "이

놈은 이번에 꼭 떨어져야 됩니다. 안 떨어지면 큰일 납니다. 저건 시집도 못갈 거고, 시집갔다가도 못살 겁니다. 얼마나 교만한지 욕심도 많고, 스스로 저 잘난 줄 알기 때문에 꼭 떨어져야 됩니다." 제가 여느 때는 적당히 그저 "예, 기도하지요" 하고 마는데, 이번에는 그 이름을 딱 기억하고 기도했습니다. "요놈은 꼭 떨어지게 해주세요." 저 그런 기도 처음 해봤습니다. 아무튼 했습니다. 그리고 그 아이가 정말 떨어졌습니다. 그래가지고 일주일 동안을 울고불고, 밥도 굶고, 아무튼 난리가 났습니다. 그렇게 한번 회오리가 몰아쳤습니다. 그러고 나서 재수를 했는데, 겸손해졌습니다. 아주 겸손해졌습니다. 나중에 그 아이가 커서 제가 결혼주례를 하게 되었습니다. 그 어머니가 소개합니다. "애가 바로 그놈입니다."

욕심을 내가 스스로 버릴 수 있습니까? 이 끝없는 욕심을 내가 버릴 수 있습니까? 흔히들 쉽게 말하기를 마음을 비운다고 합니다마는, 그거 다 쓸데없는 소리입니다. 누가 자기 마음을 비울 수 있습니까. 하나님께서 은총적 계기를 만들어 내리쳐주셔야 됩니다. 시련을 통하고서야 비로소 겸손해지기도 하고, 마음을 비우기도 하고, 가치관을 바로 세우기도 하고, 믿음도 가질 수 있는 것입니다. 어찌 믿음이 내 것입니까. 하나님께서 이렇게 은총 속에서 주시는 것입니다. 그래서 오늘성경말씀은 이렇게 결론을 지어갑니다. "말씀으로 우리를 낳으셨느니라(18절)." 말씀을 수용해야 되고, 말씀에 순종해야 됩니다. 오로지 말씀에 순종할 때 우리가 자기를 이길 수 있습니다. 욕심을 인정하십시오. 욕심이 잉태된 것도 인정하십시오. 내가 욕심에 노예가 된 것도 인정을 하십시오. 그리고 손을 듭시다. 그리고 오로지 말씀으로 다스리게 해야 합니다. '주여, 나를 주장하소서.

내 마음과 내 생각을 주장하소서. 내 생각 중심에 주님께서 계셔야 됩니다. 주님 뜻대로 하옵소서. 나로 하여금 욕심을 버리게 하시기 위하여 필요하다면 뭐든지 좋습니다. 나로 하여금 하나님 앞에 바른 사람 되게 하시기 위해서라면 어떤 시련이라도 감당하겠습니다. 주여 뜻대로 하소서.' 바로 이것입니다. Mind control이라는 말을 많이들 합니다마는, 누구도 이것을 하는 사람이 없습니다.

　이것은 실화입니다. 모 의과대학 교수가 「담배는 몸에 해롭다」라는 책을 썼습니다. 꽤 두꺼운 책입니다. '아무래도 담배는 나쁘다. 이것 때문에 많은 사람이 암에 걸리고 여러 가지로 나쁘다.' 그래서 쓴 책입니다. 몇 달 동안 이 책을 쓰면서 그는 계속 담배를 피웠습니다. 그래 그 책 쓰고 나서 한 달 만에 죽었습니다. 전문가로서 담배는 나쁘다고 주장하는 책을 쓰면서 정작 그 자신은 담배를 피운 것입니다. 이것이 인간입니다. 누가 자기 마음을 다스릴 수 있습니까. 하나님께서 말씀하십니다. 예수님께서 그 어려운 시련 중에 대답하십니다. '사람이 떡으로만 사는 것이 아니요 하나님의 말씀으로 사느니라.' 오로지 말씀, 오로지 말씀— 그럴 때 내가 나를 다스릴 수 있고, 내가 하나님의 사람의 거룩한 명분을 지키며 살 수 있는 것입니다.　△

결승점에 선 사명자

　　바울이 밀레도에서 사람을 에베소로 보내어 교회 장로들을 청하니 오매 저희에게 말하되 아시아에 들어온 첫날부터 지금까지 내가 항상 너희 가운데서 어떻게 행한 것을 너희도 아는바니 곧 모든 겸손과 눈물이며 유대인의 간계를 인하여 당한 시험을 참고 주를 섬긴 것과 유익한 것은 무엇이든지 공중 앞에서나 각 집에서나 꺼림이 없이 너희에게 전하여 가르치고 유대인과 헬라인들에게 하나님께 대한 회개와 우리 주 예수 그리스도께 대한 믿음을 증거한 것이라 보라 이제 나는 심령에 매임을 받아 예루살렘으로 가는데 저기서 무슨 일을 만날는지 알지 못하노라 오직 성령이 각 성에서 내게 증거하여 결박과 환난이 나를 기다린다 하시나 나의 달려갈 길과 주 예수께 받은 사명 곧 하나님의 은혜의 복음 증거하는 일을 마치려 함에는 나의 생명을 조금도 귀한 것으로 여기지 아니하노라 보라 내가 너희 중에 왕래하며 하나님 나라를 전파하였으나 지금은 너희가 다 내 얼굴을 다시 보지 못할 줄 아노라

(사도행전 20 : 17 - 25)

결승점에 선 사명자

　지난 21일에 마라토너 이봉주씨가 대전에서 열린 전국체전마라
톤에서 우승을 하고 그리고 선수생활을 마감했다고 합니다. 2시간
15분 25초의 기록으로 그렇게 우승을 하며 선수생활의 종지부를 찍
었습니다. 1996년 Atlanta Olympic에서 은메달을 받고 1998년 방콕
아세안게임에서 금메달을 받고 2001년 보스턴마라톤에서 우승을 했
습니다. 한국 마라토너의 간판스타였던 이봉주. 은퇴무대를 한국의
마라톤에. 자기가 한평생 위하던 그것의 은퇴무대를 고향으로 정하
고 거기서 뛰겠다는 생각으로 전국체전에 나가서 마지막 우승과 함
께 선수생활을 끝냈습니다.

　20년 간 그는 42,195km 풀코스를 무려 41차례나 완주했습니다.
연습량까지 따지면 총 16만 1700km. 지구를 네 바퀴 도는 그만큼의
긴 코스를 달렸습니다. 선수생활을 한눈팔지 않고 매일같이 새벽부
터 달렸습니다. 평발에 짝발이라는 신체적 결함을 극복하고 10년 간
처음같고 또 한결같이 그리고 가장 아름답게 선수생활을 마쳤습니
다. 모든 일에 시작이 있습니다. 그리고 과정이 있습니다. 그리고 종
말이 있습니다. 여러분, 종말을 알고 사는 것이 인간입니다. 종말에
바로 대처할 수 있는 사람이 바로 지혜로운 사람입니다. 끝이 없는
줄 알고 사는 사람, 끝을 모르고 사는 사람 그렇게 방종하게 사는 것
참으로 어리석은 것입니다. 여러분, 자녀들을 키울 때 가장 괴롭고
어려운 점이 뭡니까? 이제 학생이라고 하지마는 학생생활이 늘 있
는 것이 아니거든요. 한 학기 한 학기 한 시간 한 시간 지나갑니다.

그러면 졸업을 해야 됩니다. 또 세상으로 나가야 됩니다. 한계가 있는 시간인데 이 얼마나 소중한 시간입니까? 그 소중한 시간을 소중히 여기지 못하고 그저 되는대로 이렇게 살아가는 것같이 느껴서 부모님들의 마음은 안타깝습니다. 지금 이 소중한 시간이 그대로 있는 것이 아닙니다. 흘러가는 것입니다. 다시 돌아오지 않는 것입니다. 그런 종말론적 의미가 있는 시간 시간을 바르게 살지 못하는 걸 볼 때 괴로운 것입니다. 그렇지 않겠습니까?

좀 죄송한 얘기입니다마는, 제가 유학을 이래저래 한 5년 했습니다마는 제 아내의 불평처럼 아빠 공부시키느라고 아이들 고생시켰습니다. 왜요? 가정을 두고 갔습니다. 나 혼자 가서 공부하다보니 여기 남은 가족들은 고생을 많이 했습니다. 그런데 왜 혼자 갔느냐? 꼭 그럴 수밖에 없었느냐? 그렇지는 않습니다. 그러나 제 생각은 이렇습니다. 그 소중한 장학금을 받아서 공부하는 것인데 일생에 딱 한 번 있는 기회인데 그렇게 함부로 보낼 수가 없잖아요. 가장 소중하게 가장 완벽하게 그렇게 보내고 싶어서 혼자 가서 나름대로 그렇게 공부를 해보았습니다. 여러분, 우리에게 주어진 시간이란 한계가 있습니다. 그걸 알고 살아야 됩니다. 사실 얼마 안남았습니다. 이런 것을 종말론적 인식이라고 합니다. 시발점이 있는가 하면 끝이 있습니다. 문제는 어떻게 끝을 낼 것인가? 거기서 결정이 납니다. 우리나라의 운동 중에 제일 인기있는 운동이 저는 야구라고 생각합니다. 저는 야구장에 한 번도 안가봤습니다마는 그러나 그 많은 사람들이 모여서 아우성치는 것을 TV에서 볼 때마다 '저 사람들이 미쳤나? 정말 재미가 있나?' 싶습니다. 저는 아직 그렇게 큰 재미를 모르거든요. 그건 제 잘못이겠지만 야구 좋아하는 사람들은 아주 정신없어

요. 집에서 TV로 편안하게 보면 될 텐데 왜 거기까지 가서 그 야단
이냐? 그런데 그건 가봐야 된대요. 거기 가야 된대요. "왜 그렇게 야
구가 좋으냐?" 하고 물었더니 나름대로 설명이 있습니다마는 제게
가장 설득력 있는 딱 한마디가 들려옵니다. "야구의 묘미는 9회말에
있습니다." 모든 운동은 중반쯤 가면 벌써 승부가 납니다. 짐작을 합
니다. 어디가 이기고 어디가 지겠다, 뭐 대충 이럴 것같다 하지마는
야구는 그게 아닙니다. 바로 며칠 전에도 있었습니다마는 잘 나가다
가 9회말 한 번에 '꽝'하면 승부가 뒤집힙니다. 그것이 묘미라고 합
니다.

　여러분, 인생의 9회말 어찌 생각하세요? 지난날 어떻게 살아왔
든 잊어버리세요. 이제 남은 9회말 여기서 내 승부가 결정이 되는 것
입니다. '바로 살았나, 못살았나?' 9회말 작전을 한번 생각해봐야 하
지 않겠습니까? 「성공하는 사람의 7가지 습관」이라는 책을 써서 세
계적인 베스트셀러가 된 스티븐 코비의 명저가 또하나 있습니다.
「원칙중심의 리더십」이라는 책입니다. 거기서 그는 말합니다. 지도
자라는 것은, 지도자의 개념이 뭐냐? 지도자는 다스린다는 뜻이다,
리더라는 것은 다스린다. 그런데 하나는 자기를 다스리는 거요 하나
는 남을 다스리는 것이다- 그렇습니다. 자기를 다스려야 하고 또
남을 다스려야 되는데 이 둘 중에 말하자면 승부는 자기 자신을 다
스리는 데 있다 합니다. 자기 자신을 다스린 자는 지도자요, 남을 다
스린다고 떠들어봐야 자기 자신을 다스리지 못하면 다 망가지는 것
이다, 또 지도력이란 원칙중심이다- 사람의 눈치 볼 게 아닙니다.
세상이 어떠냐? 그것은 중요하지 않습니다. 마지막에서 평가할 수
있는 것은 얼마나 진리대로 살았느냐, 얼마나 원칙중심으로 살았느

나입니다. 거기에 지도력이 있는 것이다. 또한 지도자의 위대성이라고 하는 것에는 부수적 위대성이 있고 본질적 위대성이 있다ㅡ 잘 분석해줍니다. 부수적이라는 것은 학벌이요, 외모요, 재산이요, 건강이요…… 뭐 그런 것들인데. 이것은 다 오히려 부수적인 것이고 본질적인 것은 인내심이요, 사랑이요, 비전이다ㅡ 이렇게 그는 말하고 있습니다.

사도 바울은 그리스도의 소명을 받고 사명자로 한평생을 삽니다. 가장 충실하게 부르심에 응답하며 살아갔습니다. 무엇보다도 중요한 것은 주의 부르심에 응답했다는 것입니다. 충실했습니다. 또한 구체적으로 "성령의 매임을 받아" 하고 말씀합니다. 순간순간까지도 성령의 매임을 받아 성령의 감동을 받아가며 그렇게 한평생을 살았습니다. 그래서 그는 오늘본문에서 말씀합니다. '모든 겸손과…… 참고 주를 섬긴 것 너희들이 아는 바다.' 이렇게 자신있게 고백합니다. 그런데 지금 현재는 이렇습니다. '환난이 나를 기다린다. 그리고 이 거룩한 사역을 마치려 함에는……' 종반전에 왔습니다. 이것은 종말론적 인식입니다. 내가 복음을 위하여 한평생 살았고 선한 일 좋은 일 했지만 이것도 끝이 있습니다. 이것을 마치려 하는 바로 이 순간에는 이렇게 고백합니다. 종말론적 인식이 분명한 사람입니다. 고린도후서 1장 9절에 보면 '사형 선고를 받은 줄 알았다' 합니다. 순간순간 어려운 일 당할 때마다 '아! 하나님께서 여기서 끝내시나보다, 내게 향한 사명이 여기까지인가보다'ㅡ 이렇게 사형선고 받은 줄로 아는 때가 많았어요. 특별히 디모데후서 4장에 보면 '나의 달려갈 길을 다 가고 믿음을 지켰다. 내 앞에 생명의 면류관이 있다' 합니다. 마치 운동선수가 뛰는 것처럼 달려갈 길을 다가고 지금 바로 결승점에 왔습니다. 내 눈앞에 생명의 면류관이 있습니다. 그 마지막 시간에 가진 소중한 고백을 디모데후서 4장에서 말씀하고 있습니다. 종반전에서 자세가 어떠해야 하겠습니까? 본문에서 사도 바울은 말합니다. "일을 마치려 함에는"하고 비장한 자세로 말합니다. 환난이 나를 기다린다— 무슨 환난인지는 모르겠고 알 필요도 없습니다. 다만 하나님께서 '이제는 일을 끝내라. 마무리해라'하시는 것으로 그렇게 그는 받아들이고 있습니다. 그래서 말입니다 "은혜의 복음을 전하려 함에는"이라고 목적을 다시 한번 재확인합니다. 은혜의 복음을 전했고 지금도 전하고 그것을 위해서 생명을 바치고 또 이제는 은혜의 복음을 전하는 자로 마치려고 하는 것입니다.

여러분, 어떻게 마쳐야 하겠습니까? 무엇을 위해 살았다고 해야 하겠습니까? 돈을 위해 살았습니까? 명예를 위해 살았습니까? 도대체 무엇을 위해 살았습니까? 무엇을 위해 살았다고 평가될 수 있겠습니까? 바울은 말씀합니다. 은혜의 복음을 전하려 했고 오늘도 마지막도 은혜의 복음을 전하는 바로 그것으로 마치겠다는 것입니다. 그래서 마치려 함에는 하나님의 뜻을 겸허히 받아들이는 것입니다. 여러분, 하나님의 뜻을 겸허하게 받아들일 줄 알아야 합니다. "여기까지다" "그렇습니까?" 받아들여야 합니다. 우리가 얼마든지 할 수 있는 것이 아니고 무엇이든지 할 수 있는 것이 아닙니다. 믿음으로 구하면 무엇이든지— 그런 이야기가 아닙니다. 하나님의 뜻을 겸허하게 받아들여야 합니다. "여기까지가 네가 할 일이다" 하실 때 "그렇습니까?" 할 것입니다. 사도 바울은 로마감옥에서 생을 마치는 것으로 그렇게 운명지어지고 있습니다. 그래 지금 마지막 여행을 떠나고 있습니다. 지금 로마로 가고 있습니다. 로마에 가서 거기서 끝납니다. 그 가는 길도 순탄치 않았습니다. 그는 말씀합니다. "나의 가는 길을 마치려 함에는……" 마친다는 것을 알고 있습니다. "생명을 조금도 귀한 것으로 여기지 아니하노라." 그렇습니다. 살고 죽는 것은 중요하지 않습니다. 오래 사는 것도 중요하지 않습니다. 얼마를 가졌느냐, 중요하지 않습니다. 사람들이 어떻게 보느냐, 기념비가 있느냐 없느냐, 그것은 부질없는 것입니다. 사도 바울은 말씀합니다. 생명, 소중한 생명 그것보다 더 귀한 일이 있다는 것이지요. 그런고로 '생명을 조금도 귀한 것으로 여기지 아니하노라' 합니다. 여러분, 지금 얼마나 많은지 모르지만 부디 부탁하는데 너무 오래 살려고 버둥거리지 마세요. 볼품없더라고요. 대충 살다 가세요. 병원에 방문했을 때 말입니다 "아무래도 이제는 하나님이 나를 부르시는 것같습니다. 이제는 남은 이 순간을 어떻게 잘 보내야 하겠는데 목사님 어떻게 보내면 되겠습니까?" 이렇게 말하는 사람 만나면 참 반가워요. 그러나 제가 답답한 것은 분명 의사는 지금 다 됐다고 하는데 "살려주세요. 살려주세요. 목사님 능력을 보여주어서 벌떡 일어나게 해주세요" 하는 것입니다. 그러면 참 이거야말로 내가 지금 하나님 앞에서 뭐라고 기도해야 되겠습니까? 나는 그럴 때마다 도대체 이 사람이 이 나이 들 때까지 뭘 배웠나 싶어요. 인생에는 끝이 있습니다. '여기까지다'하거든 '그렇습니까?'하면 안되겠습니까? 좀 더 아름답게 가면 안되겠습니까?

　제가 존경하는 황목사님이라고 계십니다. 제가 그 임종을 봤습니다. 위암으로 고생하시다가 세상을 떠날 때 오라고 해서 제가 갔습니다. 여러 사람들이 쭉 앉았는데 의식이 없었어요. 답답한 마음으로 얼마동안 기다렸는데 의식이 돌아왔어요. 잠깐 돌아와서 눈을 뜹니다. 몸에 이런 주사 저런 주사 다 꽂아놨지요. 특별히 수혈을 합니다. 피를 넣고 있었어요. 그래서 다시 정신을 차렸어요. 딱 보더니 "아니, 피가 없어서 젊은 사람들도 죽어가는 사람이 많은데 그 소중한 피를 어차피 죽을 사람에게다가 왜 넣고 있는가? 이건 잘못하는 것이다. 나는 어차피 가야 할 사람이니 조용히 가도록 내버려두지 어째서 이런 조치를 하느냐?"하고 당석에서 주사바늘을 다 뽑는 것입니다. 뽑아제치고 "앉아"해서 손을 잡고 조용히 기도했어요. 기도하고 마쳤어요. 그 장례식 때 그 교회 수석장로 되는 분이 나와서 하신 말을 제가 잊지 않습니다. "우리 목사님은 명설교가입니다. 뿐만 아니라 마지막 임종하는 시간에도 소중한 설교의 말씀을 주셨습니다." 이렇게 한 말씀 하시고 우는 것을 보았습니다.

　여러분, 비장한 결심을 합시다. 좀 멋지게 갑시다. 너절하게 가지 말고 부끄럽게 가지 말고 추하게 끝내지 마세요. 어떤 사람 보니 신앙이 좀 있는 줄 알았는데 수술을 3번이나 받았는데 또 수술 안해준다고 소리소리 지르더니 마지막에 "내가 왜 죽어?"하고 죽더라고요. 도대체 이게 뭡니까? 뭘 믿고 어떻게 살아온 것입니까? 여러분, '여기까지입니까?' '그렇습니다.' 미련 없이 하나님께 온전히 위탁하는 믿음이 필요합니다. 일본의 유명한 신학자 우찌무라 간조의 이런 말이 있습니다. '반드시 대 저술을 할 필요가 없다는 생각이다. 내가 본 진리를 간단명료하게 설명하면 되는 거다. 반드시 큰일을 할 필요도 없다는 것이다. 작은 일로 충분하다. 반드시 완전할 필요도 없다는 것이다. 불완전해도 좋다. 큰일만 하려는 사람은 결국 아무것도 하지 않으며 완전만을 구하는 사람은 아무것도 얻지 못한다는 것을 깨달았다.' 미완성으로 끝냅시다. 우리에게 하나님께서 주신 사명이 있습니다. 그 사명은 그의 것입니다. 어느 순간에라도 혹시라도 나를 위한 것이라고 착각해서는 안됩니다. 종말은 있습니다. 아니, 다가오고 있습니다. 우리는 후반전이 아니라 종반전이요 종반전이 아니라 결승점에 섰습니다. 지금 여기서 나는 뭘 생각해야 합니까. △

가만히 서서 구원을 보라

바로가 가까와 올 때에 이스라엘 자손이 눈을 들어 본즉 애굽 사람들이 자기 뒤에 미친지라 이스라엘 자손이 심히 두려워하여 여호와께 부르짖고 그들이 또 모세에게 이르되 애굽에 매장지가 없으므로 당신이 우리를 이끌어 내어 이 광야에서 죽게 하느뇨 어찌하여 당신이 우리를 애굽에서 이끌어 내어 이같이 우리에게 하느뇨 우리가 애굽에서 당신에게 고한 말이 이것이 아니뇨 이르기를 우리를 버려 두라 우리가 애굽 사람을 섬길 것이라 하지 아니하더뇨 애굽 사람을 섬기는 것이 광야에서 죽는 것보다 낫겠노라 모세가 백성에게 이르되 너희는 두려워 말고 가만히 서서 여호와께서 오늘날 너희를 위하여 행하시는 구원을 보라 너희가 오늘 본 애굽 사람을 또 다시는 영원히 보지 못하리라 여호와께서 너희를 위하여 싸우시리니 너희는 가만히 있을지니라

(출애굽기 14 : 10 - 14)

가만히 서서 구원을 보라

한 청년이 등산을 갔다가 깊은 밤에 산속에서 길을 잃어버렸습니다. 산을 내려와야 하겠는데 길을 찾을 수가 없습니다. 이리 헤매고 저리 헤매도 자꾸 그 자리에 맴돌고 있었습니다. 그는 두려움에 떨었습니다. 깜깜한 밤에 조그마한 손전등에 의지하고 그렇게 산을 내려오려고 애를 쓰다가 돌부리에 부딪혀 넘어지는 바람에 그 손전등마저 그만 깨지고 말았습니다. 이제는 깜깜해졌습니다. 그는 벌벌 떨면서 하나님 앞에 기도했습니다. "제가 길을 잃어버린 것도 큰일인데 유일하게 의지했던 손전등마저 깨졌으니 이 밤에 어떡하면 좋겠습니까? 점점 추워지고 있는데……" 하나님 앞에 간절히 기도했습니다. 깜깜한 밤이었습니다. 1미터 앞도 보이지 않았습니다. 좀 있다가 설상가상으로 비가 막 쏟아집니다. "하나님! 내가 이렇게 어려움을 당하는데 비까지 오면 몸도 춥고 어떻게 하겠습니까?" 그리고 하나님 앞에 기도했더랍니다. 그런데 또 번개가 칩니다. '쾅쾅' 번개가 치니까 그는 몹시 번개를 무서워하는 터라 화들짝 놀라면서 쓰러지기도 하고 눈을 감았습니다. "하나님 설상가상으로 비가 오고 번개까지 치면 내가 어떡하면 좋겠습니까?" 좀 원망하는 그런 기도를 했습니다. 그러다가 조금 정신을 차려보았더니 번개가 '쾅!' 칠 때마다 산 밑이 환하게 보이는 것입니다. 이제는 깨달았습니다. 번개는 공포의 대상이 아니라 좋은 길잡이가 되고 있다는 걸 알았습니다. 그는 번개가 비춰주는 그 빛을 따라서 산을 내려올 수 있었습니다.

여러분, 때때로 막다른 골목처럼 느껴지고 '이것이면 끝이 아닌가?' 생각이 되지만 그것이 오히려 살길이요, 그것이 축복의 길이요, 그게 하나님께서 계시해주시는 은총의 길임을 뒤늦게야 깨달을 때가 있습니다. 사도 바울은 고린도전서 10장에서 이스라엘의 역사를 통해서 우리에게 귀중한 믿음을 교훈, 경고하고 있습니다. 그는 중요한 비사를 사용합니다. "이스라엘의 역사는 거울이 되어" 그랬습니다. 거울이 되어 우리에게 길을 보여준다고 말씀합니다. 여러분 아시는대로 모처럼 큰 은혜로 구원을 받은 이스라엘 백성입니다. 60만 백성이 하나님의 큰 은총 속에 구원을 받고 애굽에서 나옵니다. 상상할 수 없는 것입니다. 오늘도 역사가들이 이것을 증명하지 못합니다. 430년 동안을 애굽에서 살았습니다. 노예로 태어났고 노예로 성장하고 노예생활에 익숙해진 사람들입니다. 이 사람들이 그 노예생활을 끝내고 하나님의 은혜로 출애굽 합니다. 출애굽이란 우리 기독교의 구속사를 말해주는 중요한 거울입니다. 그런데 말입니다. 이 출애굽기를 읽을 때마다 답답하고 괴로운 점이 이것입니다. 이렇게 큰 은혜로 구원을 받았으니 이 사람들이 그대로 저 요단강을 건너 가나안땅에 가야 하지 않습니까? 그러나 유감스럽게도 많은 사람들이 그만 애굽을 나와서 가나안으로 가지 못하고 광야에서 죽었습니다. 태반이 광야에서 죽었습니다. 이 얼마나 유감스러운 일입니까?

왜 그러했을까? 출애굽기를 읽을 때마다 우리는 생각합니다. '어찌 이럴 수가 있는가?' 몇번이고 다시 생각해야 됩니다. 왜요? 하나님을 원망했거든요. 하나님을 원망했습니다. 애굽에서 나와서 가나안에 못들어간 죄목이 딱 하나입니다. 하나님을 원망했습니다. 원망의 반대말은 감사입니다. 감사해야 될 사람들이 하나님을 원망했습니다. 원망죄로 죽었습니다. 그래서 사도 바울은 말씀합니다. '원망하다가 죽었느니라. 그런고로 너희는 원망하지 마라.' 원인은 경제나 정치나 상황이나 환경의 문제가 아니라 하나님을 원망했다는 것입니다. 여러분, 깊이 생각해봅시다. 원망하게 되면 하나님의 심판이 임합니다. 죄송합니다마는 기도 많이 합니다. 간절히 기도합니다. 어떤 분들 철야하고 금식하고 열심히 기도합니다. 그러나 글쎄올시다. 하나님 앞에 한 기도이니 제가 어찌 다 알겠습니까마는 기도가 원망조가 많습니다. 하나님 앞에 주먹질하고 하나님 마음에 안 든다 그러고…… 하나님 하시는 일이 마음에 안들어요. 으르대고 고래고래 소리치는데 한 가지는 분명히 압시다. 그 원망하며 하는 기도는 이스라엘 백성이 광야에서 소리지르는 것이나 비슷합니다. 기도한다고 하지만 원망하는 기도는 하나님의 진노를 산다는 것을 잊지 말아야 합니다. 복받을 것이 아니라 하나님의 심판을 받게 됩니다. 그런고로 여러분, 우리 마음속에 어느 구석에라도 혹시라도 원망이 없는가? 좀 살펴보는 그런 아침이 됐으면 합니다.

원망은 곧 불신앙입니다. 이때문에 이스라엘은 모처럼 애굽에서 나와서 가나안에 못들어가는 사람이 많았습니다. 이 대표적이고 드라마틱한 결정적 사건에서 우리는 이스라엘 백성이 왜 광야에 죽어야 했더냐? 그 죄가 뭘 말하느냐? 생각해야 할 것입니다. 이 사람들이 하나님을 원망한 이유 첫째는 과거의 은혜를 잊었기 때문입니다. 있을 수 없는 일입니다. 430년 동안 노예생활 하던 사람이 어떻게 애굽에서 나올 수 있습니까? 그것은 하나님의 특별한 은혜입니다. 모세를 통해 나타난 큰 은혜입니다. 다시 말하면 10가지 재앙입니다. 애굽 사람들이 10가지 재앙 받는 것을 보았습니다. 그 재앙 속에서 이스라엘을 구원했습니다. 재앙을 통해서 바로 왕을 굴복시키고 이스라엘을 애굽에서 끌어낸 것입니다. 엄청난 기적입니다. 하나가 아닙니다. 10가지 재앙을 계속 보았습니다. 목도했습니다. 체험했습니다. 그 많은 은혜를 체험하고도 그것을 오늘의 생활 속에 적용하지 못했습니다. 어제 받은 은혜에 감사합니다. 그러나 오늘 사건에서는 또 원망합니다. 어제 받은 축복에 대해서 감사합니다. 그리고 오늘 조그마한 일을 당하면 또 시험에 빠집니다. 은혜를 오늘 적용할 능력이 없다는 것입니다. 우리는 생각해야 합니다. 지난날에 이렇게 사랑받았습니다. 그리고 오늘도 사랑이겠지요. 지난날에 이런 큰 축복을 받았습니다. 그럼 오늘도 그 축복 가운데 있겠지요. 이걸 연결하지 못하는 것입니다. 은혜의 적용능력이 없습니다. 이걸 잊지 말아야 합니다.

제가 아는 어느 장로님은 안방에다가 다 낡아빠진 배낭을 하나 한구석에 걸어놨습니다. 그 방하고 어울리지 않습니다. 방이 아주 화려할 정도로 좋게 꾸며놓은 방인데 아주 먼지 묻고 때묻은 고물배낭을 구석에 떡 걸어놨습니다. 저것이 뭐냐고 물었더니 이야기합니다. 6·25때 피란 나올 때입니다. 뒤에서 인민군이 총을 세 발이나 쐈는데 이게 배낭에 꽂혔어요. 그 배낭에 구멍이 뚫렸어요. 그리고 엎드려 있다가 자기는 살았습니다. 그래 그 소중한 배낭을 걸어놓고 일이 어려울 때마다 쳐다보는 것입니다. 일이 안될 때마다 쳐다보면 속이 시원해진다고 합니다. 여러분이 가지고 있는 배낭은 뭡니까? 뭔가 과거에 받은 큰 은혜가 있을 텐데요. 구사일생으로 말입니다. 그걸 잊어서는 안됩니다. 이스라엘 백성은 그 과거에 받은 큰 은혜를 너무 쉽게 며칠 안돼서 잊어버렸습니다. 또한 하나님의 사랑과 능력에 대한 불신이었습니다. 보세요. 이제 조금 거슬러 올라가서 13장에서 읽으면 중요한 한 단어가 있습니다. "홍해의 광야길"이라는 말씀이 나옵니다. 하나님께서 이스라엘 백성을 인도할 때 지정학적으로 보면요 북쪽으로 갔다가 동쪽으로 가야 합니다. 그냥 동쪽으로 가면 홍해입니다. 바다를 직면하게 됩니다. 그러나 하나님께서는 동쪽으로 인도하셨습니다. 동쪽으로 인도해서 바닷가에 딱 서게 됩니다. 앞에는 홍해가 있고 뒤에는 애굽 군대가 따라옵니다. 지금 그런 상황입니다. 이에 대하여 성경은 이렇게 말씀하고 있습니다. 자세하게 말씀합니다. 퇴로를 차단한 것이라고. 하나님께서는 잘 알고 계십니다. 이 사람들이 오합지졸이요, 노예생활에 익숙했기 때문에 이제 앞으로 이 광야를 지나가면서 좀 어려운 일을 당하면 '애굽으로 돌아가자' 그럴 것이라는 것입니다. 애굽으로 돌아가지 못하게 하기 위해서 홍해로 가로막아 놓으신 것입니다. 다시는 애굽을 생각하지 못하게 하기 위하여 퇴로를 차단하시는 하나님의 섭리가 거기 있었습니다. 그래서 '홍해의 광야길로 인도하셨다.' 이렇게 말씀합니다. 하나님께서는 이들의 연약함을 아십니다. 이들의 오합지졸 되는 것도 아십니다. 이들의 믿음이 흔들린다는 것도 아십니다. 그 약한 점을 다 알고 계시기에 홍해의 광야길로 인도하셨다고 성경은 증거하고 있습니다. 이같은 하나님의 사랑과 그 배려와 그 큰 능력, 그 귀한 섭리를 저들은 모르고 있었습니다. 그래서 원망합니다.

그런가 하면 약속의 땅에 대한 믿음이 흔들렸기 때문입니다. 요단강을 건너 저 가나안땅, 아브라함과 이삭과 야곱에게 주신 약속의 땅을 하나님께서 주셨습니다. 주신다면 주신 줄 알고, 인도하신다면 인도하신 줄 알았으면 되는데 저 사람들은 그에 대한 믿음이 없었습니다. 약속의 땅을 바라고 가면서도 그 약속에 대한 확실한 믿음이 없었습니다. 또한 오늘의 자유인된 정체의식이 부족했습니다. 오늘 본문에 참 섭섭한 얘기가 나옵니다. 앞에 홍해가 있고 애굽군대가 따라오고…… 좀 어렵긴 했습니다. 하지만 이 사람들이 죽어가면서도 농담을 합니다. '애굽에 매장지가 없어서 우리를 이쪽으로 데려왔느냐. 공동묘지가 모자라더냐. 어째서 우리를 여기로 데려다가 죽이느냐.' 이렇게 원망합니다. 이것 보세요. 그리고 또 하는 말이 '우리가 애굽에 있을 때 뭐라고 하더냐? 가만 내버려두라. 우리는 애굽 사람을 주인으로 섬기면서 노예로 사는 일에 만족하고 있노라. 제발 건드리지 마라. 우리가 원망하지 않았느냐. 충고하지 않았느냐. 그런데 우리를 왜 여기까지 데리고 와서 죽이느냐.' 그 다음 말 들어보세요. '차라리 애굽에서 노예로 살며 애굽 사람을 섬기는 것이 오늘 여기서 죽는 것보다 낫겠다.' 여러분, 어찌 생각하십니까? 자유가 아니면 죽음을 달라고 하는 그 정체의식이 없습니다. '노예로 살기보다는 광야에서 죽으리라!' 이 마음이 있어야지, 비겁하게 살고 노예로 살고 한평생, 아니, 후손까지 노예로 살기보다는 자유인으로 광야에서 여호와를 섬기다가 죽을 것이다— 이런 믿음이 없었습니다. 여러분, 현재에 조금 어렵다고 해서 하나님의 사람 된 정체의식까지 잊어버리면 안됩니다. 하나님의 큰 은혜를 입은 나 자신이라고 하는 소중한 신념을 잊어버리면 안 됩니다. 뭐 좀 이런 일도 있고 저런 일도 있겠지요. 그러나 받은 은혜도 소중하고 앞으로 받을 은혜도 소중하고 지금 내가 처한 처지가 좀 어렵지만 이것이 축복이요, 하나님의 큰 은총 속에 있는 것임을 확실하게 믿어야 한다는 말입니다.

그 다음에, 오늘 성경을 자세히 보면 이 사람들이 소란을 좀 피웠습니다. 시끄러웠습니다. 군중심리가 작용을 합니다. 한쪽에서 원망하고 원망, 원망 하니까 '나도, 나도' 하고 소리질렀습니다. 이게 문제입니다. 좀 조용해야 됩니다. 제가 부흥회를 이 교회 저 교회를 많이 다닙니다마는, 지난 주간에도 포항에 갔다 왔는데 가끔 어떤 교회를 가보면, 다 그러는 것은 아닙니다마는, 가끔 설교 끝난 다음에 통성기도를 주도합니다. 그때 보면 '주여 삼창'을 합니다. 보신 분들 계신지 모르지만 '주여 삼창'이 우리 교회에는 없으니까 우리 교회만 다니시는 분은 모를 것입니다. 좀 과외수업을 하는 사람들만 알지. 좌우간 주여! 주여! 주여! 세 번 하는 것입니다. 이게 '주여 삼창'입니다. 주여 삼창을 하고 나서 통성기도를 하는데 '왈왈 왈왈'…… 정신이 하나도 없습니다. 그런 기도 시간이 있습니다. 뒤에 앉아가지고 영 마음이 좋지가 않아요. '왜 이렇게 하나님을 복잡하게 만드나? 저걸 다 어떻게 들으시나?' 그런 걱정이 됩니다. 여러분, 소란하면 안됩니다. 원망하는 속에서 같이 원망하고 소란을 떨다보면 하나님의 음성이 들리지 않습니다. 그래서 오늘 말씀하십니다. "가만히 서서 내가 하나님 됨을 알라." 중요한 얘기입니다.

제가 미국에 가서 공부할 때 아이들 캠프생활 하는데 가서 회목으로 좀 있어봤습니다. 그 미국 아이들, 초등학교 중학교 아이들 어지간히 떠듭디다. 그야말로 캠프 나가서 얼마나 떠들겠어요? 거기 소나무 숲속에 노천예배당이 있습니다. 거기 들어가는 길에 무지개처럼 크게 써붙인 게 있습니다. '조용히 하여 내가 하나님 됨을 알라.' 그렇게 떠들던 개구쟁이들이요, 거기 딱 들어서면 조용합니다. 거기 들어가서 예배드리고 나올 때까지는 절대로 조용합니다. 참 그

점이 예뻐보이더라고요. 아무리 시끄러워도, 세상이 아무리 시끄러워도 조용한 시간을 가져야 됩니다. 묵상하는 시간을 가져야 됩니다. '가만히 서서, 조용히 하여 하나님 됨을 알라.' 과거의 은혜도 생각하고 미래에 주시는 축복도 생각하면서 하나님과 나 사이에 바른 관계를 가지는 그런 시간이 필요합니다. 조용하라고 말씀하십니다. 하이럼 스미스라고 하는 분이 쓴「인생에서 가장 소중한 것」이라고 하는 유명한 책에서 말합니다. '사람들은 자기가 누군지 모른다. 왜 모르느냐? 자만심 때문에 모르고 또 어떤 때는 열등의식 때문에 모른다. 이 두 가지 때문에 은혜를 모른다. 자기 자신을 보는 그런 시각을 잊어버렸다. 또한 자신이 소중한 존재라는 사실을 알 때 사명의 사람임을 기억해야한다. 또 소중한 것에 집착해야 한다. 소중한 것에 대한 시야를 확대시켜서 은혜로 보는 시각을 얻어야 한다.' 모든것이 은혜일 뿐더러 나 자신이 은혜요, 현재가 은혜입니다. 은혜를 바로 깨닫고 은혜를 바로 들을 줄 아는 그런 인식을 가져야 됩니다.

'조용하여 내가 하나님 됨을 알라.' 그래서 하나님의 은혜를 생각하고 이 원망과 불평에서 벗어나서 감사할 수 있는 것입니다. 그리고 하나님께서 하시는 큰 능력을 목도할 수 있는 것입니다. 아이슈타인의 부인에게 어느 신문기자가 물었습니다. "부인께서는 남편의 수학 이론을 아십니까?" 그 부인이 놀라면서 하는 말입니다. "천만의 말씀입니다. 저는 아무것도 모릅니다. 한 가지 아는 것은 저 사람이 내 남편이라는 것입니다. 그것뿐입니다." 여러분, 너무 많이 안다고 그러지 마세요. 너무 많이 알았다고도 생각하지 마세요. 하나님께서는 나를 사랑하십니다. 그것뿐입니다. 상황이 어떻게 변하든지 그것은 나와 상관없습니다. 하나님께서는 내 편입니다. 하나님께서는 나와 함께 계십니다. 감사의 반대말은 원망입니다. 우리 마음 속 구석구석에서 조그마한 것이라도 모든 원망을 다 지워버리고 하나님의 큰 은혜에 대해서 가슴을 열고 감사해보세요. 과거의 은혜, 앞으로 받을 축복, 또 현재 우리의 삶 속에 있는 모든 축복에 감사! 감사! 감사할 때 홍해가 열리는 기적을 보게 될 것입니다.   △

그치지 아니하는 감사

이를 인하여 주 예수 안에서 너희 믿음과 모든 성
도를 향한 사랑을 나도 듣고 너희를 인하여 감사하기
를 마지아니하고 내가 기도할 때에 너희를 말하노라
우리 주 예수 그리스도의 하나님, 영광의 아버지께서
지혜와 계시의 정신을 너희에게 주사 하나님을 알게
하시고 너희 마음눈을 밝히사 그의 부르심의 소망이
무엇이며 성도 안에서 그 기업의 영광의 풍성이 무엇
이며 그의 힘의 강력으로 역사하심을 따라 믿는 우리
에게 베푸신 능력의 지극히 크심이 어떤 것을 너희로
알게 하시기를 구하노라
(에베소서 1 : 15 - 19)

그치지 아니하는 감사

　이스라엘 사람들에게 전해지는 아주 어여쁜 동화가 있습니다. 그 동화는 아이들에게 가르쳐주는 동화입니다. 내용은 이렇습니다. 하나님께서 각양각색의 동물을 만들어서 산과 들과 바다에 다 풀어 놓았습니다. 그런데 유독 새들이 불평이 많았습니다. 입이 뾰로통하게 튀어나올 정도로 불평을 하는 것입니다. "왜 다른 동물에게는 튼튼한 다리를 만들어주시면서 우리에게는 가느다란 두 다리만 만들어주tu서 이렇게 허약하게 만들었습니까? 게다가 날개라고 하는 무거운 짐을 달아주어서 걸어 다니기가 아주 힘이 듭니다. 우리는 왜 이렇게 불편한 동물로 만들었습니까?" 하나님 앞에 원망해서 입이 뾰로통하게 나왔답니다. 하나님께서 이 말을 듣고 빙그레 웃으시면서 "날개를 무거운 짐으로 생각하느냐? 날개를 활짝 펴보라." 독수리가 먼저 그 무거운 날개를 질질 끌고 걸어오다가 쫙 폈습니다. 그랬더니 창공으로 날아 올라갑니다. 여러분도 보셨지만 독수리가 처음 날 때 보면 정말 이 장면이 그런 것같습니다. 날개가 어지간히 크고 무겁거든요. 이걸 끌고 한참 달리다가 올라갑니다. 이러고 나서야 알았습니다. 그것은 무거운 짐이 아니었습니다.

　몇년 전에 아마존밀림을 강선교사님과 한번 방문했던 일이 있습니다. 참 진기한 많은 구경을 했습니다. 좀 고생스럽지만 한 번쯤은 가볼만한 곳이라고 생각했습니다. 그 호텔 주인과 함께 새벽에 산책을 했습니다. 밀림 속을 길을 따라 산책을 하는데 그 주인이 커다란 구럭에다가 바나나를 가득 넣어가지고 들고 다니면서 원숭이

한테 먹이로 주는 것입니다. 그런데 말입니다 같이 가면서 보니까 주인이 바나나 하나를 꺼내서 손에 들면 들기 무섭게 옆에서 달려들어 '확' 뺏는 것입니다. 소리를 내면서 '악!' 하고 탁 뺏어서 도망을 갑니다. 제가 보기에 좀 못마땅하더라고요. 아무튼 '아무리 짐승이지만 저럴 수 있나?' 했는데 주인이 제게 설명해줍니다. "제가 지금 20년째 이 원숭이들에게 아침마다 바나나를 먹이는데 이 놈이 똑똑한 것같아도 참으로 못된 짐승입니다. 아니, 좀 공손하게 받으면 안 돼요? 꼭 빼앗듯이 확 채가지고 가는 거예요. 원숭이는 못된 습성을 가진 동물입니다." 여러분, 인격의 기준은 그의 감사에 있습니다. 지식에 있지도 않고, 건강에 있지도 않고, 명예와 권세에 있지 않습니다. 얼마나 감사하며 모든 사람에게 얼마나 감사의 분위기를 만들어주고 있는가? 그의 감사가 인격을 가늠케 합니다. 또는 신앙의 기준도 감사에 있습니다. 얼마나 열심이 있는지 얼마나 봉사적인지 거기에 있지 않고 무슨 일을 하든 어떤 형편에든 맡겨진대로 감사하게 됩니다. 그게 바로 그의 신앙의 수준입니다. 신앙의 수준은 그의 감사에서 평가가 됩니다. 우리가 흔히 쓰는 말 한마디가 있지요. '행복지수'— 행복지수가 어디에 있습니까? 잘사는 일등국가, 그것 아닙니다. 이것도 역시 감사에 따릅니다. 하루하루 사는 것을 얼마나 감사하게 생각하느냐? 그것이 바로 그 사람의 행복지수입니다. 얼마나 복을 받았느냐 하는 것도 얼마나 소유했느냐에 있지 않습니다. 얼마나 감사한 마음으로 사느냐. 그것이 바로 그 사람이 누리는 복이라고 생각합니다.

오늘본문에 보면 사도 바울은 역시 위대한 인격, 위대한 신앙, 위대한 행복의 소유자였다는 생각이 듭니다. 사도 바울은 현재, 이 편지를 쓰고 있는 이 시간에는 감옥에 있습니다. 로마감옥에 있습니다. 재판도 하지 않은 채 몇년을 묶여 있습니다. 이대로 가다 언제 죽을지 모릅니다. 그런 절박한 시간을 살아가고 있는데 어찌 그 입에서 감사라는 말이 나올 수 있습니까? 어떻게 감사하다는 단어가 나올 수 있느냐 하는 것입니다. 그러나 그의 편지들을 보면 말끝마다 감사입니다. 감사로 충만합니다. 어느 편지를 보아도 감사 감사 감사…… 이것이 사도 바울의 인격이요, 신앙이요, 행복지수였다고 생각합니다. 감옥에서 감사할 수 있다— 이 아이러니를 한번 생각해보세요. 얼마나 역설적이고 얼마나 놀랍습니까? 감옥에서 오늘 아침 죽을는지도 모르는 사람이 감사할 수 있고 감사의 편지를 쓸 수 있다니요. 또한 추상적인 감사가 아닙니다. 구체적으로 왜 감사하며 무엇을 감사하며 어떻게 감사할 것을 누우이 설명해주고 있습니다. 저는 '사도 바울의 기도'라고 하는 제목으로 새벽기도에 나가서, 지방에 다니며 기도회를 인도할 때 꼭 그렇게 합니다. 이 바울 서신 중에 나타난 바울의 기도문 이것이 모범 답안이다, 모범 기도문이다, 모범 기도 자세다— 사도 바울의 기도에 대해서 제가 늘 말씀을 드리고 강해를 하고 설교를 하는데 그렇게 해나가면서, 연속적으로 하면서 느끼는 것이 뭐냐하면 사도 바울은 감사 외에 다른 말을 하지 않는다는 것입니다. 그의 기도는 감사로 충만합니다. 놀라운 것입니다. 옥중서신인데요, 감옥에서 쓴 편지에 감사가 넘칩니다. 그 중의 하나를 오늘본문에서 봅니다. 내용은 간단합니다. 아주 간단하게 두 가지를 감사하고 있습니다. 여러분, 오늘도 우리가 여러 가지를 감사해야겠지마는 그러나 너무 복잡하면 그 내용이 충실치 못합니다. 집중적으로 사도 바울의 마음으로 돌아가서 우리도 두 가지 감사를 해야겠습니다. 사도 바울은 깊이 생각합니다. 감옥에서 생각합니다. 에베소 교회에서 오는 소식을 듣고 하나님께 감사합니다. 교회 상황에 대하여 듣고 감사하는데 첫째가 믿음이요, 둘째가 사랑입니다. 이 두 가지에 대해서 깊이 감사하고 있습니다.

여러분, 믿음을 어떻게 생각하십니까? 데살로니가후서 3장 2절에 충격적인 말씀이 있습니다. "믿음은 모든 사람의 것이 아님이라." 정말 그렇습니다. 선교를 하는 사람, 목회를 하는 사람, 교육을 하는 사람, 봉사하는 사람의 마음속에, 아니, 사회생활 하는 사람도 똑같습니다. 믿음은 참 귀한 것입니다. 믿어주지 않는 것입니다. 의심하는 것입니다. 이러면 만사가 다 무너집니다. 인격의 기초, 사랑의 기초, 행복의 기초가 믿음이 아닙니까? 그래서 제가 종종 결혼식 주례를 할 때마다 꼭 이 말을 합니다. 신부에게 부탁을 합니다. "나하고 약속하자" 그러고 신부한테 얘기합니다. "잘 때 몰래 남편의 핸드폰 눌러보지 마라. 핸드폰 눌러보고 "이 번호가 누구냐?" 이런 소리 하면 다시는 사랑을 못받는다. '이 여자가 나를 의심한다'라고 생각해 보자. 예뻐 보이겠느냐? 그 뒤로는 화장은 괜히 하는 것이다. 하나마나한 것이다." 이 여자가 나를 의심한다 하면 만사는 끝나는 것입니다. 다시는 그 얼굴 보고 싶지 않습니다. 그렇지 않습니까? 믿음이 이렇게 중요합니다. 믿음! 진실과 믿음이 깨지면 기초가 무너지는 것입니다. 그런데 말입니다 여러분, 남에게 믿음을 줄 수 있습니까? 저 사람에게 없는 믿음을 가지게 할 수 있느냐고요. 참 어려운 일입니다. 어떻게 하면 믿겠습니까? 어떻게 하면 믿을 수 있을것 같습니까? 어머니는 자식을 사랑합니다. 그런데 자식은 사랑받은 일이 없다고 합니다. 어떻게 하면 믿음을 줄 수 있습니까? 남을 믿게 한다는 것, 믿음을 준다는 것, 우리 사회생활에서도 참 어렵습니다.

　인간관계에서 제일 어려운 것이 믿음입니다. 하물며 하나님을 믿는 믿음은 더더욱 귀합니다. 우리는 목회에서 경험합니다. 사도 바울도 그의 선교사업에서 경험합니다. 똑같이 설교했습니다. 똑같이 전도했습니다. 정성을 다해서 애썼습니다. 어떤 사람은 딱 한마디 듣고 믿음을 가지는데 어떤 사람은 몇년을 두고 해도 믿음이 안 생깁니다. 미안합니다만 교회 수십 년 나오고도 믿음이 없습니다. 간간이 하는 말 들으면 믿음의 '믿' 자도 없습니다. '어떻게 이럴 수 있나? 뭘 믿고 살았나? 믿음은 어느 구석에 있나?' 이렇게 생각될 때가 많습니다. 믿음이 너무 없습니다. 사도 바울이 이래서 하는 말씀입니다. "믿음은 모든 사람의 것이 아닙니다." 같은 자리에서 말씀 들었다고 다 믿는 것이 아니고 같은 사건의 경험이 있다고 다 믿는 게 아닙니다. 믿는 사람만 믿습니다. 이것 얼마나 중요한 교훈입니까? 동시에 사도 바울은 에베소서 2장 8절에 말씀합니다. "믿음은 하나님의 선물이라." 하나님께서 주시는 선물입니다. 말씀은 객관적 선물이요, 믿음은 주관적 선물입니다. 이 두 가지— 말씀을 주시고 믿음을 주십니다. 말씀만 주신다고 되는 것이 아닙니다. 문제는 믿음입니다. 믿음을 주셔야 됩니다. '믿음은 선물이다.' 세월을 살아가면 갈수록 절절하게 느끼는 것이 바로 이것입니다. '믿음은 선물이다.' 얼마나 귀한 실제적인 말씀인지 모르겠습니다. 그런고로 사도 바울은 말씀합니다. '하나님께서 너희에게 믿음을 주셨다. 내가 너희하고 잠깐 만났지만 하나님께서 믿음을 주셨다. 믿음의 소식을 듣고 하나님께 감사하라.' 여러분, 믿음보다 귀한 것이 어디 있습니까?

베드로서에 보면 믿음은 '금보다 귀하다'고 그랬습니다. 돈이 문제입니까? 건강이 문제입니까? 명예가 문제입니까? 문제는 믿음입니다. 남북관계의 복잡한 문제를 놓고 많은 사람들이 고민합니다. 뭔가 해결의 길이 있어야겠는데…… 그래서 언젠가는 시카고대학 교수들이 모여서 특별 시간을 내어 남북문제, 우리가 멀리 볼 게 아니라 좀 어떻게 우리도 연구를 해보자 하고 나름대로 며칠을 두고 세미나를 하면서 연구를 해보았답니다. 남북문제, 믿음이 문제입니다. 믿지 않는 것입니다. 아예 믿지 아니하기로 작심을 했습니다. 어디서부터 믿음을 다시 세울 수 있는지, 이게 문제입니다. 신임입니다. 신뢰가 없습니다. 무슨 말을 해도 믿지 않습니다. 이걸 어떡하면 좋겠습니까? 이건 근본이거든요 근본…… 자, 여러분에게 믿음을 주신 하나님께 감사합니다. 모든 환경 모든 은사를 통해서 우리에게 주신 것 가운데 최고로 큰 것이 믿음입니다. 하나님께서 우리에게 믿음을 주신 것, 이만큼의 믿음을 주신 것을 감사합니다. 저는 아침에 여기 와서 강단에 오를 때마다 생각합니다. 주일날 아침 7시 30분이 어려운 시간입니다. 그러나 이렇게 이만큼의 믿음을 가지고 이 교회에 나오신 여러분들을 보고 하나님께 정말 감사합니다. 하나님께서 여러분의 마음속에 이만큼의 믿음을 주셨습니다. 그 믿음을 인해서 감사합니다. 여러분, 자녀들을 보든 형제를 보든 이웃을 보든 우리가 감사할 것이 많겠지만 그 모든 것 중에 믿음을 주신 하나님께 감사합니다.

두 번째, 사도 바울은 말씀합니다. 사랑을 주신 것을 감사합니다. '너희들 사이에 사랑이 있다. 그것을 감사한다'고 했습니다. 사랑을 알고 사랑을 느끼고 용서받고 용서하고 사랑하는 마음, 서로 사랑하는 것을 볼 때 감사하지요. 우리 부모들은 형제간에 사랑하는 것을 볼 때 감사하지요. 자녀들 간에 사랑하고 이웃간에 사랑하고 사랑이 점점 깊어지고 사랑이 더 성숙하고 사랑의 영역이 넓어지는 것을 볼 때 감사하지요. 건강을 인해 감사한 것은 초보적인 것입니다. 사랑하는 사람이 되는 걸 보았습니다. 이제부터 사랑하는 사람이 되었습니다. 사랑을 아는 사람이 됐습니다. 그런고로 감사한 것입니다. 사랑하게 된 것, 그리스도의 사랑을 알고 그것을 형제의 사랑으로 이렇게 발전시키는 것을 보고, 서로서로 성도 간에 사랑하는 것을 볼 때 감사합니다. 사도 요한도 말씀합니다. '너희 가운데 사랑이 있는 것을 보고 이보다 더 행복할 수가 없다.' 그래요. 우리가 성숙한 인격으로 볼 때 사랑이 점점 깊어지는 것, 사랑이 커지는 것, 사랑의 확산을 보면서 감사하는 것이고, 반대로 슬픈 일이 있다면 사랑의 불이 꺼집니다. 사랑이 없습니다. 결혼을 했는데 사랑은 없습니다. 슬픈 얘기입니다. 그런데 세월이 갈수록 점점 사랑이 깊어지는 걸 볼 때 하나님 앞에 감사하게 된다는 것입니다. 그런데 이상하게도 이 사랑은 많은 시련을 통해서 많은 사건을 통해 부딪칠 때마다 깊어집니다. 그런 걸 많이 봅니다. 가끔 드라마를 보면 두 사람이 서로 좋아하긴 하는데 그러다 자꾸 삐걱거리고 부딪치드만요. 오해가 되고, 이런 문제가 많아요. 한참 문제가 되고 저 사람들 아무래도 안되겠는데 하고 느낄 때 제 마음에 증거가 옵니다. '사건 나겠구만⋯⋯' '쾅!' 하고 차사고가 나니까 들쳐업고 가더라고요. 열심히 사랑하더라고요. 사랑하게 하시는 역사가 이론과 철학이 아닙니다. 모든 사건과 모든 시련입니다. 그래서 전쟁 25시 가장 어려운 형편에 비로소 사랑은 그 속에서 이루어지는 것이고 순수해지는 것입니다.

　제가 6·25전쟁 때 겪은 이야기입니다. 너무 생생하기 때문에 이 건 제게 중요한 경험입니다. 지뢰밭을 지나가다가 지뢰가 터지면서 사람이 몸이 공중에 떴다 내려옵니다. 그러면서 다 부러지고 하는데 한 청년이 두 눈을 잃어버렸습니다. 눈알이 빠져나갔습니다. 그래서 이제 실명자가 되게 되는데 의사가 말하기를 수술은 하겠지만 아무 래도 시력을 가질 수는 없겠다고 말했습니다. 이 청년이 "그러면 그 냥 죽도록 내버려 두세요. 저 시각장애자로 살고 싶지 않습니다" 하 고 몸부림을 쳤습니다. 그러나 의사는 말합니다. "생명은 소중한 것 이야. 그런 소리 하는 것 아니야." 다행히 생명에는 지장이 없으니 내가 수술을 해주겠노라고 수술을 했습니다. 수술을 받고 마지막에 붕대를 풀 때 의사가 말하기를 "자네는 분명히 실명될 수밖에 없었 는데 자네를 위해서 안구를 제공해주는 자가 있어서 다른 사람의 눈 을 자네 눈에 하나 넣었으니 잘되면 눈 하나는 잘 볼 수 있을 거야." 그러니까 또 얘기하더랍니다. "애꾸눈이로 사느니 죽는 게 낫 지……" "이 사람아, 자네를 위해서 애꾸눈이 된 사람이 있는데 어찌 그런 말을 하는가?" 그리고 붕대를 풀었습니다. 풀어줄 때 뿌옇게 보이기 시작합니다. 점점 환하게 보이는데 앞에 어머니가 서 있습니 다. 어머니의 눈 하나가 없습니다. 그걸 보고 이 청년은 그 앞에 무 릎을 꿇고 말합니다. "어머니, 일생 감사하며 살겠습니다. 일평생 이 은혜를 보답하겠습니다." 여러분, 어려운 사건, 어려운 시련, 힘에 지나치는 많은 시련이 있지만 이 모든 사실을 통해서 사랑이 굳어지 고 사랑이 전달되고 사랑이 믿어지는 것입니다.

　Matthew Fox의 「Original Blessing」이라고 하는 유명한 책이 있 습니다. 그 속에서 말합니다. '축복받은 존재인식이 있어야 한다. 축복 중에 가장 큰 복은 내가 축복받은 존재라는 것을 아는 것이다. 그걸 믿는 것이다. 그러기 위해서 둘째는 자기 자신을 깨끗이 비워야 한다. 겸손하고 비우고 온유하고, 그럴 때만이 사랑을 알 수 있는 사람이 된다. 그리고 자신에게 주어진 창조성에 대한 고귀함을 항상 확인해야 한다. 그리고 믿음으로 변화된 삶을 살아가매 그대로 살아갈 수 있는 훈련이 필요하다.' 그래요. 감사는 일시적인 것이 아닙니다. 이것도 훈련이 필요합니다. 감사를 배우고 감사를 익히고 계속 훈련해나가야 엄청난 일에도 감사할 수가 있는 것입니다. 하루아침의 결단, 결심으로 되는 것이 아닙니다. 연습입니다. 훈련입니다. 그리고 습관입니다. 여기까지 가야 합니다. 오늘 성경말씀은 이렇게 결론을 짓습니다. '감사하기를 그치지 아니한다.' 감사하기를 그치지 아니한다— 우 파우오마이 유카리스톤, 이것 유명한 말입니다. 쉬지 않는다는 말입니다. 쉬지 않는다, 그치지 않는다, 멈출 수 없다, 말리지 못한다— 절대적입니다. 그런 감사가 충만할 때 그 감사를 쉬게 할 수가 없습니다. 감사를 멈출 수가 없습니다. 모든것을 감사하게 받아들이고 감사로 극복하기 때문에 이 사람의 마음에는 감사 외에 어떤 것도 침입하지 못합니다. 그치지 아니하는 감사, 쉬지 아니하는 감사, 이런 절대 능력의 감사, 이것이 있을 때 이 세상을 아름답게 볼 수 있으며 범사에 감사할 수 있는 것입니다. 감사는 곧 능력입니다. △

너희도 온전하라

또 네 이웃을 사랑하고 네 원수를 미워하라 하였다
는 것을 너희가 들었으나 나는 너희에게 이르노니 너
희 원수를 사랑하며 너희를 핍박하는 자를 위하여 기
도하라 이같이 한즉 하늘에 계신 너희 아버지의 아들
이 되리니 이는 하나님이 그 해를 악인과 선인에게
비취게 하시며 비를 의로운 자와 불의한 자에게 내리
우심이니라 너희가 너희를 사랑하는 자를 사랑하면
무슨 상이 있으리요 세리도 이같이 아니하느냐 또 너
희가 너희 형제에게만 문안하면 남보다 더 하는 것이
무엇이냐 이방인들도 이같이 아니하느냐 그러므로
하늘에 계신 너희 아버지의 온전하심과 같이 너희도
온전하라

(마태복음 5 : 43 - 48)

너희도 온전하라

성도 여러분, 오늘은 여러분의 마음에 한 질문을 드리겠습니다. "사람이 온전할 수 있습니까?"라고 물으면 여러분은 무엇이라고 대답하겠습니까? 마음으로 한번 대답을 해보세요. "사람이 온전할 수 있습니까?"하면 어디 가서 물어봐도 똑같이 합창하듯이 대답합니다. "온전할 수 없습니다." No라고…… 온전할 수 없다, 그렇게 일반적으로 대답을 합니다. 그러나 오늘 성경에 말씀하십니다. '너희 하늘 아버지의 온전하심같이 너희도 온전하라.' 사랑하는 예수님의 말씀입니다. "너희도 온전하라." 자, 온전할 수 없는 것을 알면서 온전하라 하면 온전하라 하신 분이 잘못한 겁니까, 온전하지 못한 우리가 잘못한 겁니까? 한번 생각해보세요. 어디서부터 우리가 잘못되기 시작하는가? 온전할 수 없다고 생각하는 데 문제가 있는 것입니다. 아주 스스로 정당화합니다. '사람은 온전하지 못하다. 사람은 그럴 수밖에 없다. 너도나도 마찬가지다.' 온전할 수 없다고 하는 그 생각 자체가 하나님의 말씀을 거역하고 있는 것입니다. 온전할 수 있습니다. 그런데 내가 못하고 있습니다. 그런고로 내게 잘못이 있는 것입니다. 온전할 수 있는 모든것을 주셨습니다. 모든것을 갖추었습니다. 그런데 내가 온전하지 못합니다. 그래서 잘못은 내게 있다는 말씀입니다.

인간을 세 가지 유형으로 나누어 생각할 수 있습니다. 첫째는 동물같은 인간입니다. 모양은 사람으로 생겼지만 그 속에는 금수가 들어 있습니다. 짐승이 들어 있다는 말입니다. 요새 젊은이들은 이것을 아주 근사한 말로 표현합니다. '나는 동물적 본능에 충실하다.' 동물적 본능에 충실하려고 하는 그런 동물적 인간이 있습니다. 그것은 사람이기를 포기한 것입니다. 오히려 동물을 생각하고 동물적 욕망에 충실하려고 사는 그런 인간이 있습니다. 또하나는 인간같은 인간입니다. 소위 휴머니스트입니다. 사람이 뭐냐 하는 것도 규정하기 전에 우선 사람다워야 한다는 것입니다. 그런데 사람이 어디까지입니까? 어느 정도가 사람입니까? 그러나 부지런히 생각합니다. 사람은 이래야 한다, 사람은 사람은…… 그러면서 휴머니즘을 주장하는 그런 인간이 있습니다. 세 번째는 하나님같은 인간입니다. 물론 하나님같이 살지 못합니다. 그러나 하나님같이 살려고 합니다. 거룩하지 못합니다. 그러나 거룩하려고 합니다. 동물입니다마는 동물 아니기를 바랍니다. 인간입니다마는 인간선에서 만족하지 못합니다. 하나님의 온전하심을 지향하는 그러한 인간이 있습니다. 그런데 오늘 우리에게 예수님 친히 말씀하십니다. "하늘 아버지의 온전하심같이 너희도 온전하라." 여기서 말씀하시는 온전이 뭡니까? 오늘본문은 그 문맥에서 이렇게 말씀하고 있습니다. '하늘 아버지께서는 악한 자의 밭에도 비를 내리시고 선한 자의 밭에도 비를 내리신다.' 하나님께서는 그런 분입니다. '하나님께서는 악인과 선인에게 고루고루 햇빛을 비추고 계신다. 이제 너는 하늘아버지의 온전하심같이 온전하라.' 이게 무슨 말씀입니까? 단적으로 말하면 오늘본문의 주제는 '네 원수를 사랑하라' 그것입니다. '원수를 사랑하라. 그래야 하나님 아버지의 자녀가 될 수 있다.' 하늘 아버지께서는 누구를 가리지 않고, 악한 자와 선한 자를 고루 사랑하신다는 말씀입니다. 그런고로 하늘 아버지의 자녀가 되려면 그에게는 원수가 있어서는 안됩니다.

하늘 아버지의 마음으로 사랑해야 한다, 그런 뜻입니다.

　　로마서 12장 20절에 보면 "네 원수가 주리거든 먹이고 목마르거든 마시우라" 하였고 잠언 25장 21절에는 "네 원수가 배고파하거든 식물을 먹이고 목말라하거든 물을 마시우라" 합니다. 잠언 24장 17절은 더 절절한 말씀입니다. "네 원수가 넘어질 때에 즐거워하지 말며 그가 엎드러질 때에 마음에 기뻐하지 말라." 이것이 하나님의 말씀입니다. 여러분, 전쟁터에서 자신을 희생해가면서 한평생을 살고 많은 사람을 구원해낸 나이팅게일이라고 하는 분을 여러분이 기억하실 것입니다. 영국 왕으로부터 하사받은 그 휘장에는 이렇게 씌어 있다고 합니다. '사람은 물질로 많은 사람을 도울 수 있다. 물질이 없을 때는 말로 도울 수 있다. 물질도 말도 없을 때는 눈물로 도울 수 있다.' 여러분, 원수 사랑이라는 것은 밑천 드는 것이 아닙니다. 그래서 기본적인 것입니다. 아니, 절대적인 것입니다. 돈이 있어야 하고 지식이 있어야 하고 건강이 있어야 한다는 얘기가 아닙니다. 구제하고 봉사하라는 말도 아닙니다. 용서하라는 얘기입니다. 그건 마음의 문제입니다. 이것은 거절할 수 없는 하나님의 명령입니다. 이걸 알아야 합니다 "네 원수를 사랑하라." 기본적인 것입니다. 왜? 우리가 하나님과 원수되었을 때 그가 우리를 사랑하셨으니까요. 내가 하나님과 원수되었을 때 그 사랑을 입었어요. 그 사랑에 대한 우리의 응답은 마찬가지입니다. 원수사랑입니다. 이걸 잊지 말아야 합니다. 프레드 러스킨이라고 하는 사람의 「용서」라고 하는 유명한 책이 있습니다. 그 책의 주제입니다. '용서를 통해서 우리는 과거라고 하는 감옥에서부터 벗어날 수 있다.' 참 귀한 말입니다. 우리가 많은 사람이 과거에 매여 있습니다. 과거에 어쨌고, 전날에 어쨌고, 누가

어쨌고…… 그 억울한 한이 맺혀 있습니다. 한이…… 우리 민족은
한의 민족입니다. 여기서 헤어나질 못합니다. 그리고는 한에 쌓여
있고 누군가를 미워하고 삽니다. 그러는 동안 그는 과거에서 벗어나
지 못합니다. 그 소중한 현재와 미래가 다 무너집니다. 과거에서, 과
거 때문에 이런 불쌍한 일이 있습니까? 그런고로 용서하지 않고는
과거로부터 자유할 수 없습니다.

또 한 가지는 용서를 통해 두려움에서부터 해방됩니다. 여러분,
원수맺고 살면 두려움에 쫓깁니다. 내가 저를 미워하면 저도 나를
미워한다는 것을 다 알고 있습니다. 내 양심이 증거합니다. 그런고
로 마음이 편하질 않습니다. 그러나 용서한 사람에게는 적이 없습니
다. 다 용서하고 살면 내 양심은 자유롭습니다. 어디 가나 거침이 없
습니다. 그런고로 용서를 통해서만 두려움으로부터 공포로부터 자
유할 수 있다— 참 중요한 말입니다. 또한 용서를 통해서만 미래를
볼 수 있습니다. 이 용서를 통해서 모든 원한과 과거를 다 끊어버리
고 나면 그에게는 환한 미래가 열립니다. 이것이 용서가 주는 은총
입니다. 여러분, 사랑이라는 것에는 상호성 사랑이 있고 대가성 사
랑이 있습니다. 상호성 사랑이라는 것은 '네가 나를 사랑하면 나도
너를 사랑한다. 네가 나를 미워하면 나도 너를 미워한다'는 것입니
다. 상호성입니다. 그런고로 미움받으니까 미워하는 것 당연하다,
'이건 죄가 아니다'라고 생각합니다. 바로 여기에 문제가 있습니다.
상호성 사랑은 성경이 말씀하는 사랑은 아닙니다. 오늘 성경말씀에
누누이 예수님께서 말씀하십니다. '너희가 형제에게만 문안하면 남
보다 더한 것이 무엇이냐 이방인들도 이같이 아니하느냐. 사랑받고
사랑하는 것 누가 못하느냐?' 그건 아니지요. 또 미움받으니까 미워

한다, 당연하다— 아니올시다. 그러면 하나님의 자녀가 될 수 없습니다. 또하나는 대가성 사랑입니다. 사랑은 하는데 조건이 많아요. 뒤에라도 사랑을 받아야 돼요. 선한 일 했으면 복받아야 돼요. 좋은 일 했으면 뭔가 돌아오는 게 있어야 돼요. 이런 대가를 바라고 그렇게 아주 피곤하게 사는 사람들이 있습니다. 신경 끄세요. 바로 이것 때문에 사람이 '쪼다'가 돼요. 그 때문에 아주 사람 너절하게, 치사하게 되는 걸 볼 수 있습니다. 잊어버리세요. 좋은 일 했으면 잊어버려. 그런 대가를 바라지 마세요. 다시 한번 생각합시다. 예수님 말씀하십니다. '원수를 사랑하라. 그래야 하나님의 자녀가 될 것이다. 하나님의 자녀가 되리라.' 때때로 우리는 어려운 일에 부딪힐 때가 있습니다.

몇해 전입니다. 자유당이 무너질 때 자유당 정치가 무너질 때 보니 다 폭로되고 나니까 멀쩡하던 사람들 부정부패가 드러나는데 우리가 존경하던 사람들이 다 이 모양이고 우리가 믿던 사람들이 다 나쁜 사람들이고 전부 줄줄이 감옥으로 끌려들어갈 때 신문을 보면서 대학 교수들이 모여 앉아가지고 욕을 바가지로 퍼붓기 시작했습니다. 이 놈이 이래! 저 사람이 이래! 이 사람이 이래! 그러면서 서로 욕을 한참 하는데 목사님이 들어왔어요. 그러니까 "목사님, 이것 좀 들어보세요. 이런 사람들이 다 못되게 노는데 하나님은 그동안 뭘 하고 계셨습니까? 이런 나쁜 놈들 죄지을 때 벼락을 쳤으면 얼마나 좋겠어요? 시원하게……" 이런 얘기를 했습니다. 그러니까 목사님이 대답하기를 "당신 생각에는 그 사람들이 다 나쁘지만 하나님 보시기에는 그래도 보는 눈이 계셔서 그들도 사랑하신 것이 아니겠느냐? 그리고 하나만 더 물어보자. 당신이 지금 욕하고 있는 그 사

람들 그 중에 당신의 아들이 있다면 뭐라고 하겠는가?" 모든 사람이
숙연해졌습니다.

여러분, 원수가 누구입니까? 종종 우리는 이런 생각을 하게 됩
니다. "원수가 주리거든 먹이라 목마르거든 마시우라." 생각해봅시
다. 내가 그렇게 미워하는 원수가 내 앞에서 지금 굶어 죽어가고 있
습니다. 가만히 내버려두면 죽습니다. 죽을 거 뻔합니다. 내버려두
면 손에 피 안묻히고 원수갚는 시간입니다. 그렇게 오랫동안 내가
원수로 여기고 미워하던 사람이 내 앞에서 죽어가면 통쾌한 것 아닙
니까? 조금만 기다리면 돼요. 손에 피 안묻히고 깨끗하게 원수를 갚
는 시간입니다. 어떡하면 좋겠어요? 우리는 내버려두고 구경하고
싶거든요. 어쩌면 감사기도 할는지도 몰라요. 바로 이런 순간인데
성경은 말씀합니다. 아니다, 이겁니다. "주리거든 먹이라 목마르거
든 마시우라." 그다음 문제가 또 있습니다. 이렇게 죽어가는 원수를
먹이고 마시우면 기운을 차려가지고 다시 일어나서 나를 해코지할
것 아니겠는가? 그런 생각 하지 않겠습니까? 원수를 사랑했다가는
더 큰 원수를 만드는 것이고 원수에게 용기를 주고 기회를 주는 것
아니겠는가? 이런 생각이 들어요. 그러나 성경은 말씀합니다. "주리
거든 먹이라." 여기에 엄청난 진리가 있는 것입니다. '먹이고 마시우
고 그래야만 하나님의 자녀가 되리라.' 절대조건입니다.

하나님의 자녀라는 말을 자유라고 풀이해봅시다. '원수에게 먹
을 것을 주고 그러고야 네가 자유하리라. 목마른 원수에게 물을 주
고야 네 양심이 자유할 것이다'라고 말씀하십니다. 행복의 근본은
여기에 있습니다. 내가 원수를 사랑하는 순간 원수라고 하는 테두리
가 없어집니다. 그러고야 내가 행복할 수 있습니다. 내가 누구를 미

위하고 누가 나를 미워하는 한 전혀 나는 행복할 수 없기 때문입니다. 그러면 문제는 원수가 누구냐, 하는 것입니다. 내 마음, 나를 중심했을 때는 원수입니다. 그러나 하나님께는 소중한 하나님의 자녀입니다. '나'라고 하는 존재에 집착하면 원수가 됩니다만 이 한계를 벗어나게 될 때 내게는 원수지만 하나님께는 소중한 하나님의 자녀더란 말입니다. 또하나, 현재에 집착하면 원수입니다. 그러나 먼 미래로 멀리 가서 생각해 보면 그 사람이 내 은인일 수가 있습니다. 이건 좋은 얘기가 아닙니다마는 내게는 사실입니다. 우리 고향에서 지게도 같이 지고 고생 많이 하던 친구들이 있는데 그 중에서 몇 사람이 한국으로 나왔습니다. 그래서 같이 다들 공부하고 큰일들을 많이 했는데 이원설 박사, 김정열 박사, 민경배 박사, 그리고 저. 네 사람이 가까운 고향 친구인데 가끔 모일 때가 있습니다. 모여가지고 저녁을 먹게 되면 첫마디 인사가 뭔지 아십니까? "너나 나나 김일성수령 덕에 많이 출세했다." 그럽니다. 생각해보세요. 그 양반 아니면 내가 여기까지 왔겠어요? 여러분도 득 본 것입니다. 수십 대를 내려가면서 한 고향에 살았는데 그 땅을 내가 어떻게 떠나요? 절대 못떠납니다. 그런데 '수령님'이 나가라고 해서 나갔잖아요. 여기까지 와서 여러분을 만났잖아요. 이제 다 돌고 보니까 누구 덕입니까? 그 양반 덕이지요. 안 그래요? 현재에 집착하면 원수이지만 조금만 지나고 보세요. 참으로 귀한 어른입니다. 왜 그 생각을 못합니까? 먼 미래로 보면 은인이 될 수 있다— 생각해야 되겠습니다. 같은 얘기입니다마는 하나님의 큰 뜻에 비추어 보면 더더욱 고마운 분이 되는 것입니다.

　　유명한 얘기가 있지 않습니까? 구약에 나오는 요셉이라는 사람은 17살 때 형님들이 노예상인한테 팔아먹었습니다. 이게 있을 수 있는 일입니까? 형이 동생을 노예로 팔아먹었어요. 팔려가는 요셉을 생각해보세요. 기가 막힙니다. 그러나 그는 13년 후에 애굽의 총리대신이 됩니다. 그 앞에 와서 지금 죽을까봐 벌벌 떨고 있는 형님들을 위로하면서 하는 요셉의 말을 들어보세요. '형님들이 나를 팔아먹었다고 두려워하지 마세요. 당신들이 나를 판 게 아니라 하나님께서 나를 이리로 보내신 것입니다. 그런고로 내가 당신의 자녀들을 다 돌보고 기르리이다.' 기가 막힌 얘기입니다. 그 장면이 너무도 아름답습니다. 요셉은 자기 형들을 지금 미워하지 않습니다. 왜요? 하나님의 큰 은혜 가운데 다 소화하고 말았습니다. 그 형님들의 자녀와 형님을 돌보는 요셉의 마음을 볼 수 있습니다. 오히려 위로하고 있지요. 자, 신앙적 관점에는, 깊은 신앙적 관점에는 원수가 없습니다. 그래서 순교하는 사람들 비록 죽어가지만 자기를 죽이는 사람을 위해서 기도하고 용서하고 복을 빕니다. 이게 순교자입니다. 순교하는 사람이 죽는 순간에라도 만일에 딱 한마디 "이놈들 두고 보자" 한다면 어떻게 되겠어요? 그건 순교자가 아니지요. 원수를 사랑하고만 순교자가 될 수 있다― 굉장한 얘기가 아니겠습니까?

그런데 오늘성경은 말씀합니다. '원수를 사랑하라. 원수를 먹이라. 마시우라.' 또 있습니다. 한 단 더 나아가서 "기도하라" 합니다. 원수 잘되라고 기도해라 합니다. 하나님께서 은총을 주셔서 원수가 나보다 더 잘되면 어떡하지요? 할수없지 뭐! 질투하지 말아야 됩니다. 그걸 알아야 됩니다. 원수를 위하여 기도하라― 이건 놀라운 복음입니다. 여러분, 한번 기도해보세요. 기도하는 순간 벌써 내 마음이 '확' 열리는 걸 볼 수 있습니다. 원수 잘되라고 기도하세요. 인종

차별을 반대한 이유로 해서 30년 동안 감옥에서 억울하게 옥살이를 하다가 풀려난 만델라라고 하는 정치가를 여러분이 아십니다. 기자들이 그에게 물었습니다. "억울하게 30년을 강탈당했는데 얼마나 한이 많고 얼마나 미운 사람이 많겠습니까?" 그는 말합니다. "할일이 너무 많아서 원한을 가질 시간이 없습니다." 그에게는 원한이 없었습니다. 여러분, 내가 원수를 갚는다면 다시 나는 그 사람에게 원수가 됩니다. 원수에 원수, 원수에 원수 이 고리를 누가 끊어야 되지 않습니까? 언젠가 누구라도 원수를 사랑함으로만이 이 악순환의 고리를 끊을 수가 있습니다. 가끔 드라마나 소설을 보면 부모님의 원수를 갚는다고 일생 동안 몇십 년 동안 산에 나가서 훈련을 하고, 뭘하고, 뭘 하고 와신상담을 해가지고 마지막에 원수를 갚고 허탈해가지고 자기도 죽어버립니다. 그런 작품을 볼 때마다 '이건 아니다. 이건 잘못된 얘기다' 합니다. 한으로 일생을 살고 바쳐버리는 미련한 인간이지요. 이 한을 끊어야 됩니다. 반드시 끊어야 됩니다.

점잖은 노인과 한 젊은이가 미국에서 좁은 마차를 타고 지루하고 먼 길을 여행하고 있었습니다. 상상해보세요. 마차를 탔는데 마차 안에 그 좁은 데 가득 사람들이 앉아가지고 흔들거리면서 먼 길을 가고 있습니다. 이 노인이 너무 지루해서 가지고 갔던 술 한잔 마시면서 옆에 있던 젊은이에게 "자네도 한잔 하지" 합니다. 이 젊은이가 말합니다. "안됩니다. 나는 그런 것 입에 대지 않습니다." 조금 가다가 지루해서 담배를 조금 피우면서 "자네도 한번 담배를……" "아, 안됩니다. 저는 절대로 그런 것 안합니다." 여러 시간 가면서 지루해서 여러 번 권해봤지만 이 젊은이가 끝내 사양하고 거절합니다. 마차에서 내릴 때 이 노인이 젊은이에게 딱 한마디 했습니다.

"젊은이, 흠이 없는 사람은 덕도 없는 법이라네." 아브라함 링컨은 이 이야기를 그 주변사람들에게 늘 입버릇처럼 했다고 합니다. "흠이 없는 사람은 덕도 없다네." 깨끗하다는 사람 남 심판합니다. 남 저주합니다. 정결하고 순결하고 깨끗하고…… 그 사람은 벌써 원한을 맺고 사는 사람이란 말입니다.

여러분 운전을 하십니까? 저는 남보다 운전을 좀 많이 하는 편입니다. 운전대를 딱 잡고 거리에 나설 때마다 최소한도 그 운전대 잡은 시간만은 성인군자가 돼야 됩니다. 무슨 말인지 아시겠습니까? 운전대를 잡고 있는 동안은 아무도 미워하면 안됩니다. 질투해도 안됩니다. 아시겠습니까? 어느 젊은 목사님이 새벽기도회를 나가는데 어떤 사람이 차를 몰고 자기 앞을 아주 난폭하게 운전하면서 아슬아슬하게 괴롭힙니다. 참다못해가지고 차를 붕하고 몰아서 앞에다 확 질러 막아놓고 문 열고 "나와, 이놈아!" 했더니 나올 때 보니까 자기교회 집사더랍니다. 여러분, 생각해보세요. 오늘도 아침에 오면서 보니까 분명히 빨간 신호인데 몇 사람이 그냥 지나가는 것입니다. 그러나 저는 그 사람 미워하지 않습니다. '저 사람 유치원 교육을 잘못 받았구나'그랬습니다. 그저 못된 사람 보거든 '세상에 그런 사람도 있거니' 하고 지나갑니다. 그저 바쁜 사람 있으면 '바쁜가 보다' 좀 난폭하게 몰거든 '부부싸움을 했나보다' 그렇게 생각하면서 멀리 보고 가야지 그 환경 따라서 내 마음이 이놈 나쁘고 저놈 죽일 놈이고…… 이러다가 내가 죽어요. 이 세상 살면서 미워하는 사람은 없어야 됩니다. 최소한도 기본적으로 미워하는 사람은 없어야 됩니다. 그래서 예수님 말씀하십니다. 엄청난 진리입니다. 그러나 현실적인 진리입니다. '원수가 배고파하거든 먹이라. 목마르거든 마시우

라. 원수를 사랑하라. 원수를 위해 기도하라. 그래야 네가 하나님의 자녀가 되리라.' 얼마나 확실하고 절절한 말씀입니까? 하나님의 자녀 된 영광 그 자유는 바로 여기에 있는 것입니다. "너희도 온전하라 너희도 온전하라." △

너희도 마음을 넓히라

고린도인들이여 너희를 향하여 우리의 입이 열리고 우리의 마음이 넓었으니 너희가 우리 안에서 좁아진 것이 아니라 오직 너희 심정에서 좁아진 것이니라 내가 자녀에게 말하듯 하노니 보답하는 양으로 너희도 마음을 넓히라

(고린도후서 6 : 11 - 13)

너희도 마음을 넓히라

40년 전 이야기니까 어지간히 오래전입니다. 제가 인천제일교회에서 목회하고 있을 때입니다. 여러분도 아시는 대로 그때는 장발족단속이 있었습니다. 길거리에서 순경들이 장발단속한다고 장발족들을 붙잡아 강제로 모조리 머리를 깎았습니다. 그 무렵 하루는 어깨를 덮을 정도로 긴 장발을 한 어떤 청년이 용케도 순경한테 붙잡히지 않고 그 머리 그대로 교회에 나왔습니다. 그는 장발족일 뿐만 아니라 수염까지 길게 길렀습니다. 그런 몰골로 교회 나오는 사람은 오직 그 청년 한 사람뿐입니다. 거리에서도 그런 사람 찾아보기 힘듭니다. 그 모습을 보고 나이 지긋하신 장로님들이 못마땅해서 한마디 합니다. "저 놈 말이오, 순경한테 알려서 예배 마치고 나갈 때 여기 교회 앞에서 붙잡아 머리를 깎게 하십시다." 그 흉한 몰골을 차마 못봐주겠다는 것입니다. 그래서 그렇게 하기로 여론이 거의 합의가 되었습니다. 그걸 보고 제가 일단 가만히 있어보자고, 무슨 사연이 있는지도 모르니 한번 알아나 보자고 말렸습니다. 그 청년, 예배드리러 교회에 왔다가 느닷없이 오랫동안 기른 머리를 잘리고 나면 얼마나 교회를 원망하며 섭섭해하겠습니까. 그러니 그러지 말자고, 일단 제가 그 청년을 불러서 사연을 알아보겠다고 했습니다. 그래 그 청년이 예배 후에 제 사무실로 왔습니다. 제가 다짜고짜 물었습니다. "내 하나 묻겠는데, 그 머리 기르기가 보통 어려운 일이 아닐 텐데, 여러 달 동안 길렀고 또 지금 그걸 사방에서 자르겠다고 하니 피해 다니기가 얼마나 어렵겠나. 그런데도 굳이 그렇게 머리를 길게 기르고 수염까지 텁수룩해서 다니는 이유가 뭔가?" 그랬더니 청년이 대답을 안합니다. 그렇게 말없이 가만히 있더니 벽에 걸린 예수님의 초상화를 떡하니 보는 것입니다. 한참을 쳐다봅니다. 그래 제가 더 설명할 게 없어서 "됐네. 알았네. 그냥 가게" 하고 청년을 돌려보냈습니다. 그리고 난 다음에도 늘 주의깊게 청년을 살펴보았습니다. 마침내 제가 장로님들에게 이렇게 대답했습니다. "보세요. 발가락이든 손가락이든 예수님을 닮겠다는데 할 말 없지 않습니까." 어떤 모습으로든지 예수님을 닮아보겠다는데 누가 말릴 것입니까. 그래 그냥 내버려두라고 그랬습니다.

오늘본문에서 사도 바울은 고린도교회를 향해서 부탁합니다. "마음을 넓히라. 마음을 넓히라." 현대인의 병에 '불치병'이라고 있습니다. 아이로니컬하게도 현대를 가리켜 'PR의 시대'라고들 합니다. '매스컴의 시대'라고도 합니다. 알리는 세상입니다. 나도 알리고, 서로서로 알립니다. 매스컴을 통해서 한 곳에서 생긴 일이 온 세계로 알려지지 않습니까. 이처럼 현대는 넓게 넓게 알리는 세상인데, 그와는 반대로 마음은 닫혀 있습니다. 그래서 반대로 현대를 가리켜 '단절의 시대'라고도 합니다. 우울증과 자폐증의 시대라고도 합니다. 우울증이 무엇입니까? 말이 없어지는 것입니다. 웃음이 없어지는 것입니다. 또한 누구의 말도 들으려고 하지 않습니다. 여기서 병이 드는 것입니다. 이것을 가리켜 고칠 수 없는 병이라고 하지 않습니까. 말이 없고 소통이 없습니다. 자폐증환자가 아니라도 누구나 다 자폐적 증상을 안고 살아갑니다. 말하고 싶지 않습니다. 아니, 듣고 싶지도 않습니다. 그런 세상입니다. 좁아져서 그렇습니다. 마음이 자꾸 좁아집니다. 그래 제가 가끔 설교시간에 우스운 이야기를 하면서 유심히 살펴봅니다. 아무리 우스운 얘기를 해도 절대 안웃는 사람이 있습니다. 아예 안웃기로 작정을 하고 남들 웃는 것까지 '저 사람 왜 웃나?' 하고 이상하게 생각합니다. 그래 저는 생각합니다. '안됐다. 왜 저렇게 세상을 살아야 하나?' 웃고 싶을 때 웃으십시오. 웃어야 삽니다. 마음을 닫아놓을 필요가 어디 있습니까. 심리학자들은 그것을 가리켜 '자기 감옥'이라고 합니다. 자기 감옥에 자기가 갇힌 것입니다. 이것이 좁아지면 고독해지고, 침묵의 노예가 되고, 무능해지고, 속에서는 원망하는 마음이 생깁니다. 분쟁하는 마음이 생깁니다. 자기를 보든 남을 보든 긍정적으로 보지 못합니다. 그런 시각이 없습니다. 싸울 때 어떻습니까? 꼭 상대방의 나쁜 점만 보지 않습니까. 단점만 보고 싸웁니다. 장점을 보고 칭찬하며 싸우는 사람은 없습니다. 이상하게도 분쟁하기 시작하면 온통 세상이 어두워집니다. 상대방의 단점만 보게 됩니다. 불행입니다.

유대사람들의 여섯 가지 덕목이 있습니다. 그 가운데 마지막 덕목이 이것입니다. '가장 위대한 덕은 상대방의 장점을 보는 것이다.' 장점을 보고 장점을 생각하면 세상이 밝아지련만, 어떻게 꼭 단점만 보는 마음속에 갇히게 될 때 문제가 되는 것입니다. 이 고린도교회가 그렇습니다. 고린도교회가 분쟁을 하기 시작했습니다. 그래서 바울파, 아볼로파, 게바파, 예수파로 나뉩니다. 이것이 다 무엇입니까? 어떤 사람들은 '나는 바울을 통해서 예수 믿었다. 고린도에 방문했던 최고 이방인의 사도 바울을 통해 내가 예수 믿었다' 합니다. 또 어떤 사람들은 '나는 현재 목사님인 아볼로를 통해서 예수 믿은 사람이다' 합니다. 또 한 사람은 '쓸데없는 소리 하지 마라. 나는 예루살렘에 가서 베드로한테 전도 받고 예수 믿었다' 합니다. 이것은 게바파입니다. 또 다른 한 사람은 말합니다. 가장 권위 있는 말입니다.
"나는 예수님의 얼굴을 보았다." 이것이 예수파입니다. 이렇게 서로
서로 자기를 자랑하고, 자기를 크게 여기고, 자기 우월감에 빠지고,
다른 사람을 비하시키고 낮추다보니 분쟁이 끊일 날이 없습니다. 결
국은 마음을 좁히는 것입니다. 폐쇄적인 인간에게는 꼭 자기변명이
있게 마련입니다. 심리학적으로 매우 중요합니다. 그래서 상호적 현
상으로 보고 '저 사람이 닫으니까 나도 닫는다. 저 사람이 말 안하니
까 나도 말 안한다. 저 사람이 나에게 이렇게 대하니까 나도 이렇게
대하는 것이다' 합니다. 상호적 관계로 돌리는 것입니다. 그런고로
내가 오늘 마음을 닫은 것, 좁아지는 것의 책임을 남에게 전가합니
다. 남에게 전가하고는 자기는 정당하다고 생각합니다. 미움 받았으
니 미워하는 것이 정당하고, 저가 말을 안하니 나도 안하는 것이 정
당하다는 것입니다. '저 사람이 마음을 좁히고 비판하니 나도 비판
한다. 이것은 정당하다.' 정말 그럴까요? '이것은 정당방위에 속한
다.' 그러니 옳은 것일까요? 여기에 또 하나의 함정이 있습니다. 이
순간 나는 다른 사람에게 종속되고 있는 것입니다. 그럼 내 존재는
무엇입니까? 나라는 인격은 어디 간 것입니까? 남에게 끌려가는 것
입니다. 사랑받고 사랑하고, 미움받고 미워하고…… 그럴듯하지만,
나라는 존재는 거기서 없어지는 것입니다. 이것이 가장 비참한 일
아니겠습니까.

또 한 가지는 스스로 좁히는 것입니다. 콤플렉스입니다. 제가
목회생활 50여 년 하면서 많은 사람들을 대합니다마는, 세상에 제일
무섭고 제일 대하기 어려운 사람이 누구냐 하면, 이런 사람 저런 사
람이 아니고, 바로 콤플렉스 있는 사람입니다. 자기 콤플렉스가 있

습니다. 제가 잘 아는 유명한 박사이자 교수인 분이 있습니다. 한데 그 부인은 초등학교도 못나왔습니다. 그런데도 잘삽니다. 아주 유명하게 잘삽니다. 아주 행복하게 삽니다. 그런 가정이 있습니다. 너무나 신기해서 남들이 공개적으로 질문을 합니다. "그렇게 무식한 마누라를 데리고 어떻게 한평생 소문나게 잘 살 수 있습니까?" 그때 그 교수님이 대답을 제가 마음에 기억하고 있습니다. "딱 하나를 조심해야 합니다. 한 가지. 그건 뭐냐 하면 그가 공부하지 못했다는 것을 건드리면 안됩니다." 그래서 무슨 말이라도 "그거 몰라?" 하면 안된답니다. "그것도 몰라?" 했다간 끝장이랍니다. 왜요? 그에게 그 아픔이 있거든요. 그것을 건드리면 끝나는 것입니다. 사람은 누구나 다 이런 아픔, 자기 콤플렉스가 하나씩은 있게 마련입니다. 이런 사람은 힘이 듭니다. 이래서 문제고, 저래서 문제고…… 어쨌든 콤플렉스, 자기 열등의식에 딱 걸려 있으면 힘듭니다. 참으로 힘듭니다. 이런 사람하고 만나서 얘기해보면 종종 이렇게 대답하는데 기가 찰 노릇입니다. "목사님이 내 사정을 어떻게 압니까?" 그럼 어쩌란 말입니까? 그럼 여기 왜 왔습니까? 자기한테만 있는 문제라는 것입니다. 그래 목사님이 자기 사정을 어떻게 알겠느냐고 되묻는 것입니다. 이것이 마음이 좁아진 것입니다. 계속 좁히고 있는 것입니다. 어디까지 갈 것입니까?

또 하나는 이럴 때는 기초적으로 믿지 않는 것입니다. 못 믿어서 모르게 된 것입니다. 불신은 무식으로 통합니다. 그래서 믿지를 않습니다. 사랑하는데도 믿지 않습니다. 좋아하는데도 믿지 않습니다. 그래서 문제입니다. 이런 아가씨들은 연애도 못합니다. 왜요? 무슨 말로 해도 듣지 않을 생각이니까요. 어렵습니다. 요한계시록 2

장 3절, 4절은 유명한 말씀입니다. 에베소교회를 향한 말씀입니다. "또 네가 참고 내 이름을 위하여 견디고 게으르지 아니한 것을 아노라 그러나 너를 책망할 것이 있나니 너의 처음 사랑을 버렸느니라." 첫사랑 아가페. 이런 기본적이고 근본적인 사랑이 없다는 책망입니다. 아무리 좋은 일이라도 사랑이 없으면 안됩니다. 다른 누구가 아닌 자녀를 놓고도 마찬가지입니다. 아무리 잔소리를 하고 무엇을 해도 다 좋지만, 사랑을 느낄 수 있도록 하지 못하면 무효입니다. 그 다음에는 무슨 말을 해도 소용이 없습니다. 사랑이 있고야만 커뮤니케이션이 됩니다. 마음이 열려야만 이해가 되고 소통이 되지 않습니까.

오늘본문에서 사도 바울은 이렇게 간절히 부탁합니다. "보답하는 양으로 너희도 마음을 넓히라(13절)." '내가 마음을 넓혔으니 너희도 넓히라. 내가 이해하고 있으니 너희도 이해하라. 보답할 양으로 이해하고 있다.' 시편 103편 13절 말씀대로입니다. 아버지가 자식을 불쌍히 여김 같이 하나님께서도 우리를 불쌍히 여기신다— 하나님께서는 이해하셨고, 사도 바울도 이해했습니다. 이것을 믿어야 합니다.

어떤 집에서 소중한 외아들이 가출을 했습니다. 중학생입니다. 어머니가 속이 탑니다. 너무나 괴롭습니다. 아이가 가출한 이유는 아버지도 어머니도 자기를 이해해주지 않고 자기를 사랑하지 않기 때문이라는 것입니다. 한 달 동안이나 그 아들을 못찾았습니다. 그렇게 애를 태우다 간신히 아들의 처소를 찾았습니다. 어느 집 계단 밑에 있는 지하실 문간방 하나를 얻어서 자취를 하고 있었습니다. 부모가 찾아갔습니다. 마침 문이 열려 있어 들어가 보니 아이는 없고 집 안은 엉망으로 어지럽습니다. 어머니가 그걸 다 청소했습니다. 냉장고를 열어보니 냉장고는 텅텅 비어 있습니다. 그래 다 치우고 나서 장을 봐 와서 냉장고를 가득 채워놓았습니다. 그렇게 집 안을 깨끗하게 청소하고 냉장고를 채워놓은 다음 냉장고 문에다가 그 아이 백일사진을 떡 붙여놓았습니다. 그리고 아무 말도 하지 않고 가버렸습니다. 아이가 돌아와 보니 집 안은 깨끗하게 청소가 돼 있고, 냉장고는 가득 채워져 있습니다. 그래 생각합니다. '어머니 말고는 이렇게 해놓을 사람이 없다.' 게다가 어머니가 자기를 품에 안고 찍은 백일사진까지 있습니다. 아이는 그 사진을 들고 한참을 울다가 마침내 집으로 돌아왔습니다.

생각해보십시오. 거기서 그 어머니가 만일 그 아들하고 딱 만나서 왜 집을 나갔느냐, 왜 이러느냐 하고 말다툼을 했다면 아이가 집에 들어가겠습니까. 어머니는 아들을 넓게 이해했습니다. 그렇게 가슴을 여니까 비로소 아이도 가슴을 열더라고요. 사도 바울은 말씀합니다. 나는 벌써 용서했다— 고린도교회는 사실 사도 바울에게 못할 짓을 많이 했습니다. 교역자로서 성경에 기록되어 있는 것만 보아도 고린도교회 참 못된 교회라는 생각이 듭니다. 세상에 이럴 수가 있나? 사도 바울이 고린도교회를 세우지 않았습니까. 바울 때문에 예수 믿은 사람들인데, 어찌 그런 말을 할 수 있습니까. 바울에 대해서 나쁜 말을 많이 했습니다. 성경에 나타난 것만 보아도 바울의 사도권을 비방했습니다. "그게 무슨 사도냐, 전도인이지. 사도가 아니다." 또 "독신으로 다니고 있지 않느냐? 그것도 자격미달이다. 말은 얼얼하다. 글은 당당한데 말해보면 말도 잘 못한다. 그러고 폐를 끼치는 전도인이다. 여기저기 다니면서 얻어먹고 하니까 민폐를 끼치

고 있다" 합니다. 그래 자비량으로 돈을 벌어가며 전도했더니 이번
에는 반대로 말합니다. "아르바이트하면서 전도하는 것 보니까 사도
자격이 없다." 그렇듯 많은 비난을 했습니다. 하지만 사도 바울은 다
이해했습니다. 다 이해하고 덮었습니다마는, 이렇게 말한 고린도교
회는 바울을 볼 수가 없습니다. 부끄럽기 때문입니다. 여러분 이런
경우 많습니다. 누가 뭐래서가 아닙니다. 스스로 말해놓고 그 사람
못만납니다. 자기가 나쁜 말 해놓고 그 사람 대할 수가 없습니다. 부
끄러워서입니다. 이것이 쌓이고 쌓여서 폐쇄되는 것입니다. 자폐증
에 빠지는 것입니다. 인간관계가 딱 떨어지는 것입니다. 부끄러운
일이 많아서입니다. 윤동주의 서시에서처럼 하늘을 보나 땅을 보나
한 점 부끄러움이 없다면 왜 사람 만나는 것이 반갑지 않겠습니까.
왜 부끄럽고 꺼림칙합니까. 그것은 내가 그에게 이미 무언가 잘못을
했기 때문입니다. 그리고 그 부끄러움 때문에 고린도교회는 이렇게
사도 바울을 볼 수 없는 처지가 되었습니다. 사도 바울은 마음을 넓
혔습니다. 다 용서했습니다. 다 수용했습니다. 새 마음으로 다시 여
기 보니까 입이 열리고 전도하고 설교하고 증거하고, 그런고로 보답
할 량으로 용서받았으니 용서하고, 이해를 받았으니 이해하라— 그
런 말씀입니다.

　　존 오도나휴의 저서에 「영혼의 동반자」라고 하는 유명한 책이
있습니다. 이 책에는 '사랑할 때 지켜야 할 법칙'이라는 제목의 글이
나옵니다. 그 첫째는 상처 입은 자를 생각할 때는 그 상처를 건드리
지 말라는 것입니다. 상처에 대해서 말하지도 말고 생각하지도 말고
묻지도 말라는 것입니다. 한 마디로 상처를 건드리지 말라는 것입니
다. 둘째는 상처로부터 멀리 물러서라는 것입니다. 될 수 있는 대로

멀리 서서 지켜보고 기다리라는 것입니다. 그리고 기회가 왔을 때 그때 가서 사랑을 베풀라는 것입니다. 우리 교회 교인 가운데 그런 분이 있습니다. 여집사님입니다. 공부도 많이 한 똑똑한 분입니다. 그래서인지 다른 분들하고 가까이 지내지를 못합니다. 구역에서도 말이 많고, 여전도회에서도 그렇고, 아주 왕따가 됩니다. 아무도 그를 가까이하려 하는 사람이 없습니다. 한데 그를 지켜보고 있던 한 권사님이 있었습니다. 마침내 기회가 왔습니다. 그 여집사님의 남편이 병원에서 세 시간 동안 수술을 받게 되었습니다. 그래 그분이 병원 수술실 앞에 앉아 있는데 아무도 찾아오는 사람이 없는 것입니다. 그때 권사님이 나타나서 슬며시 그 여집사님한테 다가가 인사도 하지 않고 그 옆에 앉아 수술이 끝날 때까지 기다렸습니다. 아무 말도 하지 않았습니다. 무슨 병이냐고 묻지도 않았습니다. 그냥 말없이 그 여집사님 옆에 앉아만 있었습니다. 그 뒤로 그 권사님하고 그 여집사님이 단짝이 됐습니다. 제발 말 좀 하지 마십시오. 설명하지 마십시오. 인생이 다 그런 것이라고 말하지 마십시오. 그저 조금 멀리 서서 기다리고, 하나님께서 주시는 기회가 오거든 그 기회를 포착하십시오.

　　고린도후서 1장 14절은 너무나 유명한 말씀입니다. 고린도교회가 그토록 사도 바울의 마음을 아프게 했는데도 불구하고 바울은 당당하게 말씀합니다. "우리 주 예수의 날에 너희가 우리의 자랑이 되고 우리가 너희의 자랑이 되는 것이라." 내가 너희를 자랑하게 될 것이고, 너희는 나 때문에 주님 앞에 갔기에 나를 자랑하게 될 것이다 ― 그리스도의 날에 있을 그 아름다운 장면을 생각하며 그렇게 고린도교인들을 재촉하고 있습니다. 이 큰 마음, 이 큰 믿음을 수용하고 마음을 넓힙시다. 흔히 못된 말을 우리가 듣고 삽니다. 믿지 않는 사람들은 한 잔 하면 친해지는데, 예수 믿는 사람은 한 번 수틀리면 죽을 때까지 간다고 하니, 이래서야 되겠습니까. 어찌 이럴 수가 있습니까. 예수 믿는 사람의 마음이 더 넓고 더 큰 것이어야 하지 않겠습니까. 용서받았으니 이제는 내가 용서하고, 넓은 마음 안에 내가 섰으니 내가 가슴을 열어야 하고, 사랑받았으니 사랑하고, 무자격한 가운데 은혜를 입었으니 우리 또한 아무것도 묻지 말고 은혜를 베풀어야 하겠습니다. 그러므로 마음을 넓혀야 합니다. 하나님께 대하여, 자기 자신에 대하여, 그리고 교회를 향해서. 너희도 마음을 넓히라─　△

시온의 대로가 있는 자

만군의 여호와여 주의 장막이 어찌 그리 사랑스러
운지요 내 영혼이 여호와의 궁정을 사모하여 쇠약함
이여 내 마음과 육체가 생존하시는 하나님께 부르짖
나이다 나의 왕, 나의 하나님, 만군의 여호와여 주의
제단에서 참새도 제 집을 얻고 제비도 새끼 둘 보금
자리를 얻었나이다 주의 집에 거하는 자가 복이 있나
이다 저희가 항상 주를 찬송하리이다(셀라) 주께 힘
을 얻고 그 마음에 시온의 대로가 있는 자는 복이 있
나이다 저희는 눈물 골짜기로 통행할 때에 그곳으로
많은 샘의 곳이 되게 하며 이른 비도 은택을 입히나
이다 저희는 힘을 얻고 더 얻어 나아가 시온에서 하
나님 앞에 각기 나타나리이다
(시편 84 : 1 - 7)

시온의 대로가 있는 자

　예배를 마치고 나갈 때 제가 문 앞에 서서 나가시는 분들하고 악수를 하게 됩니다. 물론 많은 분들하고 하지는 못하고 그저 몇 분만 하게 됩니다. 그런데 종종 인사를 할 때 제가 좀 당혹스러울 때가 있습니다. 그게 뭔지 아십니까? 목사의 심정에서만이 경험할 수 있는 것입니다. 어떤 분이 이렇게 인사를 합니다. "목사님 오랜만입니다." 자, 이거 어떻게 해야 됩니까? 잘못들은 말은 아닙니다. 진실한 말입니다. "목사님 오랜만입니다." 이런 인사에 뭐가 잘못됐나요? 이 분 한동안 교회 안나왔다는 얘기입니다. 이처럼 인사라는 것은 때로 참 이상합니다. 그런가하면 지방을 다니다 보면 인사하시는 분들 가운데 이렇게 말씀하는 분이 있습니다. "목사님, 텔레비전에서 자주 봅니다." 그것뿐입니다. 참 인사라는 것이 경우에 따라서는 좋은 말이라도 그렇게 좋지 않게 들릴 때가 많이 있습니다.

　1886년 서울 정동에 있는 언더우드 선교사 집에 낯선 손님들이 찾아왔습니다. 황해도 장연군 소래에서 온 사람들입니다. 소래라는 말은 그저 쓰는 말이고요, 사실은 솔내입니다. '솔'은 소나무라는 말이고요 '래'는 내천자입니다. 원래 이름은 한문으로는 송천입니다. 이 '송천'을 ㄹ 자를 빼고 소래라고 부르는 것입니다. 제가 어떻게 이렇게 잘 아느냐고요? 제 고향이니까 잘 알지요. 송천 즉 소래에서 올라온 기독교인 수십 명이 언더우드 목사님께 세례를 달라고 했습니다. 문제는 언더우드 목사님이 대체 이 사람들이 누군 줄 알고 세례를 그냥 줄 수 있겠습니까? 그래서 그들에게 사연을 물어보니 내용인즉 이렇습니다. 그 사람들은 4년 전인 1882년 만주에서 세례를 받은 서상륜씨가 의주, 소래, 서울을 오가면서 복음을 전했는데 그를 통해 예수를 믿은 사람들입니다. 한마디로 이 분들은 이 땅에 선교사가 오기 전에 예수 믿은 사람들인 것입니다. 그 때 그런 신자들이 많았습니다.

　서상륜씨를 통해 예수를 믿은 이분들이 고향에서 세례를 받으면 좋겠는데 문제는 그 지역의 선교사들이 정치적인 위험이 있을까 싶어 시골로 오는 것을 주저하고 있었던 것입니다. 그래서 이분들이 서울로 올라와서 언더우드 박사님 집에 들어가 "세례를 주세요"하며 모였던 것입니다. 언더우드 박사님이 그들의 신앙문답을 했습니다. 그랬더니 3년 동안 얼마나 성경을 많이 읽었는지 성경에 관해서는 별 문제가 없었습니다. 그래도 언더우드 박사님의 마음 가운데 좀 석연치 않은 것이 있어서 이런 말 저런 말을 하는 것을 이분들이 느꼈는지 그만 이들이 일어서서 두루마기를 딱 벗고 돌아서는 게 아닙니까? 그런데 보니까 전부 나무십자가를 하나씩 만들어서 어린아이 업듯이 업고 있었습니다. 언더우드 박사님이 그게 뭐냐고 물었습니다. 그러자 그들이 대답하기를 "성경에 보니까 '자기 십자가를 지고 나를 좇으라'고 해서 각자가 십자가를 하나씩 만들어서 둘러멨습니다" 하는 것입니다. 언더우드 박사님은 그들의 순진한 마음에 깊은 감동을 받았고, 그래서 눈물로 감사하며 이들에게 세례를 베풀었습니다. 이것이 우리 한국의 초대교회입니다.

　제 자신에 대한 얘기를 할 때마다 좀 죄송합니다마는 이제는 잘못하면 기억에서 사라질까봐 저도 효도하는 마음으로 한 말씀 드립니다. 옛날에 우리 할아버지께서 솥장사를 했다고 합니다. 옛날에는 가마솥같은 큰 솥을 쓰지 않았습니까? 그런 솥들을 달구지에 많이 싣고 5일장을 하는 마을마다 다니며 장바닥에 펴놓고 팔아 돈을 많이 벌었다고 합니다. 그런데 그렇게 이 마을 저 마을 다니다가 한번은 할아버지께서 소래를 갔습니다. 소래는 저희 고향집에서 꼭 50리 길입니다. 그런데 거기에서 선교사를 만나 예수를 믿게 됩니다. 그후로 50리길을 교회 다녔어요. 매일 아침 새벽에 떠나서 한 시간 반을 걸어가야 됩니다. 교회에서 예배드리고 돌아오고 하기를 몇 달 동안을 하다가 '아, 우리 마을에도 교회가 있어야 되는데……'하는 생각이 들었습니다. 그래서 물었습니다. "선교사님, 어떻게 하면 우리 마을에도 교회를 세울 수 있겠습니까?" 그랬더니 선교사님은 빙그레 웃으면서 간단하게 대답했습니다. "기도하세요." 그러자 할아버지는 "알았습니다." 하고는 그 즉시 돌아와서는 새벽마다 뒷동산에 올라가서 기도하기 시작했습니다.

제가 어렸을 때 소를 먹였습니다. 나보다 훨씬 큰 황소 고삐를 쥐고 산에 올라가서 풀을 뜯기는데 한번은 어떤 할아버지를 만났습니다. 우리 동네에 있는 분이긴 하지만 잘 모르는 분이지요. 그런데 그 분이 제게 "야, 선희야, 너 여기가 어딘지 알아?" 하시는 겁니다. 그래서 제가 "잘 모르는데요" 했더니, 그분이 말씀하시기를 "바로 이 자리가 너희 할아버지가 7년 동안 엎드려 기도하던 곳이다. 그리고 그렇게 교회를 세웠느니라. 그래서 여기 이 바위 밑에는 풀이 나질 않아. 그 까닭을 우리 동네 사람들은 다 알고 있지. 그건 네 할아버지가 이곳에서 7년 동안 엎드려 기도하던 곳이기 때문이다." 그런 얘기를 처음 들었기에 집으로 돌아와 제 할아버지께 물었습니다. "왜 나한테 그 얘기를 안하셨습니까?" 그랬더니, "네가 좀더 큰 다음에 이야기해주려고 했는데 동네 사람들이 먼저 애길 했구나." 그러시더군요. 그다음부터는 그곳에 자주 갔습니다. 그 바위 밑에 동그랗게 풀이 나지 않은 곳, 그 곳에서 우리 할아버지가 7년 동안 엎드려 기도하셨고, 그리고 그 마을에 교회를 세웠습니다. 여러분, 교회를 사랑하는 마음, 교회를 위하는 마음, 그것이 우리 믿는 사람들의 마음의 고향입니다.

벤자민 프랭클린라고 하면 미국사람들 중에는 모르는 사람이 없습니다. 너무도 유명한 분이요, 천재였기 때문입니다. 그 분은 가난한 집안의 열일곱 형제 중에 열다섯 번째였습니다. 정기교육은 거의 받은 게 없는데 독학으로 공부를 해서 과학자, 정치가, 사회개혁자, 문필가 그리고 미국 헌법의 기초를 잡은 유명한 사람입니다. 그래서 '프랭클린'하면 그저 깜짝 놀랄 정도로 모두가 존경하는 그런 어른입니다. 모두가 자랑스럽게 여기는 분입니다. 그런데 그분은 눈앞에다 열세 가지 덕목을 써놓고 '평생 지키며 살겠다'고 맹세하며 정말 그렇게 한평생을 살았습니다. 그 덕목들은 〈절제, 침묵, 질서, 결단, 검약, 근면, 진실, 정의, 온건, 청결, 침착, 순결, 겸손〉입니다. 이 열세 가지 덕목을 써놓고 매일 아침저녁으로 쳐다보면서 그대로 살았습니다. 중요한 것은 이 부록입니다. 그는 이렇게 결심했습니다. "이 13가지 덕목을 지키며 살기 위해서는 반드시 실천해야 될 일이 있다. 첫째, 매주일 교회 나가야 한다. 매주일 교회 나가서 말씀을 듣고 그 말씀대로 따라 살아야 이 덕목을 실천할 수 있다. 둘째, 어떤 일에도 기쁨과 감사로 살아야 한다. 원망과 불평과 근심에 빠지면 벌써 이 덕목과는 관계가 없다. 기쁨과 감사가 있을 때 그리고 사명에 충실할 때만이 이 덕목을 실천할 수 있다." 그리고 그는 그렇게 한평생을 살았다고 합니다.

　여러분은 사람을 어떻게 대하십니까? 세상에 온전한 사람이 있습니까? 머리서부터 말끝까지 다 옳은 일 하는 사람은 없거든요. 사람의 지식도, 능력도, 재주도, 성품도 온전할 수 없습니다. 만일에 혹 결혼할 때 완전한 사람을 찾는다면 시집장가 못갑니다. 대충 골라야 합니다. 한 가지 가장 중요한 것, 그것만 보면 됩니다. 바로 그 한 가지는 중심입니다. '중심'하니까 생각나는 얘기가 있습니다. 어떤 아가씨가 교회를 오는데 배꼽티를 입고 옵니다. 그런데 그게 목사님이 보기에 너무 민망하거든요. 그래서 목사님이 조용히 물었습니다. "얘야, 너 그 배꼽티 말이야, 그거 안입으면 안되겠니?" 그랬더니 그 아가씨 하는 말이 "목사님이 설교 중에 입으라고 하셨는데요." 하는 게 아닙니까? 목사님이 깜짝 놀라 "아니, 내가 언제 그랬느냐?" 하니까 그 아가씨 왈 "하나님은 중심을 보신다고 하셨잖아요? 그래서 중심을 내놓고 다니는 건데요……" 하더랍니다. 목사님이 하도 어이가 없어서 얘길 합니다. "그건 네 내면의 중심을 말하는 것이지…… 중심이란 마음, 가슴을 말하는 것이지 배꼽을 말하는 게 아니다." 그랬더니 이 엉뚱한 아가씨 왈 "그래요? 그럼 다음 주일부터는 가슴을 내놓을께요." 그러더랍니다.

　여러분, 정말 하나님께서는 중심을 보십니다. 하나님께서는 참 감사하게도 우리의 중심만을 보시고 다른 것은 보시지 않습니다. 그러니 우리도 다른 사람을 대할 때 그 중심을 보고 나머지는 안봐야 되지 않겠습니까? 우리 눈에 마음의 중심 외에는 아예 보이지 않아야 합니다. 그래야 인간관계가 맺어지지요. 이것저것 다 완전하려고 하면 사실 나 자신도 완전하지 못한데 누구에게 그같은 완전을 기대할 수 있겠습니까? 결국은 중심입니다. 그 진실과 중심, 이게 문제입니다.

　그런데 성경에 보면 사람은 좋지 않아요. 어느 모로 보아도 진실하지도 않은 것같아요. 또 그런가 하면 깨끗하지도 않아요. 성결하지 않아요. 많은 실수가 있었습니다. 그러나 그 사람은 진실했습니다. 정직했습니다. 하나님을 사랑했습니다. 하나님을 지극히 사랑했습니다. 그래서 복받은 사람이 성경에 있습니다. 그게 바로 다윗왕입니다. 여러분이 아시는대로 다윗은 허물이 많았습니다. 씻을 수 없는 허물을 가진 사람입니다. 수없는 전쟁에 나가 수많은 사람을 죽이기도 했습니다. 손에 엄청난 피를 묻힌 사람입니다. 그러나 그는 하나님께 사랑을 받았습니다. 성경에 보면 다윗에 관해 아주 드라마틱한 얘기가 나옵니다. 하나님께서 사울 왕을 폐하실 때 사무엘 선지에게 말씀하시기를 '이새의 집에 가라. 그 아들 중에 내가 택한 사람이 있으니 거기 가서, 찾아가서 그에게 기름을 부어 왕으로 세워라' 하셨습니다.

　사무엘은 기름병을 준비해가지고 갔습니다. 이새에게 가서 아들들을 데려오라고 했습니다. 그러자 일곱 명이 와서 섰습니다. 쭉 둘러보는데 성령의 감동으로 봐도 그 중에 왕 될 사람이 없었습니다. 그때 사무엘의 질문이 대단히 재미있습니다. '이들이 전부냐?' 그러자 그 아버지 하는 말 보세요. '하나 더 있는데요.' 자, 제가 그런 말을 하는 이새의 속마음에 괄호로 주를 달아보겠습니다. (신통치 않은 것 하나 더 있습니다.) '지금 저 목장에서 양을 치고 있습니다.' 사무엘이 데려오라고 했습니다. 그런데 그가 바로 다윗 왕입니다.

　쉽게 말하면 하나님께서 우리 아들들 중에 왕으로 세울 사람이 있다고 하더라도 아버지 생각에 '저건 아니다'라고 내놓은 아들이었습니다. 다윗 왕이 그렇게 생각되었던 사람입니다. 사람 보기엔 그저 그런 정도의 사람입니다. 그런데 하나님 보시기에는 그가 다윗 왕이었습니다. 왜 그렇습니까? 하나님께서는 중심을 보시기 때문입니다. 하나님께서는 우리에게 사람의 외모를 보지 말라고 하셨습니다. 그 분에게 외모는 중요하지 않았습니다. 그 분은 중심을 보셨습니다. 그래서 다윗은 베들레헴 목동으로부터 시작해서 유대나라 왕이 됩니다. 그런 다윗 왕의 마음중심의 특징 중의 하나가 오늘 성경 말씀에 있습니다.

이 시편 84편은 제가 옛날에 신학대학 다닐 때 논문으로 다루기도 했습니다. 그 시편이 너무 좋아서 외우고 또 외웠습니다. 제가 시편 중에 제일 사랑하는 84편입니다. 너무나 아름다워 제가 이 본문으로 많은 설교를 했습니다. 여러분, 다윗은 하나님을 사랑할 때 구체적으로 사랑했습니다. 그걸 알아야 됩니다. 말할 때도 추상적으로 칭찬하면 아첨이고요, 구체적으로 칭찬해야 칭찬이 되는 것입니다. 하나님을 사랑한다고 말로만 떠들면 그것은 중심이 아닙니다. 사랑은 구체적으로 실현해야 됩니다. 그러면 다윗은 하나님을 사랑하는데 어떻게 사랑했느냐? 다윗은 하나님의 이름이 있는 법궤를 사랑했습니다. 하나님의 성막을 사랑했습니다. 성막은 그저 수달피가죽으로 만든 캄캄한 천막입니다. 그러나 그 속에 하나님의 법궤가 있습니다. 그래서 다윗은 이 천막을 그리도 사랑했습니다. 하나님 앞에 가서 기도하고, 가뭄이 들 때 기도하고, 어려운 일 있을 때 기도하고... 다윗은 그렇게 그 성막을 사랑했습니다. 아주 구체적으로. 그런 다윗이었기에 예루살렘에 다윗 성을 지어놓고 이 성막을 예루살렘 성전으로 가지고 올 때 너무너무 좋아서 춤을 추었습니다. 얼마나 기뻐 춤을 추었으면 자기 옷이 벗어지는 것도 모르고 춤을 추었습니다.

　　그 모습을 보고 미갈이라는 사울 왕의 딸이자 다윗의 아내가 다윗을 향해 '저런 목동이라는 놈, 저거 춤추는 꼴 좀 봐라'라며 비웃었어요. 다윗도 아내가 자신을 비웃는 걸 알았습니다. 그러나 알면서도 춤을 췄습니다. 왜요? 하나님을 사랑하기 때문입니다. 사랑하는 하나님의 법궤를 내가 지어놓은 성에 모셔들인다는 감격에 겨워 춤을 춘 사람, 다윗은 이런 사람이었습니다. 하나님을 사랑하고 사모하는 다윗이었기에 그 자신이 쇠약해도 하나님을 향해 부르짖었고, 심지어 피난길에서 조차 그는 성전에 가지 못한 채 멀리서 성전을 사모하면서 이 시편 84편을 지었습니다. 그가 얼마나 성전을 사모했는지 '쇠약했다'고 표현하고 있습니다. 몸이 허약해져 병이 걸릴 정도로 다윗은 하나님의 성전을 사모했습니다. 그는 너무도 성전에 가고 싶었습니다. 거기 가서 기도하고 싶었습니다. 거기 가서 찬송하고 싶었습니다. 그 간절함 때문에 몸과 혼이 쇠약해졌다고 했습니다. 그런가 하면 다윗은 참새와 제비를 부러워했습니다. '제비와 참새는 마음대로 날아서 하나님의 성전 가까이 가는데 나는 왜 이렇게 가까이 갈 수가 없단 말인가?' 이것이 다윗 왕이었습니다. 그는 하나님을 사랑하되 이렇게 구체적으로 사랑했습니다. 확실하게 사랑했습니다. 그리고 마침내 그는 복의 근원이 됩니다. 그래서 말합니다. '주의 집에 거하는 자가 복이 있나이다. 주의 집에 거하는 자가 복이 있나이다.'

　　제게 마음아픈 목회경험이 하나 있습니다. 인천에서 목회할 때,

왕년에 경찰서장을 지낸 분이 병중에 있었습니다. 아주 심각한 심장병에 걸렸는데 그런 와중에 예수를 믿게 되었습니다. 제가 종종 찾아가서 예배를 드리고 위로하고 하는 가운데 신앙고백을 하고 세례까지 받았습니다. 그런데 그는 심각한 건강 때문에 교회에 나올 수는 없습니다. 그는 누워 잘 수도 없었습니다. 앉아서 손을 받친 채 그저 숨을 헉헉대고 있었습니다. 아마 지금으로 말하면 위중한 협심증이었던 것같습니다. 의사도 언제 죽을지 모른다는 진단을 이미 내렸습니다. 그런 상태에 있었기 때문에 이분으로서는 교회에 나가는 것이 간절한 소원이었습니다. 제게 "목사님, 제 평생 딱 한 번만이라도 교회에 나가보고 죽으면 좋겠어요"라고 울면서 애길 하는데도 제가 어떻게 허락을 할 수가 없었습니다. 교회에 나오다가 죽을 것같았거든요. 만에 하나 그러다가, 교회에 오다가 죽는다면 어떻게 되겠으며 사람들은 또 얼마나 말이 많겠습니까? 그래서 죄송하지만 믿음이 없었던 나는 허락할 수가 없었습니다. 그래서 "조금만 더 기다려봅시다. 좀더 나으면 나가봅시다. 좀더 날이 풀리면 나가봅시다." 이렇게 말하며 매순간 죽을 고비를 넘어가는 그를 달래기를 3년. '한 번만 교회 나가보고 죽는 게 소원'이라던 그는 끝내 그렇게 삶을 마쳐야 했습니다. 그렇게 교회 나가고 싶어했었는데…… 그래서 그의 장례식에서 제가 그 관을 한번 교회로 모셨다가 장지로 갔습니다.

　병원에서 중환자들을 만날 때마다 "소원이 뭡니까?"하고 물으면 "한번 교회 나가보고 죽는 겁니다"고 합니다. 이것이 교회입니다. 우리 성도들은 바로 이런 마음으로 한평생을 살아야 됩니다. 바로 이 마음을 하나님께서 기뻐하시는 것입니다. 이것이 다윗이었고 다윗이 받은 복이었습니다. 그런데 여러분 생각해보세요. 요즘 가끔 보면 그런 사람들이 많습니다. 너무 현대판 교인이라서 교회에 예배 드리는 대신에 "집에서 텔레비전으로 보면 되지요 뭐." 이럽니다. "텔레비전에 목사님 나오던데…… 라디오도 나오고 책도 있는데 뭐 꼭 교회 나가야 되나?" 이렇게 말하는 분들이 있습니다.

그래서 이제 그런 분들에게 제가 이런 반론을 제기하겠습니다. 지난 한일월드컵 때 우리나라에서 월드컵 경기가 있었을 때의 일입니다. 제가 잘 아는 목사님 중에 박준서 교수님이라고 있습니다. 연세대학교 부총장을 지내셨던 분인데 아주 가까운 분입니다. 월드컵 경기가 한창일 때 그 분이 제게 "목사님, 월드컵 표 말이에요. 정몽준씨가 보내오지 않았습디까?"라고 묻더군요. 그래서 제가 "보내왔지." 그랬더니 "그럼 목사님 가봤어요?" 하길래 "아니, 안봤지." 했습니다. 그러자 "그 표 어디 있어요? 그 표 나 좀 주세요" 합니다. 그래서 "애들 다 주고 말았지" 했더니, 그 아까운 걸 왜 현장에 안가고 남 주고 말았느냐고…… 자기는 한번도 못가보았다고, 집에서 그냥 텔레비전으로 봤다며 안타까워하더군요. 그래서 내가 그랬어요. "박교수, 텔레비전 보면 말이야 슬로우비디오까지 보여주니까 훨씬 더 좋은데 뭘 그래? 골이 들어가는 장면도 다시 천천히 보여주는데 그걸 집에 앉아서 보지 뭐 하러 그 뜨거운 데 앉아서 고생을 해?" 그랬더니 박교수님이 그러더라구요. "아이고, 우리 목사님 언제 사람 되나……"

축구경기 관람, 이건 가봐야 한다는 것, 그거 맞는 말 아닙니까? 박교수 자기는 10만원 짜리 표를 사서 네 번이나 경기장에 갔다고 합니다. 왜요? 현장에 가서 봐야 진짜라는 것입니다. 심지어 깜

빡하는 사이에 '슛'하고 골이 들어가면 보이지도 않습니다. 그런데 그래도 상관없습니다. 그 많은 관람객들 속에서 느끼는 현장감, 이게 기가 막힌다는 것입니다. 이래서 많은 사람들이 들어가는 건데 그걸 텔레비전으로 보는 걸 더 좋아하는 저를 보니 이해를 못하겠다는 것입니다. 어떻습니까? 무슨 뜻인지 아시겠습니까? 이제 여러분이 알아서 해석하세요.

그러니 교회 나와야겠습니까? 말아야겠습니까? 텔레비전으로 보고 책으로 설교집 읽는 것으로 예배를 드리는 것이 됩니까? 교회에 나와야 합니다. 그래서 주일아침 7시 30분 예배에 나오는 사람은 특등생입니다. 주일날 아침 7시 반이라는 시간, 이거 어려운 시간입니다. 그래서 저는 여기 나오시는 여러분을 특별히 존경합니다. 제가 사방에 다니면서 자랑합니다. 우리교회는 아침 7시 반 예배에 많이 나온다고, 그들이 진짜 교인이라고…… 왜요? 어려운 시간이거든요. 여러분의 마음이 여기에 있기 때문에 그걸 생각해야 합니다. 그것은 현장감입니다. 심지어 박교수는 제게 이렇게까지 말합니다. "축구를 텔레비전으로 보는 것과 직접 경기장에서 보는 것이 얼마나 차이가 있는지 아세요? 어느 영화감독이 그 차이를 설명을 하는데요, 그건 마치 연애소설을 읽는 것과 실제 연애하는 것의 차이래요."

여러분, 연애소설 암만 보고 눈물 짜보세요, 무슨 소용 있나…… 연애는 직접 해봐야지요. 그게 다르다는 것입니다. 이렇게 교회에 와서 예배를 드리는 것, 이것이 바로 연애하는 것입니다. 현장! 현장! 이걸 알아야 합니다. 그래서 저는 교회에 스크린 놓는 것도 좋아하지 않습니다. 보려면 직접 봐야지 왜 저 스크린을 봅니까? 이건 아니지 않습니까? 직접 얼굴과 얼굴을 맞대고 말씀을 나누는 것, 이것이 인격적인 만남입니다. 이런 만남의 관계 속에서 하나님의 음성을 듣는 것입니다.

다윗 왕은 말합니다. "시온의 대로가 있는 자는 복이 있나이다." 마음속에 시온의 대로가 있습니다. 하나님께 나아가는 마음이 있습니다. 하나님께 나아가는 정성이 있습니다. 하나님 앞에 따라야 하는 간절한 마음이 있습니다. "시온의 대로가 마음에 있다." 이렇게 살면 눈물골짜기를 지나갈 때에 오아시스를 만난다고 오늘 성경본문은 말씀합니다. "샘의 곳이 되게 한다." 이것은 오아시스를 말합니다. 다시 말해, 눈물골짜기를 통과하면서 오아시스를 만나게 되는 것입니다. 이른 비가 은택을 입힙니다.

여러분, 신앙생활이란 첫째, 하나님 중심입니다. 하나님 중심이라는 말은 성경중심이요, 성경중심은 바로 교회중심입니다. 이것이 구체적 신앙입니다. 유명한 철학자 키에르케고르는 말합니다. 그는 자신의 책「이것이냐 저것이냐」에서 말합니다. '사람은 세 단계를 거쳐서 산다. 첫째가 미학적 단계. 젊었을 때는 쾌락도 생각하고, 신기함도 많고 여기저기 집착하며 살지만 이게 별거 아니라는 걸 알고 공허함을 느끼게 된다. 그 다음은 윤리적 단계가 있어서, 사람은 도덕적으로 살고 바로 살아보려고 몸부림을 친다. 그러나 그 의무감이라는 것도 한계가 있어서 애써보아도 별게 아니라는 허전함을 느끼게 된다. 마지막 세 번째 단계는 종교적 단계다. 죽음을 알고 힘을 다해서 절망했다가 하늘로부터 오는 빛을 보면서 하나님을 뵙게 될 때 비로소 인간의 길을 가는 것이다.'

여러분, 시온의 대로가 있는 자는 눈물골짜기로 지나가다가 오아시스를 만납니다. 시원함을 얻고 하나님께 감사하고 하나님을 만나는 기쁨에 충만합니다. 마침내 다윗은 말씀합니다. "하나님의 궁전에서 하루를 사는 것이 악인의 장막에 천 날 사는 것보다 복이 있습니다. 하나님의 집에 문지기가 되는 것이 다른 곳에서 어떤 평안을 누리는 것보다 좋습니다." 이래서 다윗은 하나님의 사랑을 받았습니다. △

더더욱 유익한 것

　　이것이 너희 간구와 예수 그리스도의 성령의 도우심으로 내 구원에 이르게 할 줄 아는 고로 나의 간절한 기대와 소망을 따라 아무 일에든지 부끄럽지 아니하고 오직 전과 같이 이제도 온전히 담대하여 살든지 죽든지 내 몸에서 그리스도가 존귀히 되게 하려 하나니 이는 내게 사는 것이 그리스도니 죽는 것도 유익함이니라 그러나 만일 육신으로 사는 이것이 내 일의 열매일진대 무엇을 가릴는지 나는 알지 못하노라 내가 그 두 사이에 끼였으니 떠나서 그리스도와 함께 있을 욕망을 가진 이것이 더욱 좋으나 그러나 내가 육신에 거하는 것이 너희를 위하여 더 유익하리라 내가 살 것과 너희 믿음의 진보와 기쁨을 위하여 너희 무리와 함께 거할 이것을 확실히 아노니 내가 다시 너희와 같이 있음으로 그리스도 예수 안에서 너희 자랑이 나를 인하여 풍성하게 하려 함이라

(빌립보서 1 : 19 - 26)

더더욱 유익한 것

　　이런 웃지 못할 이야기가 있습니다. 어떤 청년이 무엇인가를 잘 못해서 직장에서 꾸중을 들었습니다. 기분이 나빠 집에 돌아가는 길에 포장마차에 들러서 혼자서 술을 좀 마셨습니다. 그리고 정신이 휘휘 돌지만 '집에 가야겠다'는 생각에 음주운전은 안된다는 걸 잘 알고 있으면서도 자기집이 5분밖에 안걸리기에 그저 잠깐 참고 5분만 가면 자기집에 도착할 수 있을 거라고 생각하고 차에 올랐습니다. '5분만 참자'며 차에 올랐는데 웬일입니까? 찬바람이 얼굴을 스치고 지나갈 때 그만 확 술기가 올라왔습니다. 정신이 확 도는데 자기도 모르게 그만 그대로 큰 전신주를 '꽝!'하고 들이 받았습니다. '아이고! 사고가 크게 났구나! 아이고 이렇게 되면 죽는데……' 이런저런 생각을 하다가 이런 생각까지 하게 되었습니다. '아, 지금 죽으면 안되는데…… 내가 죄를 많이 지었으니 회개를 하고 죽어야지, 이대로 죽으면 안되는데…… 죽으면 안되는데……' 하면서 죽었습니다.

　　그래서 하늘나라로 인도를 받았는데 천국 문 앞에 큰 천국열쇠를 들고 베드로가 서 있는 것입니다. 그를 딱 보는 순간 '아! 저 분이 베드로구나!' 생각을 했습니다. 베드로 선생께서 "이놈! 너 지옥으로 가라!" 할 줄 알고 벌벌 떨고 있는데 베드로가 아주 인자한 얼굴로 부드럽게 말씀을 합니다. "오느라고 수고했다. 그런데 너 천당 가고 싶으냐? 지옥 가고 싶으냐?" 묻습니다. 이런 세상에, 이렇게 고마울 데가 어디 있어요? 그런데 이 청년이 능청맞게 이렇게 대답을 합니다. "기왕에 자비를 베푸시려거든 천국과 지옥을 둘 다 잠깐씩 구경하고 결정하면 안되겠습니까?" 그러자 베드로가 "그래라"고 했습니다. 먼저 천사의 인도로 천당을 갔습니다. 갔더니 천군천사와 많은 성도들이 흰옷을 입고 모였고 조용하게 찬송가를 부르는데 그 음악소리가 자기는 모르지만 참으로 희한하더랍니다. 그 찬양소리를 듣는 순간 가슴이 시원해지고 머리가 맑아지고 아주 행복한 것을 느꼈다고 합니다. 그래서 그 청년은 생각했답니다. '천국은 참 좋은 곳이구나! 나같은 못된 놈도 이곳에 오니 이렇게 마음이 편안해지고 이렇게 상쾌해지니 천당이라는 곳이 참 좋은 곳이구나!' 그래서 뒷전에 앉아 있는데 조금 지나니까 지루하기 시작합니다. 왜요? 계속 찬송만 부르니까 지루해서 못견디겠던 것입니다. 그래서 생각하기를 '천당은 좋은 곳이로되 따분한 곳이구나!' 이런 생각을 했더랍니다.

그래서 다음에 지옥으로 갔습니다. 갔더니 술집도 많고 아가씨도 많고 도박장도 있고 와자지껄, 담배연기가 뿌연 속에서 얼마나 시끄러운지요. 그런 혼란 속을 한참 보더니 그가 생각하기를 '역시 지옥은 좀 시끄럽다. 그러나 사람 사는 것같다. 여기가 좋겠다'고 결정을 했습니다. 그래서 베드로 앞에 가서 말하기를 "제가 둘 다 봤는데 난 아무래도 지옥체질이니 저를 지옥으로 보내주세요" 했습니다. 그러니까 베드로가 "그래라" 합니다. 그래서 천사의 인도로 지옥으로 가는데 그곳은 아까 갔던 데가 아니더랍니다. 도대체 이게 웬일입니까? 점점 더 깊은 산으로 올라가더니 굴속으로 들어가서 그냥 밑으로 밑으로 떨어지는데 유황불이 펄펄 끓는 데까지 떨어졌습니다. 그래서 그 청년이 천사에게 되묻습니다. "여긴 아까 왔던 데가 아닌데요." 했더니 천사가 이렇게 대답을 합니다. "아까는 관광비자로 왔고 이번에는 영주권이다. 그래서 처우가 다르다." 그러더랍니다.

여러분, 인생은 일생동안 선택을 합니다. 아마도 우리는 죽는 시간까지 선택을 해야 할 것입니다. 아니, 어쩌면 죽은 다음에도 마지막 선택이 있을 것같습니다. 이것이 인생입니다. 인생은 선택입니다. 그런데 가끔 우리는 이런 변명을 늘어놓습니다. '선택의 여지가 없다.' 그런데 정말입니까? 다시 한 번 진지하게 생각해보세요. 우리 지난날을 살아올 때에 어떤 때, 어떤 때, 어떤 때는 선택의 여지가 없다, I have no choice, 정말 선택의 여지가 없다 없다 하며 살아왔습니다. 그러나 정말 선택의 여지가 없었습니까? 이제야 생각해보니 아닙니다. 얼마든지 고쳐 할 수 있었고, 얼마든지 달리 선택할 수 있었습니다. 전혀 다른 운명을 살수도 있었습니다. 그런데도 우리는 여전히 선택의 여지가 없다는 말로 자기변명을 합니다. 그렇게 망가진 것입니다. 하지만 아직도 우리에게는 선택의 기회가 있습니다.

여러분, 죽음보다 더, 더 중요한 일이 있습니다. 우리는 살기 위해서는 이래야 한다고 말합니다. 하지만, 산다는 것보다, 아니 죽는다는 것보다 더 중요한 일이 있습니다. 윤리학자 슐레어의 네 가지 가치 기준이 있습니다. 첫째는, 쾌락적 가치기준입니다. 우리 인간은 살아가면서 쾌락적 가치를 노립니다. 감각적입니다. 젊었을 때는 기분대로 산다, 본능에 충실한다고 하면서 이런저런 쾌락에 따라 살아갑니다. 그래서 젊은이들에게 물어보니 이렇게 대답합니다. "잘못된 줄은 압니다마는 그래도 젊은 탓에 돌이킬 수 있는 기회도 있다고 생각하니까 그렇습니다." 그런데 이게 망조입니다. 왜냐하면 기회가 늘 주어지는 것이 아니기 때문입니다.

두 번째는 생명적 가치입니다. 살기 위해서라면, 살아야 하니까, 살아남기 위해서, 생명은 하나밖에 없으니까, 다시 돌이킬 수 없는 생명이니까, 이것이 선택의 이유가 됩니다. 그렇습니다. 생명은 소중합니다. 그러나 생명이 전부가 아닙니다. 그래서 종종 사람들은 잘못 사는 것보다는 차라리 죽는 게 낫다고 생각을 하기도 합니다. 이 점을 한번 생각해야 합니다.

세 번째는 정신적 가치입니다. 사람들은 성취감을 생각합니다. 인생에서 뭔가를 이루어보겠다고 정신적 가치를 추구하지만 사실은 가면 갈수록 이것 또한 점점 더 허무한 일이라는 걸 알게 됩니다. 왜요? 이제 곧 다 잊어버릴 테니까 말입니다. 시간이 가면 언젠가는 건망증으로 다 흘려보내야 됩니다. 아무 소용없는 짓입니다.

마지막으로는 신성한 가치입니다. 절대자에 대한 믿음. 하나님께서 내게 보여주시는 죽음을 넘어서는 소망. 이 가치를 얻지 못한다면 우리의 모든것은 다 헛된 것이 될 수밖에 없습니다.

그런데 이것 외에 생각해볼만한 또 하나의 가치는 현재냐 미래냐 하는 것입니다. 우리가 잘 알지 않습니까? 미래를 위해서 현재의 고난을 참아야 하는 것입니다. 특별히 우리 젊은 사람들에게 하고 싶은 말이 이것입니다. "오늘 고생을 좀 더하자. 그러면 미래가 밝게 열릴 것이다. 만약 오늘 네가 놀아버리면 미래에 가슴을 칠 때가 올 것이다." 그렇습니다. 저는 우습지만, 너무나 절절하게 경험했던 일이기에 다시 생각이 납니다. 미국 어느 가정에 갔는데 아주 큰 텔레비전을 켜고 보고 있었습니다. 한국가정인데 마침 텔레비전에 서부활극이 나오고 있었습니다. 마차가 구르고 총을 쏘고 하는 재미있는 장면이 나오는데 이상하게 볼륨을 싹 줄이고 화면의 그림만 봅니다. 소리는 전혀 들리지 않아요. 그래 제가 앉으면서 "소리가 들려야 될 것 아니냐?"고 했더니 아주 중요한 간증을 하더군요. 텔레비전에서 영어가 나올 때마다 "내가 왜 중, 고등학교 다닐 때 영어공부를 제대로 안했던가?"하는 후회가 너무 나서 가슴이 아파 소리를 줄이고 그냥 화면만 본다고 합니다. 그래서 내가 그랬습니다. "아니, 그래도 총소리는 들어야 될 것 아니에요?"

아마 이건 외국 가보신 분들은 다 압니다. 외국에 딱 들어섰는데 영어가 전혀 안되는 겁니다. 그 때 그 심정이 어느 정도인지 아십니까? 그만 딱 죽고 싶대요. 울어도 못하고 힘써도 못하고 믿어도 못하는 것입니다. 이미 때는 지났습니다. 그러니 얼마나 가슴이 아파요? 이게 무슨 말입니까? 젊었을 때, 아직 기회가 있을 때, 제때에 해야 되는 것입니다. 그때 가서 놀아놓고 이제와서 가슴을 치는 것, 어리석은 일입니다. 이게 얼마나 답답한 인생입니까? 어쨌든 사람은 미래를 위해서 현재를 바쳐야 합니다. 그런데 현재에 집착하고 있는 동안에 그 소중한 미래가 다 사라지고 맙니다.

또하나 기준은, 나를 위한 것이냐? 남을 위한 것이냐?입니다. 그렇습니다. 나를 위한 선택이냐? 남을 위한 선택이냐? 사람은 철저하게 도덕적 존재입니다. 남을 위할 때는 남도 위하고 나도 위하는 것이 되지만, 나 자신만 위할 때는 어느 사이에 남도 잃어버리고 나 자신도 잃어버립니다. 그런 경우가 너무 많습니다. 특별히 요즘에 특별히 우리 젊은 어머니들이 그런 실수를 많이 합니다. 자신만 위하느라고 애들에게 해야 할 희생을 하지 않더라고요. 그리고 뒤늦게 가서 후회해봐야 도리가 없습니다. 얻는 길은 남을 위함으로 내 자신도 위하는 것인데 나 자신만 위하는 중에 그만 둘 다 잃어버리게 되더라 하는 말입니다.

또하나 지혜로운 선택의 기준이 있습니다. 그것은 좋은 것이냐? 유익한 것이냐? 입니다. 좋은 것이냐? 필요한 것이냐? 본문에는 필요라고 되어 있습니다. 좋은 것이냐? 필요한 것이냐? 여러분, 혹 약을 잡수십니까? 약 중에 맛있는 약은 없습니다. 다 씁니다. 그러나 약은 맛은 없지만 유익한 것입니다. 하지만 여러분이 좋아하는 사탕은 좋은 것이지만 유익한 것은 아닙니다. 그렇지 않습니까? 저는 개인적인 경험이 좀 있습니다. 저는 철저하게 저녁에 저녁밥을 먹은 다음에 잘 때까지는 아무것도 안먹는 습관을 키워왔습니다. 그래서 별로 생각이 없습니다. 그러나 집에 딱 들어서면 뭔가 맛있는 걸 먹다가 저에게 "좀 드세요"합니다. 그러면 전 단호하게 "아니"하는데도 계속 "좀 더 드세요," "아니," "좀 더 드세요"라고 계속 반복합니다. 그러면 세 번째는 제가 단호하게 말합니다. "시험에 들지 말게 하소서." 그런데도 계속 먹으라고 하면 단번에 외칩니다. "사탄아, 물러가라!"

저도 압니다. 저녁에 뭔가 궁금할 때 먹는 것 좋지요. 맛도 좋고 재미도 있지요. 하지만 이것 먹으면 나쁘거든요. 백번 나쁩니다. 뭘 먹든지 좋은 것 하나도 없습니다. 그런데 그 사실을 뻔히 알면서도 먹는 이 불쌍한 심령들을 어떡하면 좋아요? 그걸 이기지 못해서 나쁜 것 알면서도 먹으면 결국 몸에 탈이 납니다. 이 간단한 사건 속에 아주 상징적인 중요한 의미가 있습니다. 유익한 것이냐? 좋은 것이냐? 이 가치 속에서 지혜로운 사람은 항상 유익한 것을 택하지 좋은 것을 택하지 않습니다. 미련한 사람은 좋은 것을 택합니다. 이게 바로 인간의 운명입니다.

그런데 더 중요한 것은 한 가지를 선택하면 나머지 모든것은 버려야 한다는 것입니다. 그래서 신앙의 사람이라면 절대우선이라는 판단기준을 가지고 살아야 합니다. 이건 건드리면 안됩니다. 이건 비판할 것도 없습니다. 내 인생에 있어서 절대우선, 이것이 먼저여야 합니다. 그리고 그것을 선택한 다음 나머지는 넉넉하게 버릴 줄 아는 이것이 그리스도인의 모습이란 말입니다. 이런 점에서 사도 바울은 특별한 가치관을 가지고 있습니다. 오늘 본문20절에 '살든지 죽든지'는 기가 막힌 말씀입니다. 그리고 실제적인 말씀입니다. '살든지 죽든지'— 이건 생사의 문제가 아닙니다. 여러분, 사실 대부분 사람들에게 인생에서 사느냐 죽느냐가 제일 중요한 것 아닙니까? 그러나 사도 바울에게는 이것을 넘어서는 가치기준이 있습니다. '살든지 죽든지 그리스도를 존귀케 한다.' 바울에게는 그리스도를 존귀케 하는 그 길에 생사의 문제, 죽느냐 사느냐는 더이상 문제가 아닙니다. 얼마나 확실한 절대기준입니까? 이것이 바울의 위대한 점입니다.

특별히 오늘본문에 보면 그는 유익한 것을 따라갑니다. 종말론적인 것입니다. '죽어 천국에 가서 그리스도와 함께하는 것이 훨씬 더 좋은 일이라'— 새 번역이 아주 잘 돼 있습니다. '훨씬 더 좋은 일.' 바울처럼 이렇게 고생하며 전도하고 다니는 것 피곤하고 어렵습니다. 전도를 위해 감옥에 들어가고 힘든데 그저 죽어서 다 훨훨 벗어버리고 주님 앞에 가서 주님과 함께 영광을 누리고 사는 것 훨씬 더 좋은 것이라는 뜻입니다. 그러니 마음은 그쪽으로 기울어지고 있습니다. 그러나 나는 유익한 것을 택한다, 내가 여기에 있는 것이 필요한 것이다— 그러니까 감성적 욕망을 버리고 신앙적 의지를 택했다는 말입니다.

여러분, 가끔 이런 얘기 들어보시지요? '어머니는 아름답기만 한 것이 아니다. 어머니는 죽지 못하는 운명이다.' 어머니는 죽고 싶어도 못죽습니다. 왜요? 자식을 위해서입니다. 그래서 자식을 위해서 살다보니까 좋은 어머니가 되는 것입니다. 어머니는 못죽습니다. 죽어서는 안됩니다. 이것은 의지입니다. 이건 감상이 아닙니다. 이건 단순한 사랑의 얘기가 아닙니다. 사도 바울은 말씀합니다. '내가 이 세상을 떠나서 주님 앞에 가서 평안하게 주님과 함께하는 것이 열망하는 것이다. 내가 간절히 바라는 것이다. 빨리 그랬으면 좋겠다. 언젠가 오겠지마는 그러나 지금 너희와 함께 살아야 하는 것이 필요하다. 꼭 필요하다.' 오늘 성경말씀에 '더더욱 유익한 것이요'라고 합니다. '더더욱.' 왜요? 자신을 위해서 유익한 것이 아니라, 성도들을 위해서 유익한 것이라는 뜻입니다.

여러분, 나의 기쁨을 위해서가 아니라 남을 위하여 유익하게 하기 위해서 사는 것, 이게 얼마나 중요한 일입니까? 여러분, 아시는 분들은 아시니까 말씀드립니다. 제가 얼마 전에 조그마한 수술을 좀 받았습니다. 심장수술을 받고 금요일에 퇴원했습니다. 금요일에 퇴원을 하고 주일날 여기서 설교를 했습니다. 단상에 올라올 때 휘청거려서 난간을 붙들고 올라왔습니다. 감기걸린 것처럼 목이 좀 쉬었습니다마는 제가 힘을 다해서 설교를 했습니다. 왜요? 내가 아프다고 하면 많은 분들에게 걱정을 끼치거든요. 그저 힘을 다해서 할 수만 있다면 많은 분들의 마음을 평안하게 할 수 있거든요.

여러분, 부탁입니다. 앞으로 죽을 때 병원에 가서 너무 앓는 소리 하지 마세요. 곱게 돌아가세요. 부탁입니다. 어떤 사람은 산 사람을 못살게 만듭니다. 그렇게 야단한다고 해서 안 아픕니까? 웬만하면 입 다물고 조용하게 빙그레 웃으면서... 안 되겠습니까? 지금부터 훈련을 좀 하세요. '남을 위하여.' 무슨 큰 보따리를 줘야 남을 위하는 것이 아닙니다. 웃는 얼굴 하나만으로도 봉사가 되는 것입니다. 그것만으로도 충분한 봉사가 되는 것입니다.

한경직 목사님께서 97세 때 남한산성에 가서 계시는데 제가 방문했더니 그런 말씀을 하세요. "목사가 설교를 못하니까 살았으나 죽은 거야. 설교는 하고 싶어 죽겠는데 설교를 못하잖아. 혀도 안돌아가고 힘도 약하고 그래서 난 설교 못하고 여기 의자에 앉아 있으니까 늘 괴로워." 그래서 내가 "아니요, 목사님 설교 잘하시는데요" 하자 한 목사님은 "아니, 내가 지금 설교 못하는 지가 10년인데?" 하시더군요. 그래서 제가 "아니요. 여기 앉아계시면서 밝은 얼굴로만 계시면 그것만으로도 '예수 잘 믿으면 나만큼 사느니라'고 말씀하시는 것이니 그게 바로 설교 아닙니까? 설교를 꼭 말로 해야 됩니까? 밝은 얼굴로 할 수 있는 것 아닙니까?" 했더니 한경직 목사님 껄껄 웃으시면서 "곽목사는 역시 설교를 잘해." 그러더라고요.

여러분, 그러니 웃기만 하세요. 제발 한숨쉬지 마세요. 누구 원망하지 마세요. "그저 감사합니다"라고 말하세요. 이게 설교입니다. 하나님을 찬양하는 것입니다. 왜요? 많은 사람에게 평안을 주고 걱정을 면하게 해줄 수 있으니까요. 이게 봉사입니다. 그걸 알아야 됩니다. "난 너희를 위해서 필요하다. 내가 여기 감옥에서 고생 하지만 살아야 되겠어. 내가 좀더 살아야 되겠어. 그래야 너희들에게 유익하기 때문에……"

　오늘본문에 좀더 나아가서는 귀한 말씀을 합니다. "자랑을 풍성하게 하기 위하여." 다시 말해, "나 때문에 너희에게 자랑거리가 있으면 좋겠다"는 말입니다. 이 얼마나 좋습니까? 부모님들은 자녀들에게 자랑거리를 물려줘야 합니다. 자녀들의 입에서 "우리 부모님 최고다!" 이런 말이 나와야 하지 않겠습니까? "우리 부모님처럼 살고 싶다." 얼마나 좋습니까? 안 그렇습니까? 자녀들에게 자랑거리를 줘야지요. 이런 점에서 사도 바울은 말씀합니다. "내가 살아서 이 감옥에 있어서 며칠 후에 죽더라도 더 살아서 너희에게 자랑거리를 주려 한다. 자랑을 풍성하게 하려 한다." 이 얼마나 위대한 가치판단입니까? 이렇게 살 때 부끄러움이 없습니다.

　사도 바울은 20절에서 말씀합니다. "담대하고 아무 일에도 부끄럽지 않고"- 이런 가치관을 가지고 이렇게 살아가는 사람은 No shame, no fear! 항상 아무 일에나 부끄러움이 없습니다. 그러니 두려움도 없는 것입니다. 왜 이런 말 있었지요? 상업용어입니다마는 '순간의 선택이 10년을 좌우한다.' 그렇습니다. 한 순간의 선택이 영원한 것입니다. UCLA 경영대학원에서 나온 1,300명의 최고 경영자들을 상대로 한 연구 논문이 있습니다. 성공한 사람들에게는 이런 차이가 있습니다. 개인의 유익보다 고결한 인격을 앞세웠다는 것입니다. 반면에 개인의 유익에만 집중하는 사람은 성공하지 못하더라는 것입니다. '재물보다 인간가치를!' 이것이 성공한 경영자들의 가치관이었습니다. 그래서 재물경영이 아니라 인간경영이라고 말하지 않습니까? 경영학의 대부인 피터 드러커의 마지막 말입니다. '경영이란 인간경영이다. 사람을 상대로 하는 경영은 편리함보다 원칙이

다. 당장의 유익보다 미래에 투자하라. 권세보다 섬김의 자세다.'

　여러분, 사업도 알고 보면 봉사입니다. 섬김의 자세가 분명해야 합니다. 지난날 나의 선택의 기준이 어디에 있었습니까? 아니, 지난 한 해 동안 우리는 무엇을 기준해서 선택하며 살아왔습니까? 현재 내가 처한 삶의 현주소가 어디에 있습니까? 좋은 것입니까? 유익한 것입니까? 나를 위해 좋은 것입니까? 모두를 위해 유익한 것입니까? 선택의 기준을 다시 재조정하고 다시 출발해야 할 것입니다. △

이스라엘의 위로를 기다리는 자

예루살렘에 시므온이라 하는 사람이 있으니 이 사람이 의롭고 경건하여 이스라엘의 위로를 기다리는 자라 성령이 그 위에 계시더라 저가 주의 그리스도를 보기 전에 죽지 아니하리라 하는 성령의 지시를 받았더니 성령의 감동으로 성전에 들어가매 마침 부모가 율법의 전례대로 행하고자 하여 그 아기 예수를 데리고 오는지라 시므온이 아기를 안고 하나님을 찬송하여 가로되 주재여 이제는 말씀하신대로 종을 평안히 놓아 주시는도다 내 눈이 주의 구원을 보았사오니 이는 만민 앞에 예비하신 것이요 이방을 비추는 빛이요 주의 백성 이스라엘의 영광이니이다 하니 그 부모가 그 아기에 대한 말들을 기이히 여기더라 시므온이 저희에게 축복하고 그 모친 마리아에게 일러 가로되 보라 이 아이는 이스라엘 중 많은 사람의 패하고 흥함을 위하며 비방을 받는 표적되기 위하여 세움을 입었고 또 칼이 네 마음을 찌르듯 하리라 이는 여러 사람의 마음의 생각을 드러내려 함이니라 하더라

(누가복음 2 : 25 - 35)

이스라엘의 위로를 기다리는 자

　유명한 데일 카네기의 사무실에는 가장 중요한 자리에 한평생 똑같은 한 폭의 그림이 늘 걸려 있었다고 합니다. 이 그림은 누구도 치우지 못하고 바꾸지 못했다고 합니다. 왜냐하면 그 그림은 한평생 그가 쳐다보는 중요한 그림이었기 때문입니다. 그것은 커다란 나룻배 그림입니다. 넓은 화폭에 그저 뭍에 걸려 있는 나룻배 한 척이 그려져 있을 뿐입니다. 아주 낡은 배입니다. 노 하나는 모래 위에 던져져 있고 다른 하나는 뱃전에 그냥 걸쳐져 있습니다. 물위에 떠 있는 것이 아니고 뭍에 걸쳐 있는 낡은 배 한 척을 그린 그림입니다. 아마도 여러분도 이와 비슷한 그림을 많이 보았을 것입니다. 그런데 중요한 것은 그 그림 맨밑에 이런 글귀가 씌어 있다는 것입니다. '반드시 밀물 때는 온다.'

　여러분, 뭍에 걸려 있는 낡은 나룻배의 그림을 생각해보면서 저는 생각합니다. 밀물 때가 와서 이 배가 물위에 둥실 뜨는 그 장면을 생각합니다. 비록 현재 이 나룻배는 뭍에 걸려 있지만 반드시 밀물 때가 와서 이 배가 자유롭게 물위에 떠다닐 때가 올 것만 같습니다. 아니, 반드시 옵니다. 이 한 폭의 그림을 통해서 카네기의 믿음을 읽을 수 있지 않습니까?

　윌리엄 마스턴이라고 하는 심리학자는 이렇게 말하고 있습니다. 3,000명을 대상으로 면밀히 조사해보았더니 사람들은 사는 시간의 94%를 결국 기다리는 데 사용하고 있었다는 것입니다. 인생의 대부분을 무엇인가를 기다리며 살았다는 것입니다. 기다리며 시간을 보내고, 기다리며 한평생을 바쳤다는 것입니다. 소식을 기다리기도 하고, 사람을 기다리기도 하고, 새로운 기회가 오기를 기다리기도 하고, 어떤 변화를 기다리기도 하고, 새로운 세대가 발전되기를 기다리고, 때로는 막연하지만 그저 무언가를 기다리며 사는 것입니다. 이처럼 기다림의 연속 속에서 한평생을 다 보내고 있다고 분석하고 있습니다.

우리가 잘 쓰는 말 중에 희망이라는 말과 소망이라는 말이 있습니다. 저는 소망이라는 말을 좋아해서 교회 이름을 '소망교회'라고 지었습니다. 생각하기엔 뭐 비슷한 말인 것같습니다. 다만 옛날 번역에는 소망인 것을 요즘은 희망이라는 말을 많이 씁니다마는 제대로 된 차이가 뭘까 좀 궁금했었습니다. 그래서 한번은 제가 중국에 갔던 길에 이 말들이 모두 한문으로 중국말이니까 중국 사람이 더 잘 알지 않겠나 싶어 베이징대학의 한 고명한 교수님께 물었습니다. "소망과 희망, 둘 사이에 어떤 차이가 있습니까?"했더니 그분이 해석을 해주었습니다. "희망이라는 말은 요즘와서 쓰는 말이고 옛날엔 소망이라는 말을 썼습니다." 그러더군요. 그런데 그 둘 사이에 큰 차이가 있다고 합니다. 그러면서 하는 말이 "소망은 기대하는 바가 확실하게 있으며 그런 결정적 대상을 기다리는 것을 뜻하고, 희망은 사실은 요즘 사람들이 많이 쓰기는 하지만 좀 막연한 겁니다."

그런 면에서 보면 희망보다는 소망이 더 좋은 의미의 말입니다. 희망은 나 자신으로부터 오는 것입니다. 그리고 그 바라는 바는 구름에 떠 있는 것입니다. 마치 무지개를 쳐다보는 것 같은 그런 것입니다. 엄밀한 의미에서 희망의 내용은 사실 없는 것과 같습니다. 그것이 희망이고 희망사항입니다. 반면에, 소망이라는 것은 내가 정하는 것이 아닙니다. 소망하는 대상이 나에게 소망을 주는 것입니다. 그것을 받아들이고 그것을 믿고 사는 것입니다. 그러니까 약속이 있고, 그 약속의 대상으로부터 오는 그것이 바로 소망입니다. 문제의 핵심은 대망의 기다림에 있어서 그 대망의 내용이 내게 힘을 더해준다는 것입니다. 다시 말해 그 바람이 나를 변화시킨다는 말입니다. 내게 지혜도 주고, 능력도 주고, 용기도 줍니다. 생각해보세요. 기다림이 확실할 때 생각이 바뀌고, 마음이 확실해지고, 사랑하게 되고, 가슴이 먼저 미래에 가 있게 됩니다. 소망하는 바 바로 거기에 내 생각, 내 가슴, 내 행복이 벌써 있다는 말입니다. 그게 소망입니다.

이런 재미있는 얘기가 있습니다. '여성은 그가 생각하는 그 사람과 닮은 아이를 낳는다.' 잘 생각해보세요. 남편 닮은 아이를 낳았거든 남편 사랑하는 줄 알고 만일에 남편 닮지 않은 아이를 낳았거든 무언가 수상한(?) 것입니다. 딴사람을 생각하고 있으니까 그런 얼굴로 나온 것입니다. 그렇다면 그런 줄 아세요. 저 유명한 토마스 하디라고 하는 소설가를 여러분 아실 것입니다. 너무도 유명한 사람인데 그의 작품 중에 「환상의 여인」이라는 제목의 소설이 있습니다. 너무나 유명한 작품입니다. 이 소설 속의 주인공 여자가 시를 좋아합니다. 그래서 매일같이 시를 읽고 암송합니다. 그런 중에 한 시인을 마음으로부터 존경하게 됩니다. 시를 읽으면서 그 시의 작가인 시인을 사모하고 존경하면서 그의 시를 모두 계속 읽으며 암송하게 됩니다. 그러던 중에 아이를 낳았는데 자기 남편은 전혀 닮지 않고 오히려 그 시인을 닮은 아이를 낳았어요. 하지만 이 여인은 그 시인을 한 번도 본 일이 없습니다. 다만 그의 시를 자꾸 읽고 사모하다 보니까 그만 엉뚱하게 그 시인을 닮은 아이를 낳게 된 것입니다. 그런데 이것 때문에 남편의 오해를 받게 됩니다. 그 오해로 말미암아 일어나는 이야기가 소설의 내용입니다.

여러분, 물론 사랑하면 사랑하는 사람의 아이를 낳게 되겠지요. 그러나 조심하세요. 미워해도 미워하는 사람 닮은 아이를 낳게 됩니다. 왜요? 미워하느라고 마음속에 계속 생각을 했기 때문입니다. 그러니 미워하면서 그 사람을 생각하고 있기 때문에 조심해야 됩니다. 시어머니 미워하면 어떻게 될 것같아요? 그러니 무엇보다 일단 마음을 잘 가누어야 됩니다. 내가 사랑하는 사람, 내가 존경하는 사람을 마음에 둘 때, 그것이 거기서 끝나는 게 아니라 내 생각과 내 마음과 심지어는 내 몸까지도 이렇게 변화시킨다는 말입니다. 그러니까 대망이라고 하는 것이 우리 자신을 변화시키고 자신을 그 대망에게로 이끌고 가고 있다는 것입니다. 이게 바로 기다림입니다.

오늘본문에 나타난 사건은 이렇습니다. 이스라엘에 위로를 기다리는 사람이 있습니다. 이스라엘의 역사를 연구해보고 신학을 연구해보면 이스라엘은 철저하게 메시야 대망사상으로 꽉 차 있습니다. 예나 지금이나 이스라엘 사람들은 무던히 기다립니다. 메시야를 기다립니다. 그 기다리는 대망사상에 신학의 뿌리를 두고 있습니다. 바로 그 기다림이 오늘성경에 나타난 시므온의 신앙입니다. 아주 건강한 신앙입니다. 그의 신앙은 물질적인 것이 아니었습니다. 또 돈 버는 것, 잘사는 것, 풍요해지는 것과 같은 것이 아니라 아주 영적인 것이고, 신령한 것이었습니다. 또하나 시므온의 신앙은 자기 자신을 위한 것이 아닙니다. 내가 잘살고 내가 영달하고 오래 살고 건강한 그런 것이 아니라 그는 이스라엘의 영광, 하나님의 택한 백성인 이스라엘의 복, 이스라엘의 영광을, 그 위로를 기다리고 있었습니다.

게다가 시므온은 자기방법대로 기다린 것이 아니고 하나님께서 지시해주시는 바를 따라 하나님의 말씀대로, 말씀 속에서 메시야를 찾고 말씀 속에서 메시야에 대한 신앙을 정립하고 그 메시야를 기다렸습니다.

　신학적으로 가장 중요한 문제는 이것입니다. 좀 어려운 말씀입니다만 한번 다같이 생각해봅시다. 메시야의 시대냐, 메시야냐가 중요합니다. 다시 말해, 메시야의 시대를 기다렸느냐? 아니면 메시야를 기다렸느냐? 하는 것입니다. 우리는 때때로 메시야 대신 메시야의 시대를 기다립니다. 자유, 평등, 번영 등과 같은 사회가 이루어지기를 기다립니다. 사회주의나 공산주의도 이와 비슷한 메시야 시대를 향한 메시야니즘을 가지고 있습니다. 그런 점에서 모두 종말론적입니다. 그런 사상에는 확실한 종말론이 있습니다. 저들은 무엇을 기다립니까? 자유, 평등, 번영과 같은 걸 기다립니다. 그런 시대를 기다리는 것입니다. 모두가 평등하고 모두가 자유롭고 모두가 잘사는 시대, 공해가 없고 문제가 없는 그런 시대를 기다리는 것, 그것이 바로 메시야가 아니라 메시야의 시대를 기다리는 것입니다. 메시야로 인해 이루어질 아름다운 유토피아를 기다립니다. 그걸 바라보고 또 그걸 모든 사람들마다, 특별히 정치가들이 그런 시대를 약속합니다. 그런 사회를 만들겠다고 합니다. 그건 메시야의 시대를 말합니다.

　그러나 오늘 성경에 보면 시므온이 기다리는 것, 성경이 말씀하는 것은 그런 메시야의 시대가 아닙니다. 'The Messiah'— 바로 메시야 그 분을 기다립니다. 메시야의 시대가 아니라 메시야, 한 인격이신 아기 예수 그 메시야를 기다립니다. 바로 여기서 차이가 납니다.

가끔 이스라엘 사람들하고 만나서 메시야에 대해 얘기를 해보면 우리는 예수님을 쉽게 생각합니다. 흔히 이스라엘 사람들을 생각하면서 "그들은 아직도 예수를 기다린다면서요. 메시야를 기다린다면서요?"라고 짐작합니다. 하지만 아닙니다. 대부분 그렇지 않습니다. 그들이 생각하고 기다리는 것은 메시야의 시대이고, 성경이 말씀하는 것은 그 메시야 자신입니다. 오늘 성경의 시므온은 메시야의 시대에 관심이 없습니다. 그건 먼 훗날에 있을 일이고, 시므온은 그 메시야 즉, 세상에 오시는 아기예수 그를 기다리고 있었던 것입니다. 이 기다림은 아주 구체적입니다. 추상적인 것이 아닙니다. 예수 그리스도에 대한 대망, 한 아기, 한 분, 한 인격, 말씀이 육신이 되어 우리 가운데 오시는 그 한 분을 기다렸습니다. 그런 의미에서 시므온의 기다림은 대단히 중요한 성서적 의미가 있습니다.

그런데 중요한 것은 이것입니다. 이렇게 메시야를 간절히 기다리다 보니 그 기다림이 기다리는 이 사람을 변화시킵니다. 그 대망 사상이 그 자신에게 변화를 준 것입니다. 첫째, 그를 경건하게 만들었습니다. 속된 것을 멀리하고 세속적인 부귀영화를 멀리하고, 오로지 경건하게 기도하며 묵상하며 하나님을 향하여 경건한 생활을 하게 했습니다. 메시야를 기다림이 그를 경건하게 만든 것입니다. 또 하나, 시므온은 성전 중심으로 살았습니다. 사실 시므온 시대는 오늘 우리처럼 이렇게 쉽게 올 수 있는 교회가 아닙니다. 예루살렘에 있는 하나의 성전. 여기로 오기 위해서 많은 사람들은 여러 달 걸어서 여기까지 와야 되고, 또 예루살렘에 와도 예루살렘에 살지 않는 한 여기서 머문다는 것도 쉬운 일이 아닙니다. 그래서 여관에 머물러야 되고 임시숙박을 얻어야 되고 민박을 해야 되었습니다. 그러니 예루살렘 성전을 중심해서 산다는 것이 얼마나 어려운 일인지 모릅니다. 그러나 그럼에도 시므온은 예루살렘 성전을 떠나지 않았습니다. 그리고 성전에 올라가서 기도했습니다. 여러분, 기도는 어디서든지 할 수 있습니다. 그러나 메시야를 기다리는 이 사람은 시골에서, 혹은 자기 고향에서가 아니고 예루살렘 성전에 올라가서 기도했습니다. 그러는 중에 성령의 지시를 받습니다.

시므온은 성령의 큰 감동을 받아서 특별한 약속을 받습니다. '네가 죽기 전에 메시야를 볼 수 있을 것이다.' 이 얼마나 굉장한 축복입니까? 그 말씀을 듣고 더욱 간절히 기다리던 중에 드디어 아기예수를 만나게 됩니다. 이 장면이 성경에 좀더 자세하게 기록됐으면 좋겠는데 기록이 빠진 것같아 아쉽습니다. 제가 생각하는 장면은 뭐냐 하면 '시므온이 어떻게 메시야를 알아봤을까? 아기예수를 마리아가 품에 안고 오는데 어떻게 그 아기를 메시야로 알아봤을까? 아기예수에게서 빛이 나왔나? 성령이 어떻게 감동을 했나? 어떻게 해서 알아봤을까?' 하는 것입니다. 여러분이 아시는대로 세례 요한이 예수님을 어떻게 알아봤을까요? 처음엔 몰랐을 겁니다. 그저 많은 사람 중의 30살 난 청년 중의 하나였을 것입니다. 그런데 그가 세례를 줄 때 성령이 비둘기같이 임하는 걸 보고 이분이 메시야다, 이분이 그리스도라는 것을 알게 됩니다.

그런데 오늘 시므온이 아기예수를 만나는 장면에 그런 것도 없습니다. 성령이 비둘기같이 임하든가, 불꽃이 임하든가, 천사가 임하든가, 뭔가 특별한 사인이 있었으면 참 좋겠는데 성경에 그게 빠졌습니다. 그런데 어쨌든 시므온은 메시야를 알아봤습니다. 아기예수를 알아보고 아기예수를 품에 안고 하나님 앞에 감사의 기도를 드리는 장면이 본문에 나옵니다. 그는 그리스도를 만났습니다. 만남이라는 것은 참으로 중요합니다. 종종 기다림은 있는데 만남은 없을 수 있습니다. 오랫동안 기다리는데 성취가 없기도 합니다. 약속은 있는데 성취는 없고, 기다림은 있는데 만남이 없다면 이 얼마나 비참한 것입니까? 그저 한평생 기다리다, 기다리다, 죽습니다. 간절히 기다리다가 세상 끝납니다. 그런 점에서 시므온은 참 행복한 사람입니다. 그는 아기예수를 만났습니다. 그에게는 약속이 성취됩니다.

기다림을 통해 만남을 가지는 것은 얼마나 소중합니까? 이스라엘 백성들도 모두 메시야를 기다렸던 것같습니다. 그러나 그럼에도 불구하고 바리새인, 사두개인, 서기관, 제사장, 헤롯 왕과 같은 사람들을 보면 메시야를 기다렸다가도 정작 메시야가 오시니까 오히려 메시야를 핍박을 하고 예수를 십자가에 못박았습니다. 헤롯은 아기예수에 대한 소식을 듣자마자 죽일 계획을 세웠습니다. 왜 그랬을 것같습니까? 자기가 가지고 있는 보좌를 내놓기 싫었기 때문입니다. 그 기득권을 양보하고 싶지 않았기 때문입니다. 지금 처해 있는 생각, 지금 가지고 있는 상황, 지금 가지고 있는 이 향락을 포기하고 싶지 않았기 때문입니다. 그래서 예수님께서는 말씀하십니다. "자기를 부인하고 자기 십자가를 지고 나를 좇으라." 자기를 부인하지 않으면 예수를 영접할 수 없습니다. 특별히 아기예수를 영접할 수 없습니다.

유명한 영화제작자와 소설가 두 사람이 앉아서 논쟁을 벌였습니다. 제작자는 대본에서 해피 엔드를 만들고 싶어합니다. 그래서 이야기가 끝에 가서는 반드시 행복한 결말로 마치게 해달라고 요구하는데 소설가는 다른 생각을 갖고 있습니다. 소설가가 하는 말입니다. "여보세요, 아시는지 모르는지 모르겠습니다마는 역사상 해피 엔드가 있습니까? 해피 엔드로 끝난 사람이 있습니까?"라고 반문합니다. 여기에 고민이 있습니다. 여러분 아시는대로 오늘도 우리는 이 말 저 말을 듣습니다. 그러나 그저 그 모든 이야기들이 해피 엔드로 끝났으면 참 좋겠습니다. 요즘 드라마 선덕여왕 보시지요? 선덕여왕이 해피 엔드로 끝나느냐, 아니냐, 궁금합니다. 저는 제발 선덕여왕 죽는 것은 나오지 않았으면 참 좋겠습니다. 어차피 죽겠지만 말입니다. 그런데 선덕여왕도 끝에 죽는다고 합니다. 하여튼 저는 모든 드라마가 좀 해피 엔드로 끝나길 바랍니다.

물론 엄격히 따지면 사실 이 세상에서 진정한 해피 엔드는 없습니다. 그러나 여러분 아시는대로 기독교의 복음은 해피 엔드입니다. 십자가에서 부활합니다. 오로지 예수사건만 해피 엔드요, 그 외에는 해피 엔드란 엄격히 말해서 없습니다. 한번 생각해보세요. 시므온은 잠깐이지만 메시야를 만난 이 사건 속에서 해피엔드를 경험합니다. 한번 상상해보세요. 시므온이 아기예수를 품에 안습니다. 메시야를 품에 안고 하늘을 우러러 감사하면서 "오, 하나님! 주의 구원을 보았습니다" 하고 감격 속에 외칩니다. 그가 한 말을 다시 생각해봅시다. "주의 구원을 보았습니다." 그는 구원을 기다린 것이 아니라 구원을 보았습니다. 자신이 현재적으로 체험하고 있는 것입니다. 그는 아기 예수를 통해 큰 구원을 보는 해피 엔드, 그 행복을 경험하고 있습니다. 그가 얼마나 행복한가 보십시오. 그 행복 속에서 그가 하는 말입니다. "주께서 종을 평안히 놓아주시는도다."

이건 무슨 말입니까? 그대로 해석해봅시다. 여기서 '종'은 시므온이요 그는 나이가 많았습니다. '평안히 놓아주시는도다'는 평안히 죽겠다는 말입니다. 다시 말해, '이제는 행복한 마음으로 세상을 가겠습니다. 더 바랄 것이 없습니다. 내가 메시야를 만났으니 더 바랄 것이 없습니다'라는 고백입니다. '주께서 나를 평안히 놓아주시는도다.' 이제 평안히 눈을 감겠습니다. 그는 행복해합니다. 이것이야말로 진정한 해피 엔드입니다. 여러분, 아기예수를 안고 신앙을 고백하는 시므온을 보세요. 주의 구원을 보았습니다. 내가 주의 구원을 보았습니다. 기다리고 기다리던 주를 만났습니다. 더 바랄 것이 없습니다. 주께서 저를 평안히 놓아주시니 이대로 세상을 떠나가겠습니다— 이 얼마나 행복하고 얼마나 아름다운 장면입니까. 아기예수를 기다리고 있습니다. 우리의 대망이 대망에서 끝나지 않고 이 자체가, 이 기다림 자체가 우리를 경건하게 하고 우리를 신령하게 하고 우리를 주님 앞으로 가게 하고 마침내 주님을 만나는 큰 감격을 얻게 하는 그런 의미의 성탄이 되기를 바랍니다.   △

거기서도 나를 붙드시리이다

여호와여 주께서 나를 감찰하시고 아셨나이다 주
께서 나의 앉고 일어섬을 아시며 멀리서도 나의 생각
을 통촉하시오며 나의 길과 눕는 것을 감찰하시며 나
의 모든 행위를 익히 아시오니 여호와여 내 혀의 말
을 알지 못하시는 것이 하나도 없으시니이다 주께서
나의 전후를 두르시며 내게 안수하셨나이다 이 지식
이 내게 너무 기이하니 높아서 내가 능히 미치지 못
하나이다 내가 주의 신을 떠나 어디로 가며 주의 앞
에서 어디로 피하리이까 내가 하늘에 올라갈지라도
거기 계시며 음부에 내 자리를 펼지라도 거기 계시니
이다 내가 새벽 날개를 치며 바다 끝에 가서 거할지
라도 곧 거기서도 주의 손이 나를 인도하시며 주의
오른손이 나를 붙드시리이다

(시편 139 : 1 - 10)

거기서도 나를 붙드시리이다

   대표적인 물리학자 알버트 아인슈타인은 이렇게 기록하고 있습니다. '우리가 경험하는 가장 실제적인 것은 신비로움이다. 그것을 모르고 있는 사람은 더이상 경이로움을 느끼지 못하고 더이상 감탄할 수도 없다. 그는 마치 죽은 자와 같고 불 꺼진 초와 같다. 이것이 없는 자는 스스로 교만하게 되고 또 절망하게 된다. 과학이 발전할수록 신비로움이 벗겨지는 것이 아니고 더욱더 깊은 신비로움을 발견하게 된다'라고 말합니다. 요새와서 우리는 과학의 발전을 보면서 '신비가 벗겨졌다, 벗겨졌다' 하는 말을 합니다. 그건 거짓말입니다. 연구하면 할수록 더 큰 깊은 신비를 깨닫게 됩니다.

   저는 어느 외과 의사선생님을 잘 압니다. 그분은 수술을 한평생 했습니다. 그런데 신앙이 아주 좋습니다. 참 열심히 믿고 새벽마다 교회 나오는데 그렇게 하시는 의사선생님에게 "당신은 사람을 앞에 놓고 째고 꿰매고 이렇게 하지 않습니까? 약을 주고 투약하고 그러는데 신앙생활하고는 어떻게 관계가 됩니까?"하니까 그런 얘기를 합니다. "의사야말로 세월이 가면 갈수록 치료하면 할수록 더욱더 생명의 신비로움을 느끼게 되고 그 놀라운 신비에 감탄하지 않을 수 없습니다." 그래 제가 짓궂게 한마디 물어보았습니다. "그래 어떤 신비를 느껴요?"라고 했더니 그가 빙그레 웃으면서 하는 말입니다. "아무렇게나 꿰매놓아도 다 붙거든요. 대충대충 꿰매놓으면 이게 척척 제자리 들어가서 붙고 혈관이 연결되고 이게 신비가 아닙니까?" 자기는 매일같이 손끝에서 신비를 경험한다고 합니다. 천문학을 하는 분들도 또 신앙이 좋은 분이 있습니다. 하늘의 세계 천체의 세계를 연구해 나가는데 그래 또 물어보았습니다. "도대체 무엇이 신비로우냐?"고 하니까 "블랙홀이오." 저 우주 끝에 끝에 우리가 볼 수 있는 세계 저 끝에 아주 검게 보이는 곳이 있는데 그곳이 블랙홀이라고 하는데 큰 별들이 그 근방을 이렇게 지나가다가 그쪽으로 '휙' 들어가면 없어지고 만대요. 나더러 물어보아요. "그 블랙홀이 뭘까요?" "뭐야? 지옥이지." 내 그랬습니다.

여러분, 사람이 안다는 것이 도대체 뭡니까? 한 마디로 말하면 알면 알수록 모르고 알면 알수록 더 신비의 세계, 깊은 신비의 세계로 들어가는 것입니다. 신비를 벗기는 것이 아니고 더 큰 신비를 느끼고 감탄하게 되는 것입니다. 신학자 폴 틸리히는 「셰이킹 파운데이션」이라고 하는 그의 저서에서 오래전에 이런 말을 합니다. '시간은 과거, 현재, 미래의 연속이다.' 잘 아는 상식이지요? '과거는 언젠가 현재였다. 또 미래도 언젠가는 현재가 된다. 또 현재와 과거로 이어가는 이 시간을 여기는 영원성 순간에서 영원을 살아가는 것이다.' 그래 거기에 유명한 신학적 용어가 있습니다. Eternal Now! '영원한 현재. 시간은 끝이 있고 시간에는 목표가 있다. 이것을 알아가는 것이 이것이 바로 인간의 살아가는 모습이다'라고 말합니다.

1965년에 프랑스의 폴 브로카라고 하는 교수님께서 지금은 상식이 됐습니다마는 그 당시에는 대단한 지식을 보였습니다. 사람의 머리에는 두뇌가 있는데 두뇌가 양쪽으로 갈라져서 각기 다른 기능을 가지고 있다. 그래서 이걸 발견하고 세계를 놀라게 했습니다. 그래서 우리도 '새로운 두뇌의 발견' 이러지 않습니까? 그게 바로 여기서 온 것입니다. 그래서 왼쪽에는 수리기능이 있고 분석과 논리가 있고 그런가하면 오른쪽 두뇌는 통합과 정서가 있다. 자, 왼쪽에는 수리기능이 있다. 분석과 논리가 있다. 그럼 오른쪽에는 통합과 정서가 있다— 이것뿐입니까? 둘 가지고 끝이겠습니까? 제3의 기능이 있습니다. 그것이 바로 영적 지식입니다. 그래서 우리는 영원으로 지향하는 높은 지식의 소유자다— 그것이 인간이라는 것입니다.

지식자체를 아는 지식이 있고 또 지식의 한계를 아는 지식이 있습니다. 여기까지가 우리 한계입니다. 또 그런가하면 지식의 주체를 아는 이게 철학입니다. 지식의 주체가 누구냐? 칼 바르트는 말합니다. 지식의 주체는 내가 아니고 하나님이라는 것입니다. 자, 이제 생각해봅시다. 또하나는 자신이 알려지는 존재라고 하는 지식이 있습니다. 내가 아는 지식이 아니고 알려졌다고 하는 지식입니다. 내가 아는 나, 다른 사람에게 알려진 나, 그리고 내가 모르는 나 이 세 개에서 우리가 생각해야 합니다. 유원지를 한번 방문했습니까? 여러분, 유원지 가면 사람 많지요? 좌우간 사람 발에 밟힐 정도로 사람이 많습니다. 하루종일 뭘 구경한다고 했지만 제대로 한 게 아무것도 없습니다. 사람이 너무 많아서. 그리고 집에 돌아올 때 하는 말이 "사람 참 많더라. 사람구경 많이 했다." 그러지요. 착각했습니다. 자기를 하루종일 구경시키고 다닌 것입니다. 변변치 않은 사람 계속 구경시키고 다녔다는 생각은 안합니까? 사실 이것이 진짜인데.

오늘본문 성경에 보면 다윗은 말씀합니다. "그가 나를 아십니다." 유명한 욥기 23장 10절에 보면 그 많은 고난 속에서 그는 고백합니다. "오직 주께서 나를 아시나이다." 그것이 그의 마지막 고백입니다. "오직 주께서 나를 아시나이다. 내 과거도 현재도 미래의 운명도 주께서 아시나이다." 오늘 다윗은 말씀합니다. 오늘 성경 가운데 다섯 번이나 "주님께서 나를 아십니다. 아십니다"라고 고백합니다. '나의 행위를 아시고 나의 출입을 아시고 내 생각을 아시고 나를 감찰하시고 어디서도 주는 나를 아십니다. 바다 끝에 가서도 아시고 스올의 죽음으로 내려가는 순간에도 나를 아시나이다. 주만이 나를 아십니다.' 하나님이 아신다— 여러분은 어떤 느낌이 옵니까? 두려움입니까? 기쁨입니까? 여기에 분수령이 있는 것입니다. 다 몰라도 좋습니다. "하나님은 아신다" 할 때 평안한 사람이 있고 '아이쿠! 안 되지. 그럼 난 죽어요.' 그렇게 생각하는 사람도 있습니다. 하나님이 아신다, 하나님 앞에 알려진 바 되었다— 그것이 두려움이 아니라 그것이 행복이요 감사요 기쁨으로 바뀌어야 됩니다.

다윗은 그래서 시편 8편 4절에서 보면 "인자가 무엇이기에 주께서 나를 보살피시나이까. 내가 무엇입니까? 인자가 무엇입니까? 사람이 무엇이기에 주께서 이렇게 돌보십니까" 하고 고백합니다. 다윗은 하나님께서 나를 아신다. 하나님 앞에 알려졌다 하는 사실이 그에게는 그렇게 기쁨이요 감사요 행복이었던 것입니다. 히브리말에 여러 말이 있습니다마는 특별히 '야다'라고 하는 안다는 말이 있습니다. 특별한 말입니다. '안다'하는 말입니다. 성경에 보면 이것은 형이상학적 지식이 아니고 체험적이고 통합적인 지식입니다. 보세요. 창세기 4장 1절에 보면 아담이 하와를 '알았다'고 그랬어요. 우리 성경에 뭐라 했는고 하니 아담이 '동침하매' 그랬습니다. 동침이라는 말로 했습니다. 그게 무엇을 말하는지 여러분 아실 것입니다. 동침하매 그래서 아이를 낳았다— 이렇게 됩니다. 또 그 '알았다'는 말이 뭐냐? 동침이라는 말이 히브리말에는 '야다' 입니다. '야다'는 또 뭐냐? '안다'는 말입니다. 우리가 직역을 하면 아담이 하와를 알았다,

그럼으로 아들을 낳았다— 이렇게 됩니다. 또 그런가하면 우리가 신약성경으로 와서도 여러 곳에 있습니다마는 특별히 여러분 잘 아시는 말씀입니다. 마태복음 1장에 보면 "요셉이 마리아를 데려왔으나 아이를 낳기까지 동침치 아니하리라" 그랬습니다. 그렇게 번역이 되어 있습니다. 그러나 영어에는 'did not know her till she brought forth her first born Son.' 그랬습니다. 알지 않았다— 이러면 직역입니다. 그런데 원 헬라말에는 에키노스켄— '알지 않았다'입니다. 이제 안다는 말이 뭡니까? 그만큼 중요한 의미입니다. 남편이 아내를 알듯이 그렇게 아는 것입니다. 그냥 추상적인 지식이 아닙니다. 그래서 지식으로만 아는 것이 아니고 가슴으로만 아는 것이 아니고 몸으로 아는 것입니다. 체험으로 아는 그런 온전한 지식을 말하는 것입니다. 이런 지식을 신학적 용어로 말할 때 '옴니포텐스(Omnipotence)'라고 합니다. 옴니포텐스— 그렇게 되면 전능이요, 옴니프레센스(Omnipresence)— 그러면 무소부재, 이렇게 번역을 합니다. 무소부재, 옴니 프레센스, 다 아신다는 말입니다. 어디서나 내 생각을 아시고 감찰하신다— 중요한 의미가 있습니다. 그 지식 안에 내가 있습니다.

그런고로 여러분 잊지 말아야 합니다. 하나님께서는 우리 지식의 대상이 아닙니다. 우리가 알아야 할 것은 하나님께서 나를 아신다는 것입니다. 그걸 알아나가는 것이 믿음입니다. 그것을 알아나가는 과정이 경건입니다. 하나님은 아신다— 여기까지 하나님께서 아시고 저기까지 좀더 지내고보니 하나님께서는 모르시는 것이 없습니다. 하나님의 큰 지식 속에 내가 있었습니다. 나는 나 혼자 있는 줄 알았는데 혼자가 아닙니다. 그의 감찰하심 안에 내가 있었습니

다. 이 사실을 하루하루 깨달아나가는 것, 세월이 가면 갈수록 점점
더 깊이 알게 됩니다. 예외가 없습니다. 내 허물, 내 부족함, 내 죄,
그 속에도 주님이 계셨습니다. 아우구스티누스의 유명한 풍자적 명
언이 있습니다. '하나님께서 허락치 않으시면 죄도 지을 수 없다."
죄를 짓는 그 속에도 하나님이 함께하셨습니다. 내가 불의를 행하고
반항을 하고 하나님을 떠나서 바다 끝에 도망가더라도 거기서도 주
께서 나를 붙드시나이다— 비로소 깨달아가는 것입니다. 깊이 깨닫
는 것입니다. 이제서 깨닫고 오늘와서 깨닫고 이 경험 속에서 깨닫
고…… 여러분, 예외가 있습니까? 때때로 우리는 나 혼자의 문제인
줄 압니다. 아닙니다. 다 알고 계십니다. 특별히 어린아이들 보면 제
멋대로 하는 줄 압니다. 그러나 부모님은 다 알고 계십니다. 저놈이
지금 무슨 생각을 하고 있는지 왜 울고 있는지 다 알고 있습니다. 그
런데 어렸을 때는 자기 혼자의 문제라고 생각합니다. 조금 더 철이
나고보면 아닙니다. 부모님이 벌써 다 알고 계셨습니다. 그 아는 높
은 지식 속에 때로는 그의 기다림 속에 그 무궁무진한 긍휼과 자비
속에 내가 있었습니다. 이제서 깨달아간다는 것입니다. 그래 믿음이
란 그 지식이 더해가는 것이요 내가 한 것이 아닙니다. 주님께서 함
께하신 것입니다. 나 혼자 간 것이 아닙니다. 그가 함께 간 것입니
다. 유명한 설화가 있지 않습니까?

　어느 수도사가 한평생 나름대로 신앙생활을 하다가 세상을 떠
났습니다. 천국문에 들어갈 때 거기서 예수님을 만납니다. 그런데
예수님께서 "뒤를 돌아보라" 하십니다. 돌아보니 자기가 일생 살아
온 길이 쭉 한눈에 환하게 보이는 것입니다. 가만히 보니 발자국이
한 사람 발자국이 아니고 두 사람 발자국입니다. "예수님, 어떻게 나

는 혼자 왔는데 발자국이 둘입니까?" "내가 너와 함께하지 않았느냐" 자세히 보니 어떤 곳은 발자국이 한 사람 것만 있는 데가 있어요. "여기서는 주님 어디 가셨습니까?" 그랬더니 예수님 말씀이 "네가 힘들어서 내가 업고 왔다." 저는 혼자 살아온 줄 알았습니다. 그리고 주님을 찾아 헤맨 줄 알았어요. 주님을 발견하겠다고 몸부림치며 수도생활 한 줄 알았어요. 그런데 아니었습니다. 벌써 주님께서 함께하셨고 그의 생각과 그의 마음과 그 중심을 여기까지 인도하시고 돌보셨다는 것을 깨닫고 하나님 앞에 감사하게 되었다는 말입니다. 믿음이란 이 지식이 점점 더해가는 것입니다. 여러분, 지금 나이 몇 살입니까? 이제쯤은 좀 알 때가 됐습니다. 철이 나야 됩니다. 왜요? 내가 혼자가 아니라는 걸. 하나님께서 그곳에도 함께하셨고 여기서도, 이런 일에도 계속 나와 함께하신다는 것을 절감하게 되는 것입니다. 점점 더 강하게 그렇게 느껴가고 감사하게 되는 것입니다.

소망교회에 김창기 장로님이라고 계셨습니다. 세상을 떠나셨습니다마는 그 장로님 참 성실하고 훌륭한 분이었어요. 아시는대로 제가 교인가정을 심방하지 못하기 때문에 병원에 입원했다는 말을 듣고도 병원을 방문하지 못했었습니다. 그런데 신학대학의 야간강의를 끝내고 밤중에 돌아오는 길에 한양대학병원 앞을 지나가게 될 때 생각이 나요. '아, 장로님이 지금 저 병원에 계시다는데 한번 가봐야겠다.' 그래서 밤 10시가 넘어서 거기에 찾아 들어가봤어요. 했더니 마침 사모님 안계시고 혼자 계십니다. 침대 위에 무릎을 꿇고 성경을 펴놓고 기도하고 계십니다. 아주 아름다운 장면이었어요. 그 문을 열고 들어갈 때 마치 특별한 경험을 하는 듯한 그런 시간이었어요. 아주 빛이 내려오는 것같은 그런 느낌을 받았습니다. 신령한 시간이었습니다. 기도하는 모습을 보고 들어가서 물어보았습니다. "장로님 무슨 기도를 하십니까?" "회개의 기도를 합니다." "무슨 회개요?" "어렸을 때부터 시작해서 지금까지 아주 장난꾸러기 때 지은 죄, 못할 짓 한 것, 이런저런 짓 한 것 생각나는대로 하나님 앞에 '그때 잘못했습니다. 그때 내가 잘못이었습니다. 아 그건 내 잘못이었습니다.' 지금 하나하나 생각나는대로 회개하는 중입니다. 이제 주님 앞에 가야 될 시간이 가까워서 회개하는 시간입니다." 그랬어요. 그 다음 얘기를 들어보세요. "그런데 회개도 못하겠어요. 회개 마음대로 못하겠어요." "왜요?" "그때 내가 잘못했습니다 하면 바로 귀에 들려오는데 그때도 내가 너와 함께했다 하시고 아! 그때 제가 잘못했습니다 하면 그때도 내가 너를 지켜보았느니라…… 계속 말씀하시는데 회개는 못하고 감사합니다, 그것도 감사합니다, 그것도 감사합니다, 감사합니다, 감사합니다……" 지금 그런 기도를 하고 있습니다. 그래 제가 장로님께 말씀드렸습니다. "장로님 참 신앙이 좋으십니다. 너무나도 훌륭합니다. 너무나도 마지막이 아름답습니다." 그리고 손을 붙들고 기도하고 돌아왔어요. 돌아온 다음에 그 부인 권사님이 돌아와서 목사님이 다녀갔다는 말을 들었어요. 그리고 서로 고맙다고 얘기를 하고 그리고 바로 세상을 떠났습니다.

여러분, 우리의 회개 그것도 외로워서는 안됩니다. 회개는 반드시 감사로 이어져야 합니다. 왜요? 주님께서 기다려주셨거든요. 주님께서 너그럽게 해주셨거든요. 그 큰 은혜 안에서 죄를 지어도 죄를 짓는 것입니다. 주께서 나를 기다려주시는 것입니다. 왜요? 좀더 깊이 깨닫게 하기 위해서, 좀더 온전하게 하기 위해서 그 어느 하나 어느 순간 하나님의 시선에서 떠난 일이 없어요. 그 크신 은혜 안에서 밖으로 나선 일이 없어요. 그래 우리의 믿음은 새로운 지식을 가집니다. 나를 알고, 하나님께서 나를 아신다는 것을 알고, 그 엄청난 사랑 안에 내가 있음을 알고 그 사랑에 감격할 때 새로운 용기가 생기고 새로운 능력이 솟아오르는 것입니다.

「The Touch of the Masterhand」라고 하는 유명한 하나의 책이 있습니다. '특별한 힘이 있는 주님의 터치, 접촉'이라고 하는 그런 책입니다. 시적으로 씌어 있는데 얘기는 이렇습니다. 경매장에 낡아빠진 바이올린 하나가 나왔습니다. 먼지가 묻고 아주 형편없는 더러워진 그런 바이올린 하나가 나타났는데 아무도 이것을 사려는 사람이 없어요. 경매하는 사람이 아무리 불러보아도 아무도 안사겠다고 그러는데 값이 얼마나 내려갔느냐 하면 이것이 $3까지 내려갔어요. 필요 없는 바이올린 $3하고 불러도 사는 사람이 없어요. 이렇게 값이 내려갔는데 웬 노인 하나가 떡 나서더니 "제가 사겠습니다" 하고 가까이 가서 바이올린을 받아가지고 먼지를 다 닦아내고 줄을 다시 세우고 손에 딱 들고는 "야, 네가 얼마만이냐? 40년만에 너를 다시 만났구나! 반갑다"하고 바이올린을 켜는 것입니다. 얼마나 소리가 아름다운지 모를 아름다운 곡을 연주했어요. 그러고났더니 이 바이올린이 $3,000에 팔렸습니다.

여러분, 아무것도 아닌 고물이지만 주의 손에 딱 붙들리면 소중한 것입니다. 내가 볼 때는 내가 시원치 않아요. 그러나 주님께서 나를 감찰하고 계시는 한, 주님께서 나를 알고 계시는 한 그 은혜 안에 있는 나는 소중한 존재입니다. 여러분, 일 년 동안 살아온 생을 얼마나 뉘우치고 후회하고 가슴을 치는지 모르겠어요. 얼마나 누구를 미

위하는지도 모르겠어요. 다 잊어버리세요. 주님께서 나와 함께하셨
어요. 그 큰 은혜 안에 내가 있었습니다. 그런고로 더욱더 소중한 존
재임을 발견하는 귀한 시간이 되기를 바랍니다. △

긍정적 신앙의 속성

내 형제들아 너희가 여러 가지 시험을 만나거든 온
전히 기쁘게 여기라 이는 너희 믿음의 시련이 인내를
만들어 내는 줄 너희가 앎이라 인내를 온전히 이루라
이는 너희로 온전하고 구비하여 조금도 부족함이 없
게 하려 함이라
(야고보서 1 : 2 - 4)

긍정적 신앙의 속성

옛날 얘기 하나 하겠습니다. 제 할아버지가 나한테 옛날 얘기라고 하면서 해주신 얘기입니다. 이것 뭐 몇 십번 들은 얘기입니다. 그래서 제 마음에 깊이 새겨 있는 얘기입니다. 어느 할아버지가 새벽에 손자를 깨워서 "오늘 나하고 함께 산에 도끼자루를 찍으러 가자." 그렇게 말했답니다. 우리는 지금 문명사회에 사니까 도끼를 본 사람도 많지 않습니다. 도끼는 쇳덩이로 돼 있고 도끼자루는 나무로 되어 있습니다. 이 쇳덩이에 나무를 끼워놓았는데 웬만큼 좋은 나무가 아니면 단번에 부러지고 맙니다. 쇠 못지않게 단단한 그런 나무라야만 도끼자루가 되는 것입니다. 눈에 보이는 나무라고 다 도끼자루가 되는 게 아닙니다. 아주 특별한 나무라야 되는데 이걸 얻기 위해서 "산에 같이 가자" 한 것입니다. 이제 올라가는데 산기슭에 곧게 자란 물푸레나무가 있거든요. "할아버지, 저것 물푸레나무입니다. 저것 찍어가지고 도끼자루 만들면 되겠습니다." "아니다. 따라와." 또 올라갔습니다. 한참 올라가는데 숨이 차서 못견디겠는데 "따라와." "저기도 그런 나무가 있는데요." "안돼." 자꾸만 올라갑니다. 산정까지 올라갔습니다. 숨차게 올라간 다음에 산꼭대기 바위틈에 있는 물푸레나무 한 그루를 딱 보고 "저걸 찍자." 그래 그걸 찍어가지고 내려옵니다. "할아버지, 똑같은 모양의 나무가 산밑에도 있었고 중턱에도 있었는데 왜 이렇게 높은 데까지 올라와서 이 나무를 꼭 찍어야 합니까?" 할아버지는 일러주었습니다. "그늘에서 자란 나무는 안된다. 그건 힘이 없다. 이 산꼭대기에서 바위틈에서 비바람을 많이 맞고 자란 나무라야 단단해서 도끼자루가 되느니라."

여러분, 알겠습니까? 편안한 가운데서 자란 그 나무는 쓰지 못합니다. 사람도 그렇습니다. 비바람을 많이 맞고 자란 그런 인격이라야 쓸모가 있는 것입니다. 편안해서는 안됩니다. 우리는 정월초하루가 되면 모두가 소원을 말한다고 합니다. 해돋이에 가서 소원을 빈다는데 하나같이 멍청한 사람들입니다. 왜냐? 그저 돈 잘벌고 잘되고 장가가고 시집가고 만사형통, 금년에는 장사가 좀 잘되고 모든 일이 잘됐으면 좋겠다…… 똑같은 말입니다. 아주 유치해서 못듣겠습니다. 뭐 저 정도밖에 안되나? 그렇게 만사형통하고 잘돼보세요, 쓰겠나? 미안합니다. 이혼하게 됩니다. 그걸 알아야 합니다. 여러분, 어려운 시련, 시련을 통해서 다져지고 굳어지는, 온전하게 되는, 오늘 성경말씀대로 '온전하여 구비하고 조금도 부족함이 없는' 이런 인격에 도달해야 되는데 그런 개념의 이야기가 한마디도 없습니다. 이것이 바로 우리네 오늘의 상태요 수준입니다.

성도 여러분, 믿음에도 두 가지가 있습니다. 잘 아시는 대로 나 중심의 믿음이 있습니다. 하나님을 믿습니다. 하나님의 능력도 믿고 하나님의 축복도 믿습니다. 복 받기 위해서 기도하고 몸부림치고 애를 씁니다. 그런데 이건 어디까지나 목적은 나 자신입니다. 나를 위해 하나님이 존재합니다. 나를 위해 하나님의 능력이 필요하고 지혜가 필요하고 축복이 필요합니다. 그래서 복을 받겠다는 사람 참 많습니다. 제가 이렇게 전국적으로 다니면서 부흥회를 인도하고 다니면서 보니 제일 괴로울 때가 언젠고 하니 예배 마치고 나올 때 "목사님" 하고 따라와서 "머리에 손 얹고 기도해주세요" 하고 내 손을 강제로 끌어다가 자기 머리에 대고 축복기도 해달라고 하는 것입니다.

뭐라고 기도하라는 말도 없습니다. 그저 복을, 복을, 복을…… 이렇게 해서 내가 너무 괴롭습니다. 한마디 말하는 것 그분이 알아들을 리가 없지요. 지금 정신없으니까…… 내가 이렇게 대답을 합니다. "복을 구걸하지 마세요." 거지행세 하지 말라고. 복 받겠다고 거지 노릇을 합니다. "복 주세요. 복 주세요." "죄송합니다. 당신이 원하는 그 복을 다 받는 날이면 당신 망할 것입니다. 그 소원성취 하는 순간 당신은 어떻게 될 것 같소?" 생각해 보세요. 이게 다 인간중심의 신앙입니다. 나 중심의 신앙입니다. 하나님 믿고 한다고 하지만 그 중심과 목적은 자기 자신에게 있습니다. 나 중심, 인간중심적 신앙입니다.

두 번째로 하나님 중심적인 신앙이 있습니다. 하나님이 목적입니다. 하나님의 영광을 위하여…… 그리고 그 능력과 지혜를 믿습니다. 동시에 사랑을 믿습니다. 다시 말합니다. 능력과 지혜와 사랑을 믿습니다. 그러니까 그의 하시는 일이 다 옳은 것입니다. 사망의 음침한 골짜기로 인도하셔도 그래야 되기 때문에 인도하시는 것입니다. 내가 때로는 병들어도 그것도 내게 필요한 것입니다. 많은 시련을 겪어도 있어야 됩니다. 그게 있어야 되는 것입니다. 있어야 될 것으로 믿습니다. 저는 언젠가 히브리사람들이 예배드리는 회당에 가서 예배를 드려 봤습니다. 그 기도하시는 분이 나와서 기도하는데 깜짝 놀랐습니다. 기도하는 중에 간구하는 말이 한마디도 없어요. "이렇게 찬양을 합니다. 이래서 하나님께 감사합니다. 이래서 주를 찬양합니다. 감사합니다. 감사합니다. 감사합니다." 하다가 마지막에는 이 말이 나옵니다. "이성으로써는 잠깐 이해가 가지 않습니다. 납득이 가지 않으나 이성의 비판을 누르고 하나님을 찬양합니다."

가슴이 콱 메입니다. '역시 수준 있는 기도다.' 내 머리로 생각할 때
는 이게 뭐 잘못된 것 같아. 마음에 안 들어. 하지만 이성의 비판을
누르고 하나님을 찬양합니다. 여러분, 이것이 하나님 중심적 신앙입
니다. 그에게 계획이 있습니다. 그는 나보다 크십니다. 그는 나보다
더 잘 알고 계십니다. 나를 나보다 더 잘 아십니다. 그 하나님을 믿
는 그런 신앙 이게 하나님 중심적 신앙이겠습니다.

오늘말씀에 "온전히 기쁘게 여기라" 합니다. 참 귀한 말씀입니
다. 새해 첫 주일에 무슨 말씀을 드릴까 하다가 이 말씀이 떠올랐습
니다. "온전히 기쁘게 여기라. 온전히 기쁘게 여기라." 무슨 말씀입
니까? 아주 귀한 말씀입니다. "여러 가지 시험을 당하거든 온전히
기쁘게 여기라." 놀라운 말씀이요 우리에게 가장 큰 힘과 능력을 주
는 말씀입니다. "여러 가지 시험을 만나거든"― 성경은 분명하게 말
씀합니다. 그 초점이 여기에 있습니다. "너희 믿음의 시련이……"
결국은 믿음에 초점을 맞추는 것입니다. 다시 말하면 있고 없고 건
강하고 병들고 그것 중요하지 않습니다. 믿음이 중요합니다. 살고
죽고가 중요한 것이 아닙니다. 믿음이 중요합니다. 잘되고 안되는
게 중요한 것이 아닙니다. 믿음이 중요합니다. 그렇습니다. 여러분
아시는대로 가정에서 제일 중요한 것이 뭡니까? 믿음입니다. 부부
사이에도 제일 중요한 게 뭡니까? 믿음입니다. 그 믿음이 점점 깊어
져야 됩니다. 제가 결혼주례 할 때 꼭 한마디씩 하는 게 있습니다.
"남편이 잘 때 몰래 핸드폰 뒤져보지 말라. 살살 눌러보고 이 번호
누구냐고― 이거 한번 들키면 다시는 사랑받을 생각 하지 마라. '저
여자가 나를 의심한다. 저 남편이 나를 의심한다.' 어떻게 사랑하겠
어요? 기초가 무너지는 것입니다. 믿음이 깨지면 다 깨지는 것입니

다. 죄송합니다. 하루종일 화장을 해도 예쁘질 않습니다. 왜요? 저 것이 요물이거든. 무슨 소용이 있습니까? 믿음이 없는데. 믿음이 가야 됩니다. 믿음이 가고 믿음을 심고 믿음이 점점 자라고 그 다음에는 다 믿습니다. 완전히 믿습니다. 물어볼 것도 없고 생각할 것도 없습니다. 내 사람 내가 믿습니다. 내 자식 내가 믿습니다. 여러분 생각해보세요. 가장 중요한 것입니다. 그래 베드로전서에서 보면 그러지 않아요? '금보다 귀한 믿음이라.' 요한계시록 3장 18절에도 그래요. 모든 것 중에 제일 귀한 것이 믿음입니다. 그런고로 오늘 말씀합니다. "믿음의 시련이……" 믿음을 갖게 하고 믿음을 자라게 하고 믿음을 튼튼히 하고 더구나 하나님과의 관계에서의 믿음─ 상상을 해보세요. 얼마나 귀한 일입니까? 완전히 하나님을 믿고 보면 걱정될 게 하나도 없습니다. 하나님 다 알아서 하시니까요. 하나님께서 사랑하시는 것이니까요. 하나님의 사랑 안에 그 계획 속에 이것이 있습니다. 하나님의 능력에 그 경륜 속에 내가 있습니다. 하나님께서 나보다 더 잘 아시거든요.

개인적인 얘기입니다마는 제가 미국에서 돌아와가지고 사실 한 5개월 동안 직장이 없이 쉬었습니다. 한경직 목사님이 한번 오라고 해서 갔더니 세 곳 이야기를 해요. 이러이러한 곳 세 곳이 있는데, 다 내가 추천을 하면 갈 수가 있는데 어느 쪽으로 가든지 하나 선택하라고 그래요. 그래 제가 그때 그랬습니다. 지금 생각해봐도 그때 어떻게 그 말을 했는지 모르겠어요. "한목사님! 저보다 저를 더 잘 아십니다. 제가 아는 것은 요것뿐이고 목사님은 더 잘 알고 계십니다. 모든 환경도 아시고 나 자신도 나보다 나를 더 잘 아신다고 생각합니다. 그런고로 목사님이 결정하세요."했더니 한목사님 껄껄 웃으면서 "믿음은 좋은데 내가 책임이 크구먼! 내가 계시 받은 것도 없고 어떡하누?" 한참 망설이더니 "이리 가라!" 결정을 해주었습니다. 그 것이 소망교회를 세우는 계기가 된 것입니다. 여러분, 내가 결정하고 싶어요? 결정권을 반납하면 안되겠어요? 내가 꼭 판단을 해야 되겠어요? 판단의 지혜를 하나님께 반납하세요. "주여, 뜻대로 하소서. 당신 뜻대로 하소서. 살든지 죽든지 상관하지 않습니다." 이것이 믿음입니다. 이 믿음에 도달해야 됩니다. 마르틴 루터는 말합니다. '믿음 그것은 right relationship with God.' 이렇게 정의합니다. '하나님과의 바른 관계, 하나님을 하나님으로 아는 것이 믿음이요, 하나님을 하나님으로 받아들이고 그와 바른 관계를 맺는 것이다.' 여러분, 어떻겠습니까? 그런고로 믿음의 시련 이거 뭡니까? 믿음에 방해되는 것, 믿음 아닌 것, 믿음일 수 없는 것 다 제거합니다. 이 찌꺼기를 다 제거합니다. 그리고 순수한 믿음에 도달합니다. 고귀한 믿음, 높은 믿음, 큰 믿음, 위대한 믿음에 도달하게 만드십니다. 그리하면 아무 걱정도 없습니다.

　여러분, 기도할 때 소원이 많고 어떤 사람은 새벽기도 마치고 가다가 서 있더라고요 가다말고 서서 중얼거리기에 내가 다가가 물어봤습니다. "지금 뭘 하는 거요?" "아까 기도 빠뜨린 게 있어서 지금 마저 하느라고요" 참 유치하기는…… 그렇게 해야 되겠어요? 꼭? 왜 하나님 앞에 잔소리가 많아. 잔소리 많은 마누라처럼 잔소리가 많아. 그거 아무 책임도 못질 건데요 무책임하고 하찮은 짓 아닙니까? 안되겠어요? "주여, 뜻대로 하옵소서." 그거 안되겠어요? 예수님 보세요. "내 뜻대로 마옵시고 아버지의 뜻대로 하옵소서." 끝. 그리고 십자가를 지십니다. 그렇게 하면 안되겠습니까? 그 외마디

기도면 안되겠어요? 왜 이렇게 말이 많아요? 그러니까 복잡합니다. 금년 어쩌고어쩌고 그러지 마세요. 그저 "내 주여, 당신 선하신대로 하시옵소서. 나는 따르겠나이다." 이렇게 출발하면 안되겠습니까? 믿음, 내 믿음을 위하여 시련은 있습니다. 내 믿음의 시련으로 내 믿음을 단련하세요. 훈련을 시켜서 강하게 만드세요. 많은 과정이 필요하고 많은 고통도 따르고 아픔도 있습니다. 여러분, 육체의 건강을 위해서 운동을 하십니까? 그 운동이라는 게 별겁니까? 몸을 아프게 하는 것입니다. 근육을 아프게 하는 것입니다. 다리가 뻣뻣하고 어깨가 아프고 그래야 운동이 되는 거지 편안하게…… 그럼 숨도 쉬지 말아야지. 운동이라는 게 뭡니까? 괴롭히는 것입니다. 내 몸을 스스로 괴롭히는 것입니다. 그래서 강하게 만드는 것입니다. 믿음 안에서 보면 시험이란 시험이 아니고 시련입니다. 헬라어로 페라조라는 말은 시험이라는 말도 되고 시련이라는 말도 됩니다. 시련-훈련시키는 것입니다. 여기에 의미가 있습니다.

또 목적이 있습니다. 아니, 사랑이 있습니다. 깊은 사랑이 이 시련 속에 있는 것입니다. 그런고로 오늘성경은 말씀합니다. '기뻐하라. 여러 가지 시험을 만나거든 기뻐하라.' 기뻐함에 도달하는 그 수준의 믿음이 돼야 합니다. 유명한 정신과의사인 M. Scott Peck이라고 하는 분이 쓴 「The Road Less Traveled」라고 하는 책이 있습니다. 그 책에서 그는 정신과의사로서 많은 환자들을 대하면서 '어떻게 하면 저 사람들을 치료할 수 있을까?' 연구하고 경험하고 실험하고 얻은 결론을 몇 마디로 말해줍니다. 첫째가 책임을 지라는 것입니다. 정신과 오는 환자들은 하나같이 자기 책임을 남에게 돌립니다. 부모에게 돌리고 형제에게 돌리고 누구 때문이고 세상 때문이고 나라 때문이고 정치 때문이고…… 이러다가 정신병자가 되는 것입니다. 정신이 건강한 사람은 남에게 책임을 돌리지 않습니다. 내 책임입니다. 내가 책임을 지는 것입니다. 내가 책임을 질 때 그게 인격이요 책임을 지는 순간 적어도 50%는 치료가 된다는 말입니다. 그 다음에는 내가 많은 고통도 당하고 시련도 당합니다. '이건 필요한 것이다. 내게 필요한 것이다.' 그렇게 생각을 합니다. '이 모든 어려움은 내게 꼭 유익한 것이다.' 그걸 진실하게 인정을 하기 시작하면 병이 낫는다는 것입니다. '그래서 삶의 균형을 잡아가야 한다'라고 말합니다. 여러분, 우리는 이 많은 시련을 통해서, 다 겪고 난 다음에 저 끝에 가서 '그랬다. 그것은 있어야 했다. 아…… 그런 시련 그런 어려움은 있어야 했다. 고통은 있어야 했다.'라고 간증을 하기도 합니다. 그것은 1단계 믿음입니다.

한 단계 더 높은 단계의 믿음은 다 지난 다음에 간증하는 것이 아니고 아직도 고통을 겪기 전에 미리 생각합니다. 이 시련은 유익한 것이다. '이건 내게 필요한 것이다.' 시련을 당하면서 미리 기뻐하는 것입니다. "여러 가지 시험을 만나거든 온전히 기쁘게 여기라." 미리 기뻐하는 것입니다. 여러분 아시는대로 이스라엘 백성이 애굽에서 나왔습니다. 40년 동안 광야에서 헤맵니다. 그 역사를 자세히 보면 마음 아픈장면이 있답니다. 원래 이스라엘 백성이 가데스바네아까지 왔거든요. 요단강만 건너가면 바로 가나안 땅입니다. 거기까지 왔었어요. 그리고 정탐꾼을 보내고 그랬는데 이제 곧 요단강을 건너가면 되는 그 순간에 자격미달이 됐습니다. 정탐꾼의 보고를 받으면서 온백성이 하나님을 원망하게 됩니다. 여호수아와 갈렙만 빼놓고는 모두가 하나님을 원망합니다. 바로 그 순간입니다. 하나님께

서 크게 노하십니다. '다시 돌아가.' 성경에 보면 회진했다고 그랬습
니다. 광야로 다시 돌아가는 것입니다. 돌아가서 40년을 머무르게
됩니다. 왜요? 자격미달입니다. 어떤 자격이냐? 믿음이 부족합니
다. 믿음의 수준이 못됩니다. 다시 돌아가서 40년을 광야에 헤매게
됩니다.

　여러분, 신앙생활도 그런 것입니다. 여러분, 과거의 시련 생각
하시지요? 유익했어요? 과거의 모든 어려운 일들이 이제서 생각하
니 다 유익했던 것입니다. 또 현재의 시련 이건 당연하다고 받아들
여야 됩니다. 있어야 할 것이 있는 것입니다. 미래의 시련, 그것은
축복으로 주어지는 것이라고 믿는 것입니다. 앞에 있는 시련도 우리
에게 분명히 축복일 것입니다. 그런고로 믿음의 시련, 보다 순수한
믿음, 보다 더 하나님 중심적으로 그리고 그 믿음으로 현실을 봅시
다. 예외가 없습니다. 작은 일이든 큰일이든 그 속에 세밀한 하나님
의 은총이, 하나님의 축복이, 하나님께서 나를 사랑하시는 그 사랑
이 확증되어 있습니다. 여러분, 새해에는 너무 복잡한 기도 하지 맙
시다. 그 속에서 복잡하게 들끓는 그런 신앙생활 하지 맙시다. 좀 시
원하게 하나님의 넓고 귀한 세계를 바라보면서 '주여, 당신 뜻대로
하시옵소서. 나는 주를 찬양하겠습니다' 할 것입니다. "여러 가지 시
험을 만나거든 온전히 기쁘게 여기라." 이 믿음에 도달해야 할 것입
니다.　△

네 말이 참되도다

　예수께서 대답하여 가라사대 이 물을 먹는 자마다
다시 목마르려니와 내가 주는 물을 먹는 자는 영원히
목마르지 아니하리니 나의 주는 물은 그 속에서 영생
하도록 솟아나는 샘물이 되리라 여자가 가로되 주여
이런 물을 내게 주사 목마르지도 않고 또 여기 물 길
러 오지도 않게 하옵소서 가라사대 가서 네 남편을
불러오라 여자가 대답하여 가로되 나는 남편이 없나
이다 예수께서 가라사대 네가 남편이 없다 하는 말이
옳도다 네가 남편 다섯이 있었으나 지금 있는 자는
네 남편이 아니니 네 말이 참되도다 여자가 가로되
주여 내가 보니 선지자로소이다 우리 조상들은 이 산
에서 예배하였는데 당신들의 말은 예배할 곳이 예루
살렘에 있다 하더이다 예수께서 가라사대 여자여 내
말을 믿으라 이 산에서도 말고 예루살렘에서도 말고
너희가 아버지께 예배할 때가 이르리라 너희는 알지
못하는 것을 예배하고 우리는 아는 것을 예배하노니
이는 구원이 유대인에게서 남이니라 아버지께 참으
로 예배하는 자들은 신령과 진정으로 예배할 때가 오
나니 곧 이 때라 아버지께서는 이렇게 자기에게 예배
하는 자들을 찾으시느니라 하나님은 영이시니 예배
하는 자가 신령과 진정으로 예배할지니라
　　　　　　（요한복음 4 : 13 - 24）

네 말이 참되도다

성도 여러분, 우리가 상식적으로 알고 있는 3대 거짓말이 있습니다. 첫째, 노처녀의 시집 안간다는 말, 그건 거짓말이고요, 장사꾼이 본전 밑지고 판다는 말, 그것도 거짓말이고요, 어른들이 몸이 괴롭고 마음대로 안되면 이젠 내가 죽어야지 하는 것도 거짓말입니다. 상식적으로 아는 아주 드러낸 거짓말입니다. 어느 방송사에서 명절을 당해서 시어머니와 며느리 사이를 한번 짓궂게 2,000명을 상대로 설문조사를 했더랍니다. 별로 좋은 일은 아닙니다. 그런데 시어머니가 며느리에게 하는 거짓말입니다. 그럴 듯하더라고요. 그런 얘기 다하려는 게 아니고 1위, 제일 많이 하는 거짓말이 이것입니다. "아가야, 나는 너를 내 친딸처럼 생각한단다." 그거 거짓말입니다. 며느리가 시어머니에게 하는 거짓말 그것도 꽤 많습디다. 1위가 뭐냐 하면 이것입니다. "어머님, 저도 어머님같은 시어머니가 될래요." 그것도 거짓말입니다.

여러분, 진실이 문제입니다. 그런 생각 해보았습니까? 정초가 되면 사람들이 이렇게 마이크를 들이대고 "금년소원이 뭡니까? 소원이 뭡니까?" 이렇게 물어보는데 "장사가 잘되고 만사형통하고……" 참 유치합니다. 정말입니다. 저는 자세히 보면서 그 중에 이런 사람 하나 있으면 내가 수소문해서 찾아가서 특별히 인사를 할 겁니다. 어떤 사람이냐? "금년에는 거짓말 안하고 살았으면 좋겠습니다." 그런 사람이 있다면 제가 꼭 찾아갈 마음이었습니다. 없더라고요. 이게 바로 우리 형편입니다. 무엇이 문제입니까?

　오늘본문을 자세히 제가 며칠 전에 읽다가 여기서 큰 감동을 받고 은혜를 받았습니다. 이게 뭐냐? 예수께서 사마리아 여인에게 말씀하십니다. '네 말이 참되도다. 네 말이 진실하다' 딱 한마디 하셨습니다. '네 말이 참되다 네 말이 참되다' 아! 이거 참 귀한 말씀입니다. 사마리아 여인이 그렇게 깨끗한 사람도 아니고 선한 사람도 아니고 의로운 사람도 아닙니다. 그러나 예수님께서 크게 칭찬하십니다. "네 말이 참되도다." 이 얼마나 귀한 말씀입니까? 이 요한복음 4장을 보면 참 귀한 하나의 긴 이야기가 나옵니다. 예수님과 제자들 일행이 사마리아 근방을 지나가다가, 수가 성을 지나가다가 우물가에 앉았습니다. 예수님께서는 우물가에서 잠깐 쉬시고 제자들은 음식을 구하러 수가 성이라는 마을로 들어갔습니다. 가서 뭘 좀 구해 오려고 음식을 사러 갔던 것같습니다. 예수님께서 홀로 우물가에 앉아 계시는데 그 시간에 한 여인이 물을 길러 왔어요. 때가 제 육시라고 되어 있는데 이게 우리말로 말하면 정오입니다. 이스라엘 나라의 정오는 굉장히 더운데 혼자서 이 땡볕에 물을 길러 온 것입니다. 틀림없이 그 속에 사연이 있습니다. 본래 이스라엘 사람들은 햇볕이 너무 뜨겁기 때문에 이걸 구별합니다. 그래서 아침 일찍 일을 하고 저녁에 일을 하고 낮에는 쉽니다. 너무 뜨거워서입니다. 아침 일찍이 물을 길러 오든지 아니면 저녁 서늘할 때 물을 길러 옵니다. 그것도 많은 여인들이 떼를 지어서 서로 동네방네 얘기를 나누며 물을 길러 옵니다. 이렇게 와서 물을 채워서 가는데 이 여자는 혼자 왔습니다. 그러니 깊은 사연이 있는 것입니다. 아마 딱 보시자마자 예수님께서 벌써 알아보셨을 것입니다. '이 여자가 깊은 사연이 있구나!' 그래서 예수님께서 일단 먼저 말을 거십니다. "물 좀 달라." 두레박

이 없으니 물을 길을 수가 없지요. 우물가에 앉아서 목마르신 것입니다. 그래서 "물 좀 달라"하시니 "그러시죠." 우물가에 앉아서 물한 그릇 대접하는 것 얼마나 쉽습니까? 근데 이 여자가 콤플렉스가 있는 여자입니다. 굉장히 갈등이 있는 여자입니다. 마음속에 울분이 있습니다. 딱 한마디 하는 것입니다. 이스라엘 사람이 왜 이방여자 사마리아 천한 여자에게 물을 달라 하느냐고 합니다. 이런 여자가 어디 있어요? 간단하게 할 수 있는 선행인데 이렇게 불쑥 예수님께 반항을 합니다. 좋지 않은 말을 합니다. 이때 예수님께서 신비로운 말씀을 하십니다. "내가 네게 물을 달라고 했지만 네가 내가 누군지 알았더라면 반대로 네가 내게 물을 달라고 했을 것이다. 내가 주는 물은 영원히 목마르지 않는다. 뱃속에 들어가 솟아나서 샘물이 돼서 영원히 시원하게 목마르지 않는 그런 물을 가진 사람이다. 그러니 네가 내게 물 달라고 할 처지인데 네가 어째서 그렇게 물 한 그릇 주는 걸 못마땅해하느냐?"하는 말씀입니다. 이 여자 보세요. 말귀 못 알아듣는 사람하고 얘기하기가 이렇게 힘이 듭니다. "그런 물을 내게 주어서 다시 물 길러 오지 않게 해주세요." 이렇게 말합니다. 참으로 이야기가 통하지 않는 이런 여자입니다. 그때에 예수님께서 한 말씀 하십니다. '그래. 내가 네게 그 영원한 생수, 시원한 생수를 줄 것이다. 단 조건이 하나 있다. 네 남편을 데려오라.' 이 여자가 대답합니다. "제게는 남편이 없습니다." 이에 예수님께서 말씀하십니다. '네 말이 옳도다. 참되도다. 이 한마디만은 진실하다.' 칭찬하셨습니다. 그리고 예배에 대한 귀중한 교훈을 이 여자에게 말씀하고 계십니다. 아주 격상되고 크게 은혜받은 그런 사마리아 여인이 됐습니다. 자, 이제 보세요. 그러면 왜 남편을 데려오라 했느냐? 이 여자

대답이 뭐냐 하면 "남편이 없습니다." 예수님께서는 다 알고 계셨습니다. '네 남편 없다는 말이 옳도다. 네게는 남편 다섯이 있었는데 지금 있는 남편은 네 남편이 아니니 네 말이 참되도다.' 자 여러분, 어떻게 생각하십니까? 팔자가 기구한 여자입니다. 남편이 죽었는지 살았는지 버렸는지 모르겠습니다마는 어쨌든 이렇게 저렇게 해서 지금 있는 같이 사는 남편이 있습니다. 그러나 그건 자기 남편이 아닙니다. 남의 남편 뺏어서 사는 것입니다. 지금 남의 집에 첩으로 있는 것입니다. 그러니까 다른 사람들이 물으면 '남편 있지. 내가 같이 자는 사람 있지. 같이 사는 사람 있지. 있고말고! 내게는 남편이 있어.' 그러나 오늘 이 여자는 예수님 앞에서는 그렇지 않았습니다. 마음이 열렸습니다. '전 남편이 없습니다. 데리고 사는 것뿐입니다. 나는 지금 불법으로 편법으로 살고 있을 뿐이고 진짜 남편은 없습니다.' 그때에 예수님 말씀하십니다. "네 말이 참되도다." 사람 앞에서는 남편 있다고 말할 사람입니다. 박박 대들고 당당하게 내 남편이지, 예수님 앞에서는 아닙니다. '남편 아닙니다. 저는 남편이 없습니다.' 이 한 마디만은 참말이었습니다. 그래서 예수님께서 크게 칭찬하시는 것입니다. '네가 하는 말이 옳도다.' 모처럼 진실했던 것입니다. 정직해진 것입니다. 좀더 깊이 말씀을 드린다면 이 여자가 예수님을 만난 게 아니라 예수님께서 이 여자를 찾으신 것입니다. 그래서 물 좀 달라고 하셨습니다. 그리고 생수에 대한 말씀도 하십니다. 예수님께서 이 여자에게 가까이 가고 계신 것입니다. 계속해서 말씀으로 접근해가고 계십니다. 그럴 때 예수 그리스도를 만나기 시작한 이 여자의 마음은 어떠냐? 진실해집니다. 다른 사람 앞에는 다 남편 있다고 할 수 있지만 예수님 앞에는 어느 사이에 마음이 열렸습니다. 마음이 겸손해졌습니다. 마음에 진실이 왔습니다. '같이 사는 사람은 있어도 저는 남편이 없습니다.' 그래서 예수님께서 칭찬하시는 것입니다. 예배자의 기본자세입니다. 바로 신령한 상태가 진실입니다.

예배는 뭡니까? 하나님 앞에 진실한 것입니다. 하나님 앞에 정직한 것입니다. 우리가 하나님께 나가기 전에 하나님께서 우리에게 먼저 찾아오십니다. 우리를 만나주십니다. 만나는 장소, 만나는 시간 그것이 바로 예배라는 말입니다. 임마누엘하십니다. 역사적으로 예수께서 이 땅에 오십니다. 말씀이 육신 되어, 사람이 되어서 이 땅에 오셔서 우리를 만나주십니다. 만나주십니다. 우물가에 앉은 여자를 만나주시는 것처럼 말입니다. 만나주시는 그리스도를 우리가 영접해야 됩니다. 그리스도 앞에 가까이 나갈 때 나도 모르게 벌써 마음이 열리고 진실한 상태가 된다는 말입니다. 정직한 상태가 됩니다. 그래서 경배하고 그래서 섬기는 바로 이것이 예배입니다. 히브리말로 예배라는 단어에 둘이 있습니다. 하나는 '시시다 하퍄'라고 합니다. 이 말은 경배한다는 말입니다. 엎드려 절하는 것입니다. 우리말로 우리가 늘 옛날에 정초 때 되면 허리를 굽히고 엎드려 절하지 않습니까? 그 절하는 것을 말하는 것입니다. 엎드려 절하는 것, 또하나의 단어가 있습니다. '아바드'라는 말이 있습니다. 이것은 일한다, 봉사한다, 특별히 섬긴다는 뜻입니다. 하나님을 섬긴다— 이것이 예배입니다. 그래서 영어번역이 아주 재미있습니다. worship service라고 합니다. worship—경배한다는 뜻이고 service봉사한다는 뜻입니다. 영어로는 두 단어로 씁니다. worship service 이게 바로 예배입니다. 깊이 생각해야 되겠습니다.

　　이사야 6장에 보면 이사야가 하나님의 성전에 들어가서 하나님을 만납니다. 하나님의 영광을 봅니다. 영광을 보는 순간 첫 번째 반응이 "나는 죄인입니다" 한 것입니다. '나는 죄인입니다. 죄인 중에 있습니다. 영원히 멸망 받을 수밖에 없는 죄인입니다' 하고 탄식을 합니다. 그 다음에 또다시 하나님의 은혜 가운데서 그는 주님의 음성을 듣습니다. "내가 누구를 보낼꼬?" 예배하는 가운데 주의 음성이 들립니다. "내가 누구를 보낼꼬?"할 때 이사야가 감히 "제가 가겠습니다. 내가 여기 있습니다." 이런 사명을 받습니다. 바로 이런 과정들이 예배하는 과정이요, 예배하는 자세입니다.

　　오늘 본문에서 우리가 알아야 할 부분이 바로 이것입니다. 딱 한마디의 진실이 있었습니다. '나는 죄인입니다. 내게는 남편이 없습니다. 내 잘못을 알고 있습니다.' 바리새인과 세리가 성전에 올라가서 기도를 합니다. 성경에 기록된대로 보면 바리새인은 장황하게 기도합니다. 세리의 기도는 딱 한마디입니다. "나는 죄인입니다" 그런데 '세리의 기도가 하나님 앞에 상달하고 응답을 받았다'라고 예수님께서 말씀하십니다. 여러분, '나는 죄인입니다'— 이 말까지 거짓말이라면 어떻게 되겠습니까? 영영 구제 불가능합니다. 이것이 수단이라면 그는 구원받을 수가 없는 것입니다. 여러분, 우리 가정을 편안하게 하려면 흔히 말하기를 세 가지 말을 해야 한다고 말합니다. 결혼주례사 할 때 하는 말입니다. '감사합니다.' 작은 일이나 큰일이나 '고맙습니다.' 밥 한 그릇, 물 한 그릇이라도 '고맙습니다.' 아랫사람 윗사람 관계없습니다. 누가 주든지 받을 때마다 '감사합니다. 감사합니다. 고맙습니다.' 이 말이 많아야 그 가정이 행복한 가정이고 또 하나는 '미안합니다.' 내가 하고 싶은 만큼 하지 못하고 기대치에 미치지 못합니다. '미안합니다.' 하는 말입니다. 그다음에 '사랑합니다.' 이 세 마디가 꼭 필요하다고 합니다. '감사합니다. 미안합니다. 사랑합니다.' 그런데 이 말이 거짓말이라면 어떡하겠어요? 여기에 진실이 없다면 이건 끝나는 거 아닙니까?

로마서 12장 9절에 보면 "사랑에는 거짓이 없나니……" 사랑에는 거짓이 없습니다. 상담을 많이 해봤습니다. 어떤 부인들이 와서 자기네 가정얘기를 합니다. 남편얘기를 합니다. 남편이 술을 많이 마시고 폭군적이고 요새말로 바람도 피우고…… 듣다 못해 내가 이렇게 말합니다. "아주머니, 살 거요 말 거요? 어느 수준에 왔습니까?" 했더니 딱 한마디 하는 걸 많이 들었습니다. "그저 바람을 피워도 좋고 속을 좀 썩여도 좋습니다. 딱 하나 있습니다. 거짓말만 안하면 살겠습니다." 왜요? 그건 인격에 침해를 받기 때문입니다. 번번이 거짓말 하는데 이제는 지쳐서 더 견딜 수가 없대요. 남편이 잘하고 못하고 문제가 아닙니다. 진실이 없습니다. 잘못했다고 하는데 이게 아닙니다. 이 말 한마디도 거짓말입니다. 그러면 어떻게 살겠어요. 인격은 무너지고 마는 것입니다. 깊이 생각해야 합니다. 예수님 십자가에 돌아가실 때 옆에 있던 강도, 여러분 잘 아시잖아요. 한평생 강도질하고 살았지만 마지막시간 십자가 옆에서 죽어가면서 한마디 합니다. '나는 죄인입니다. 우리가 하는 일은 다 죄요. 그리고 죽어 마땅한 죄입니다. 나는 죄인입니다.' 딱 한마디 하고 천당 갔습니다. 이걸 잊지 말아야 합니다. 진실이 이만큼 중요한 것입니다.

'거짓말' 하면 꼭 생각나는 얘기가 하나 있습니다. 철학의 아버지라고 하는 임마누엘 칸트의 아버지에 대한 얘기입니다. 옛날에 말을 타고 다닐 때 말에다가 짐을 다 싣고 말을 타고 멀리 갔다가 돌아오는 길에 자기집이 가까웠는데 지금 빨리 재촉해서 집으로 가야 하겠는데 강도를 만났습니다. 강도가 딱 둘러서서 "내려봐." 그리고 짐을 다 내린 다음에 "이게 다냐?" 그랬어요. "예 다입니다." "됐어. 말도 여기 놔두고 짐도 여기 놔두고 몸만 가라"고 그래서 죽지 않고 살아서 집으로 가게 됩니다. 다시 또 따라올까봐 헐레벌떡 뛰어서 집으로 도망가고 있는데 언덕을 올라가다 보니 주머니가 묵직해요. '이게 웬일인가?' 하고 봤더니 주머니 속에 금덩이가 있어요. 혹 잃어버릴까 주머니에 넣고 바늘로 꿰맸던 것입니다. 이게 잡힌 것입니다. 다시 돌아갔어요. 강도에게 가서 말합니다. "아까 그것이 다냐? 했는데 내가 거짓말했어요. 제가 경황 중에 이렇게 말했는데 미안합니다. 여기 금덩이가 있습니다." 그걸 꺼냈습니다. 그러니까 강도들이 숙연해졌습니다. 누구 하나 이걸 와서 받아가는 사람이 없었습니다. 강도 괴수가 말했습니다. "이놈들아! 이런 어른의 것을 빼앗으면 벌받아. 다 돌려드려라"그랬어요. 말이고 짐이고 다 돌려받아서 집으로 무사히 돌아왔대요. 아주 드라마틱하지 않습니까? 그러나 이분은 뭘 생각했습니까? 거짓말 한마디면 자기 온 인격이 다 무너지는 것입니다. 여러분, 이건 지금 너무나 먼 얘기처럼 들리지요? 그러나 진실은 그만큼 중요한 것입니다. 순교자가 누군데요? 거짓말 한마디 안하기 위해서 생명을 받치는 거 아닙니까?

죄송합니다마는 제 개인 얘기를 합니다. 나이들다보니까 이런 얘기도 좀 하게 됩니다. 제가 19살 때입니다. 교회에 가서 수요일 저녁에 예배를 드리고 나오다가 붙들렸습니다. 광산에 끌려가게 됩니다. 강제노동수용소에 가서 하루종일 경찰서에 있었습니다. 그리고 이제 하루를 지내고 다음날 밤에 사람들을 모아가지고 밤에 행진을 할 모양입니다. 뭐 정말 지쳤습니다. 하루종일 있었는데 제가 오후가 돼가지고 거기 책임자에게 얘기했습니다. "동무, 미안하지만 제가 여기서 잠깐 나가서 세 시간 동안 시간이 있으니까 교회에 갔다올 마음이 있어. 교회에 가서 기도하고 다시 오겠는데 나 좀 놔 줄 수 없겠나?" 어떻게 생각했는지 그 책임자가 "갔다 오라" 해서 "그래요" 하고 나왔지요. 이제 도망가면 되는 것입니다. 그러나 그럴 수 없지요. 교회에 가서 기도하고 (지금도 잊지 않습니다) 찬송가를 부르는데 조그마한 오르간을 치면서 "내 주여 뜻대로 행하시옵소서. 살든지 죽든지 뜻대로 행하시옵소서." 그 찬송을 세 시간 불렀어요. 제가 지금도 외워서 치는 찬송은 그것밖에 없어요. 계속 찬송을 치면서 이걸 불렀어요. 그리고 다시 내 발로 들어갔어요. 갔더니 그 책임자가 뭐라는지 아십니까? "왜 왔어요?"그래요. 왜 도망가지 왔느냐, 이것입니다. 오겠다고 했으니 와야지. 그래 제가 광산에 끌려가서 7개월 동안 무진 고생을 했어요. 여러분, 진실이 이처럼 중요한 것입니다. 생명을 걸어야 됩니다. 진실이 없다면 무엇이 필요합니까?

예배자의 마음에 근본은 진실입니다. '하나님, 나는 죄인입니다.' 진짜입니다. '사랑하겠습니다.' 참말입니다. '나는 아무것도 아닙니다.' 이거 참말입니다. 예배자의 마음속에 거짓이 있어서는 안 되는 것입니다. 세계적인 피아니스트 파데레프스키라고 하는 분이 있습니다. 폴란드 분인데요 그는 유명한 피아니스트입니다. 그런데 이런 세계적인 피아니스트가 된 다음에도 하루에 여섯 시간씩 피아노를 칩니다. 여섯 시간씩 연습을 합니다. 유명합니다. 그래서 "아니, 이렇게 세계적인 피아니스트가 되었는데 왜 그렇게 피아노를 계속 연습하십니까?" 그에게 명언이 있습니다. "하루를 연습하지 않으면 내가 나를 알고 이틀을 연습하지 않으면 평론가가 알고 사흘을 연습하지 않으면 관객들이 압니다. 내가 계속 피아니스트의 이 수준을 유지하려면 진실되게 계속 연습하고 있어야 합니다." 여러분, 진실을 지켜갑시다. 다른 것 다 없어도, 좀 있으면 어떻고 없으면 어떻습니까? 그저 형편맞게 삽시다. 그러나 우리가 한 해 한 해 지나가면서 가져야 될 자세는, 예배자의 마음은 여기에 있습니다. 예배하는 자는 신령과 진정으로, 신령과 진리로 예배할 때마다 진리를 재점검하는 것입니다. 그것이 예배입니다. 그럴 때에 하나님 앞에 가까이 가는 것입니다. △

나를 대신하여 깨우치라

    칠 일 후에 여호와의 말씀이 내게 임하여 가라사대 인자야 내가 너를 이스라엘 족속의 파숫군으로 세웠으니 너는 내 입의 말을 듣고 나를 대신하여 그들을 깨우치라 가령 내가 악인에게 말하기를 너는 꼭 죽으리라 할 때에 네가 깨우치지 아니하거나 말로 악인에게 일러서 그 악한 길을 떠나 생명을 구원케 하지 아니하면 그 악인은 그 죄악 중에서 죽으려니와 내가 그 피 값을 네 손에서 찾을 것이고 네가 악인을 깨우치되 그가 그 악한 마음과 악한 행위에서 돌이키지 아니하면 그는 그 죄악 중에서 죽으려니와 너는 네 생명을 보존하리라 또 의인이 그 의에서 돌이켜 악을 행할 때에는 이미 행한 그 의는 기억할 바 아니라 내가 그 앞에 거치는 것을 두면 그가 죽을지니 이는 네가 그를 깨우치지 않음이라 그가 그 죄 중에서 죽으려니와 그 피 값은 내가 네 손에서 찾으리라 그러나 네가 그 의인을 깨우쳐 범죄치 않게 하므로 그가 범죄치 아니하면 정녕 살리니 이는 깨우침을 받음이며 너도 네 영혼을 보존하리라

(에스겔 3 : 16 - 21)

나를 대신하여 깨우치라

여러 해 전에 한번 괌 도를 방문하고 제 후배가 가서 목회하고 있는 교회에서, 교포들을 위한 교회에서 부흥회를 인도한 일이 있었습니다. 부흥회를 인도하는 중에 오후시간에 좀 한가한 시간을 만들어서 본 교회 목사님과 함께 괌도를 드라이브해서 한번 구경해보았습니다. 산중에 차를 멈추고 보자 하니 별로 볼만한 경치도 없는 데서 차를 세우고 나더러 내리라고 합니다. "왜 그러냐?" "어쨌든 내려보세요." 내리고 그 다음에 숲을 뚫고 지나서 이만큼 가서 조그마한 동굴이 있는 것을 보았습니다. 동굴 앞에 서서 목사님은 이렇게 설명을 해주었습니다. 이 동굴이 유명한 동굴입니다. 태평양전쟁 말기에 일본군 패잔병 하나가 총 하나를 들고 이 동굴로 들어가 숨었습니다. 그리고 많은 군인들이 다 죽고 어려움을 당할 때에 이 군인은 살아남았습니다. 그리고, 놀라지 마세요. 그 동굴에서 27년 간 살았습니다. 다행히 괌 도는 춥지는 않습니다. 그리고 숲속에 이러저러한 먹을거리가 좀 있습니다. 나무 열매들이 많이 있어요. 이걸 먹으면서 혼자서 27년 간 살았습니다. 그리고 마침내 그 주민에게 발견이 돼서 이제 나왔는데 그렇게 산 이유는 간단합니다. 전쟁이 끝난 것을 몰랐다. 전쟁이 끝났다는 것을 몰랐어요. 그리고 군사 훈련하느라고 비행기가 떴다 내렸다 하고 함포사격 연습을 하고 꽝꽝 하니까 '아직도 전쟁을 하고 있구나. 전쟁은 아직 끝나지 않았구나. 아…… 다 죽었는데 나 하나만 살았구나.' 그러면서 27년. 생각해보세요. 이 사람이 20살에 들어갔으면 지금 몇 살입니까? 한평생을 그렇게 보낸 사람이 있습니다. 이 사람이 여기서 나왔고 그 사람이 들고 있던 낡아빠진 총 한 자루, 27년 동안을 입었다는 그 옷. 박물관에 보관되어 있습니다. 제가 자세히 보면서 감회가 남달랐습니다. '어찌 이럴 수가 있나……' 전쟁이 끝났다는 그 '단 복음' '한마디 복음'을 듣지 못해서 한평생을 이렇게 보내고 말았더라고요.

여러분, 소식이라는 게 얼마나 중요합니까? 원래 이 '복음'이라는 말, '유앙겔리온'이라는 말이 기쁜 소식이라는 뜻입니다. 좋은 소식 들어야 합니다. 또 여러분 잘 아는대로 건강을 위해서도 좋은 약 방문, 좋은 의사에 대한 얘기, 좋은 병원, 딱 한마디 들은 것으로 해서 죽을 사람이 살기도 하는 것입니다. 그런데 꼭 들어야 할 복음을 듣지 못했을 때 그 인생은 완전히 망가지는 것입니다. 오늘성경말씀은 그래서 에스겔을 향하여 하나님 말씀하십니다. 포로되어 가 있는 이스라엘 백성에게 메신저를 보내십니다. 그런데 별명을 지어서 하나님 말씀하시기를 '너는 파수꾼이다' 하십니다. 파수꾼이라는 사명을 주셔서 선지자를 이스라엘 백성에게 보냈습니다. 여러분 아시는 대로 파수꾼은 불침번입니다. 생명과 재산을 보호하는 대단히 중요한 사람입니다. 그 계급은 상관이 없습니다. 파수꾼이라는 사명 그 자체가 너무나도 막중한 것입니다. 그 책임이 막중합니다. 파수꾼은 반드시 깨어 있어야 합니다. 졸면 안됩니다. 또 현명한 통찰력이 있어야 됩니다. 건강해서 졸음과 피곤을 이길 수 있어야 합니다. 그리고 투철한 사명감이 있어야 합니다. 깨어 있고 상황을 바로 판단하고 외쳐야 합니다. 사건이 있을 때 외쳐야 합니다. 죽게 되었다고 외쳐야 됩니다. 그 외칠 책임이 있습니다. 외치기만 하면 됩니다. 나팔을 불면 됩니다. 나팔을 불어야 할 책임이 그에게 있습니다. 오늘성경은 말씀합니다. 하나님의 음성을 들은 자에게 말씀하십니다. '너는 내 말을 듣고 나를 대신하여 깨우치라. 내 말을 듣고 내 말을 대신해서 깨우치라.' 얼마나 중요한 말씀입니까. 생각하면 저도 일선에서 이걸 경험해 보았습니다마는 수백 명의 군대가 여기에 있습니다. 정말 피곤하게 행동하기 때문에 굉장히 밤에 피곤합니다. 아무데서나 잘 수 있습니다. 잠자리가 어떻고 상관없습니다. 입은대로 그대로 아무데나 누우면 아무데나 앉으면 잡니다. 그런데 잠을 깊이 자지마는 저 파수꾼을 믿고 있습니다. 보초병을 믿고 있습니다. 저 파수꾼이 잠드는 날이면 우린 다 죽는 것입니다. 그러나 파수꾼의 경성함을, 그가 온전히 사명을 잘할 줄 알고 우리는 아무 생각 없이 편안하게 잡니다. 파수꾼의 책임이 얼마나 큽니까. 그가 깨어 있으면 다 살고 그가 만약 존다면 죽습니다. 대단히 중요한 일입니다. 군대에는 밤에 세워놓은 파수꾼의 책임이 막중한 것입니다. 그 생명을 손에 쥐고 있는 것입니다. 오늘 그래서 '대신하여 깨우쳐 외치라'고 말씀하십니다. 에스겔 2장 7절에 말씀하십니다. "듣든지 아니듣든지 외쳐라." 아주 심각한 말씀입니다. "그들은 패역한 족속이라 듣든지 아니듣든지 그들 가운데에 선지자가 있음을 알지니라." 외쳐야 할 말은 외쳐라, 네 사명은 네가 다하라, 복음을 외치라는 것입니다. 대상에 대한 회의는 불가합니다. 편견도 불가합니다. 내가 외쳐서 깰까 안깰까, 그 다음 것 생각할 필요 없습니다. 내가 할 일만 하면 됩니다. 다만 내가 해야 할 부분만 내가 하면 됩니다.

아주 드라마틱한 얘기가 성경에 있습니다. 그게 바로 요나입니다. 요나서를 읽다보면 참 요나라고 하는 인간이 묘한 인간이라는 것을 알 수 있습니다. 하나님의 음성을 듣고 그는 도망갑니다. 도망가다가 큰 물고기 뱃속에 들어갔다가 거기서 회개하고 그래서 다시 니느웨로 가서 외칩니다. 그런데 니느웨가 앗수르의 수도인데 원수 나라입니다. 원수나라에 가서 복음을 전하라— 마음에 안듭니다. 그러니까 전하지 않을 수는 없고 전하기는 해야겠고 해서 전하는 복음 내용이 아주 재미있습니다. "40일 후에 망한다." 거기까지만 말합니다. 회개하고 구원받으라는 말은 없습니다. 왜요? 망하길 바라니까 그 말을 안합니다. 가서 "40일 후엔 망한다. 40일 후엔 망한다" 하고 돌아다녔는데 이거 웬일입니까? 이 못된 선지자의 말을 듣고 니느웨 백성은 회개했습니다. 그리고 구원을 받습니다. 구원받으니까 요나가 배가 아파가지고 산에 올라가서 내려다보면서, 니느웨 성이 망할 줄로 알고 있다가 망하지 않으니까 하나님 앞에 대듭니다. '내 이럴 줄 알았습니다. 내 이래서 안오겠다고 했습니다.' 참 못된 사람입니다. 심사가 아주 고약합니다. 그러나 한번 생각해보세요. 저 못된 사람의 말을 듣고도 니느웨는 구원을 받았습니다. 이걸 알아야 됩니다. 한마디 "망한다" 하는 말이 예상외의 큰 효과를 냈습니다.

옛날에 인천에서 목회할 때 심방을 가서 보면 종종 그런 경우가 있습니다. 부인은 교회 나온 지가 벌써 몇십 년인데 남편은 여전히 교회 안나옵니다. 그렇게 그저 한쪽만 나오고 한쪽은 안나오는 그런 가정들이 많아서 늘 마음이 아픕니다. 갈 때마다 물론 가정을 위해서 기도했지마는 아직도 응답이 오질 않습니다. 그래서 그 부인에게 물어봅니다. "결혼생활 얼마나 됐습니까?" "20년 됐습니다." "남편에게 예수 믿으라고 했습니까?" "예수 믿기로 하고 결혼했는데 한번도 교회 안나갔습니다." "그러면 예수 믿으라고 권면해봤습니까?" 하고 물어봅니다. 그러면 대답이 의외입니다. "목사님, 그 인간 사람 안됩니다"그래요. 술독에 빠진 저 사람 사람 안됩니다, 전도 안한다는 것입니다. 오늘성경이 이래서 이 말씀을 주는 것입니다. '듣든지 아니듣든지 네가 할 말은 해야지 네가 외쳐야 할 말은 해야지 된다 안된다는 네가 판단할게 아니다' – 이것이 오늘 메시지의 중심입니다. 듣든지 아니듣든지 회개할지 안할지는 그건 하나님 편에 있는 것이고 너 할 일은 해라. 나팔을 분 다음에 깨느냐 안깨느냐는 그 사람들의 몫이고 나팔은 불어야지. 이게 바로 파수꾼의 책임이라는 말입니다. 그런데 "망한다" 하는 한마디가 이렇게 큰 효과를 냈다.

나는 저기 잠실에서 되었던 일입니다. 어느 날 우리 교회 집사님 댁 바로 맞은편 문을 마주 대하고 있는데 건너편에 있는 그 집에서 난리가 났습니다. 술을 잔뜩 먹고 와서 마누라를 때렸어요. 마누라가 맞다 맞다 못해서 급해가지고 문을 열고 도망해서 이쪽 우리 집사님 댁으로 도망을 왔어요. 도망 온 것을 또 남편이 따라왔어요. 그러니까 이쪽 집사님이 그 사람 손을 딱 붙들고 "이 사람아, 아니, 나약한 여자를 어디 때릴 데가 있다고 집안에서 때렸으면 되지, 남의 집에까지 와서 때린단 말인가." 그래서 말렸어요. 자기도 생각해 보니까 부끄러워요. 그래서 거기서 끝났습니다. 그리고 그 다음날 아침에 부끄러운 얼굴로 와서 사과를 하고 "나 어떡할까요?" "뭘 어떡해. 교회 나가자" 해서 데리고 교회를 나왔습니다. 그래서 예수를 믿게 되는데 예수를 믿게 되고 일년 후에 세례를 받았는데 세례 받은 그 기념으로 잔치를 크게 했습니다. 내가 별로 심방을 못했습니다마는 그 잔치가 특별한 의미가 있어서 제가 갔었습니다. 갔는데 이 멀쩡한 양반이 거기에서 하는 말입니다. "제가요, 사회생활을 하면서 회사에서 일하고 했는데 내 주변 친구들 가운데 예수 믿는 사람 많거든요. 많은데 그 누구도 나더러 예수 믿으라는 말 한 사람이 없어요. 그런데 마누라 때리러 나왔다가 이분한테 예수 믿으라는 말을 듣고 내가 예수를 믿고 보니까 아니 진작 믿었으면 얼마나 좋습니까. 그런데 왜 내 친구들은 예수 믿으라는 말을 한마디도 안합니까." 그러고 원망을 하더라고요. 그렇지 않습니까? 듣든지 아니듣든지 말이라도 해야겠는데 한 사람도 하는 사람이 없다고 합니다. 이게 바로 우리의 책임입니다.

더 큰 말씀이 오늘본문에 있습니다. "내가 그 피 값을 네 손에서 찾으리라." 무서운 말씀 아닙니까. 만일에 나팔을 불지 않아서 이 백성이 망했다고 하자. 그럼 망한 책임이 어디에 있습니까? 그런고로 파수꾼에게 책임을 묻겠다는 것입니다. '네가 할말을 안했기 때문에 이 백성이 망하지 않았느냐.' 특별히 오늘 주신 말씀의 중요한 교훈이 뭐냐 하면 혼자만 살지 못한다는 것입니다. 파수꾼이 혼자만 살지 못합니다. 이걸 알아야 합니다. 다른 사람이 죽는 것을 묵인하는 그 책임이 내게 있는 것입니다. 깨우치지 아니하면 깨우치지 아니한 죄를 물으시겠다는 것입니다. 그런고로 여러분 잊지 맙시다. 구원은 혼자 못합니다. 천당은 혼자 못갑니다. 누군가를 데리고 같이 가야 됩니다. 더불어 가는 곳입니다. 나 혼자서 천당에 가리라고 착각하지 마세요. 다른 사람을 인도하고 더불어 갈 수 있는 곳입니다. 에스더 4장에 보면 13절 이하에 이런 말씀이 있습니다. 이스라엘 백성이 큰 환난을 당했을 때입니다. 삼촌되는 모르드개가 왕후가 되어 있는 에스더에게 사람을 보내서 하는 말입니다. "네가 왕궁에 있다고 무사하리라 생각하지 마라." 아주 중요한 말씀입니다. "이때에 네가 만일 잠잠하여 말이 없으면 유대인은 다른 데로 말미암아 놓임과 구원을 얻으려니와 너와 네 아비 집은 망하리라." 무서운 말씀을 합니다. '너 하나 왕후가 되어 거기 왕궁에 있다고 무사할 줄 아느냐? 이 백성을 위해서 이때에 너를 세운 줄 알라.' 네가 할 책임이 있다고 말합니다. 저를 살리고야 내가 삽니다.

특별히 예수님의 교훈 중에 주신 중요한 비유가 있습니다. 선한 사마리아 사람의 비유를 보세요. 불한당 맞은 사람이 누워 있다, 레위사람이 그냥 지나가고 제사장이 그냥 지나갔다, 사마리아 사람이 돌아가다가 그걸 돌보아주었다— 여기서 예수님께서 말씀하시는 죄는 뭡니까. 무슨 죄입니까. 살인죄입니까. 간음죄입니까. 도둑질입니까. 그런 죄가 아닙니다. 죽어가는 사람을 보고 돌아보지 아니한, 긍휼이 없었던 그것이 죄입니다. 죽어가는 사람을 보고 만일에 돕지 않았다면 그거 살인죄입니다. 살인방조죄가 됩니다. 이걸 잊지 말아야 합니다. 예수님 말씀하시는 죄는, 예수님 말씀하시는 살인은 높은 차원의 의미가 있습니다. 돌을 던지고 칼로 찔러야 살인이 되는 것이 아닙니다. 죽어가는 사람을 보고 외면하면 그 자체가 살인행위가 된다— 이게 예수님의 말씀입니다. 깊이 생각해야 합니다.

구약성경에 보면 사무엘서에 특별한 이야기가 또하나 있습니다. 엘리라고 하는 제사장이 있는데 참 착실하게 한평생 하나님의 전에서 봉사한 분입니다. 그런데 말입니다. 엘리가 하나님 앞에 큰 책망을 듣고 죽습니다. 그 이유를 이렇게 말합니다. '그의 아는 죄를 인함이니 이는 그가 자기 아들들이 저주를 자청하되 금하지 아니하였음이니라.' 자식이 잘못 가는 것을 보고 금하지 않았다— 그러므로 망하는 것입니다. 제 어머니가 제게 옛날 얘기라고 하면서 해준 얘기입니다. 깊이 기억되어 있습니다. 아들 하나를 키우는 어머니가 있었는데 들에 나갔다가 오리 알을 주워왔습니다. 저도 그런 일을 많이 했습니다. 그렇게 좋은 일은 아닌데 들에 가면 들오리들이 알을 낳아 놓은 게 있습니다. 그걸 주워다가 구워먹고 그런 일을 많이 하는데 주워 왔습니다. 어머니가 칭찬을 했어요. "네가 알을 주워왔구나" 칭찬을 하니까 얘가 매일매일 알을 주워와요. 어느 날은 줍지 못했어요. 알이 없었어요. 없으니까 남의 집에 몰래 들어가서 계란을 또 주워왔어요. 계란을 가져왔어요. 어머니가 이거 계란인거 알았어요. 알면서도 "잘했다"고 칭찬했어요. 얘가 남의 집 계란을, 계란을… 하더니 마지막에 남의 집 소를 훔쳐왔어요. 도둑놈이 됐습니다. 마지막에 그가 벌을 받고 사형대에 나가게 되는데 어머니가 뒤따라오면서 울었습니다. 이 사람이 어머니에게 할말이 있다고 하니까 그 간수가 허락을 했어요. 어머니가 가까이 갔어요. 무슨 할말이 있나 해서 귀를 대니까 이 아들이 어머니 귀를 물어뜯었어요. "아니 이놈이!" 하니까 그때 아들이 한 말입니다. "내가 남의 집 계란을 훔쳐왔을 때 어머니가 나를 칭찬해 주었기 때문에 오늘 이렇게 됐어요." 금해야 할 일을 금하지 않았습니다. 고칠 수 있을 때 고치게 하지 않았습니다. 이게 얼마나 중요한 것입니까. 금하지 아니한 죄 중요한 문제입니다.

　이와는 좀 거리가 있습니다마는 「수퍼스타」라고 하는 뮤지컬이 있습니다. 저는 그 내용이 좋아서가 아니라 감격이 있어서 여러 번 여러 번 보았고요 수퍼스타 그것을 레코드판까지 사서 가끔 들어보곤 했습니다. 그때는 녹음시설이 없을 때니까 레코드판으로 돼 있었는데, 그 슈퍼스타의 한 장면, 제가 제일 마음이 아프고 가슴이 찡하고 눈물 흘렸던 장면이 이것입니다. 가룟 유다가 죽었어요. 목매달아 죽었지 않습니까. 그런데 성경에 없는 얘기가 거기에 좀 있습니다. 그건 어디까지나 작가의 상상력이지만 다른 유다의 망혼이 나타났어요. 죽은 영혼이 나타나가지고 돌아다니면서 노래를 불러요. 슬픈 노래를 불러요. 그 슬픈 노래의 가사가 뭐냐 하면 "Why din't you tell me. Why din't you tell me. 왜 내게 말하지 않았습니까. 십자가 뒤에 부활이 있다고 내게 말하지 않았습니까. 똑바로 말해주었으면 내가 미쳤다고 예수를 팔겠습니까." 이렇게 말합니다. 그 노래를 부르는 장면이 이렇게 가슴을 울립니다. 왜 말하지 않았습니까. 왜 말하지 않았습니까. 말 안했나요. 제 놈이 못들었지…… 그렇지 않습니까. 그래놓고 지금와서 왜 말하지 않았느냐고. 여러분, 구원받지 못한 심령들이 다 이렇게 외칠 것같습니다. 왜 복음을 전하지 않았느냐고, 왜 내게 복음을 전해주지 않았느냐고!

여러분, 그 아우성 소리를 들어야 합니다. 가만히 보면 한번이라도 복음을 들었으면 저렇게 되지 않았는데 그런 일이 얼마나 많습니까. 너무나도 불행합니다. 귀하고 엄한 말씀입니다. "내 말을 듣고 나를 대신하여 깨우쳐라." 잠들고 있는 자 깨워야겠고 그 영과 양심을 깨워야겠습니다. "죽으리라" 하고 외쳐야하겠습니다. 그런고로 "회개하고 구원을 받으라." 외쳐야 하겠습니다. 다시 생각하십시다. 듣든지 아니듣든지 부지런히 기도하고 부지런히 외쳐야하겠습니다. 파수꾼의 사명은 여전히 우리에게 있습니다.   △

여호와 이레의 시험

그 일 후에 하나님이 아브라함을 시험하시려고 그
를 부르시되 아브라함아 하시니 그가 가로되 내가 여
기 있나이다 여호와께서 가라사대 네 아들 네 사랑하
는 독자 이삭을 데리고 모리아 땅으로 가서 내가 네
게 지시하는 한 산 거기서 그를 번제로 드리라 아브
라함이 아침에 일찌기 일어나 나귀에 안장을 지우고
두 사환과 그 아들 이삭을 데리고 번제에 쓸 나무를
쪼개어 가지고 떠나 하나님이 자기에게 지시하시는
곳으로 가더니 제 삼 일에 아브라함이 눈을 들어 그
곳을 멀리 바라본지라 이에 아브라함이 사환에게 이
르되 너희는 나귀와 함께 여기서 기다리라 내가 아이
와 함께 저기 가서 경배하고 너희에게 돌아오리라 하
고 아브라함이 이에 번제 나무를 취하여 그 아들 이
삭에게 지우고 자기는 불과 칼을 손에 들고 두 사람
이 동행하더니 이삭이 그 아비 아브라함에게 말하여
가로되 내 아버지여 하니 그가 가로되 내 아들아 내
가 여기 있노라 이삭이 가로되 불과 나무는 있거니와
번제할 어린 양은 어디 있나이까

(창세기 22 : 1 - 7)

여호와 이레의 시험

한 젊은 사형수가 있었습니다. 사형 집행하던 날 형장에 도착한 그 사형수에게 마지막으로 5분이라고 하는 삶의 시간이 주어졌습니다. 28년을 살아온 사형수에게 마지막으로 주어진 이 최후의 5분은 짧지만 참으로 소중한 시간이었습니다. '5분을 어떻게 보낼까? 이 5분을 어떻게 사용해야 하나?'생각하다가 마음을 굳게 결심하고 이렇게 5분을 사용했습니다. 첫 1분은 나를 알고 있는 모든 사람들을 생각하며 마음속에서 작별의 기도를 드렸습니다. 그리고 그다음 2분은 오늘까지 살게 해주신 하나님께 감사하는 기도를 드렸습니다. 다음 1분은 곁에 서 있는 다른 사형수들과 한마디씩 작별인사를 나누었습니다. 끝으로 1분은 눈에 보이는 자연을 바라보며 푸른 하늘을 바라보며 마지막으로 자연의 아름다움을 찬양했습니다. 그리고 '다시 한번 인생을 더 살 수 있다면……' 하는 회한의 눈물을 흘리는 순간 기적적으로 사형집행 중지 명령이 하달됐습니다. 그래서 살았습니다. 그는 한평생 마지막으로 주어졌던 그 5분, 그 순간을 계속 생각하며 그렇게 살았다고 합니다. 그 결과 여러분이 잘 아는 〈죄와 벌〉〈카르마조프의 형제들〉〈영원한 만남〉 등 수많은 불후의 명작을 발표합니다. 톨스토이에 비견되는 세계적 문호 도스토예프스키가 바로 그 사람입니다. 그는 사형수였습니다. 그리고 그 5분간의 큰 감격을 가지고 그렇게 일생을 살았습니다. 시인 괴테는 말합니다. 의미심장한 이야기입니다. '사람은 누구나 사회에서 많은 여건에서 복잡한 세상에서 사물을 통해서 뭔가를 배울 수 있다. 그러나 영감은 고독에서

만 배울 수 있다.' 여러분, 영감은 고독한 자의 것입니다. 고독과 외로움이 없다면 하나님을 만날 수 없습니다. 하나님과 나와의 독대관계(consultation) 이것이 있어야 비로소 하나님의 음성을 들을 수 있고 영감을 얻을 수 있고 창조적 생을 살 수 있는 것입니다.

성도 여러분, 본문에 나타난 아브라함에 대한 이야기는 아무리 생각하고 아무리 백번, 천번 읽어보아도 인류역사에 이러한 이는 없습니다. 어떻게 성경 어디를 보아도 이같은 사건은 다시 없습니다. 가장 크고, 가장 어렵고, 가장 감당할 수 없는 그런 시련입니다. 그런 시험을 본문에서 읽게 됩니다. 이삭. 이삭이 누구입니까. 아브라함이 100세에 얻은 아들입니다. 이 얼마나 소중합니까. 늦게 얻은 자식, 그것도 100세에 말입니다. 로마서 4장에 의하면 "죽은 것과 방불한 가운데" 그랬습니다. 아브라함과 그 아내 사라 단산한 지 이미 오래됐습니다. 성경은 그래서 말씀합니다. "죽은 것과 방불한 가운데……" 기적적으로 이삭 하나를 얻게 됩니다. 그리고 하나님의 약속으로 얻은 자녀입니다. 이 자녀를 통해서 하늘의 별처럼 바다의 모래처럼 자식을 주신다고 약속한 (갈라디아서에 의하면) 언약의 자녀입니다. 하나님의 약속이 함께한 그러한 자녀라는 말입니다. 그 자식을 오늘 와서 번제로 드리라는 것입니다. 제사도 여러 가지가 있습니다마는 제사 중에 가장 온전한 제사가 번제입니다. 영어로는 burnt offering이라고 합니다. 몽땅 불살라 드리는 그런 제사입니다. "번제로 드리라." 전설에 의하면 그랬을 것같은 이야기가 전해집니다. 아브라함이 크게 고민에 빠집니다. 왜요? 약속의 자녀가 아닙니까. 이 자녀를 통해서 하늘의 별처럼 바다의 모래처럼 자식을 주신다고 약속한 그 자녀입니다. 아직 장가도 보내지 않았습니다. 그런데 이 자녀를 번제로 드리라 하십니다. 그럼 약속이 틀리지 않습니까. 이 자식을 통해서 큰 축복이 이어지겠다, 복의 근원이 되겠다고 하셨는데 그 아들을 번제로 드리라시니. 또한 자식을 향해서 살인을 하라는 것입니다. 이건 도덕적으로도 있을 수 없는 일이고 또한 하나님께서는 어떤 경우에도 사람의 피를 제물로 요구하는 법은 없습니다. 이건 큰 하나님이 정하신 원리입니다. 동물의 피를 드리고 소제를 드리고 그러지 사람의 생명을, 사람의 피를 하나님께 드리는 것은 절대 금하고 있습니다. 자, 그런데 어째서 오늘은 이렇게 모순된 일 불합리한 일, 이미 주신 하나님의 말씀과도 다르고 앞으로 생각해보아도 맞지 않는 전혀 불합리한 비이성적이고 비도덕적이고 아니 비종교적인 이러한 명령을 하시는 겁니까.

아마도 밤새 고민했겠지요. 그런데 오늘 성경을 읽으면 또 한번 우리를 감동케 합니다. '새벽에 일어나' 그랬습니다. 하나님의 말씀을 준행함에 있어서 주저하지 않았습니다. 지체하지 않았습니다. 밤새껏 고민했겠지마는 새벽에 일어나 "가자"하고 떠나는 그 아브라함의 모습을 보세요. 얼마나 위대한 것입니까. 이 시험의 성격을 한번 생각해봅시다. 이건 하나님께서 시험하셨다고 되어 있습니다. 분명 '하나님이 아브라함을 시험하사' 했습니다. 하나님이 시험의 주체입니다. 성경에 보면 아시는대로 마귀의 시험이 있습니다. 세상 사람들로부터 받는 시험도 있습니다. 그리고 나 자신으로 인해서 내 욕심 때문에 내가 당하는 시험이 있습니다. 사실 생각하면 시험거리 되지 않는 일도 내 부족함과 허물 때문에 시험이 되기도 합니다. 많은 시험의 요소가 있습니다. 그러나 성경은 분명히 말씀합니다. '하나님이 아브라함을 시험하셨다.' 이 시험 여기에 문제가 있는 것입니다. 어떻게 하나님이 당신의 사랑하시는 자녀를 시험하시느냐 하는 것입니다. 또한 하나님께서 주셨습니다. 그 아들을 기적적으로 주셨습니다. 자식은 사라가 낳았습니다마는 어딜 보아도 이것은 하나님께서 주신 특별한 은사였습니다. 100세에 얻은 아들 죽은 것과 방불한 가운데서 그 사라가 낳아준 아들입니다. 전적으로 하나님께서 선물로 주시는 것입니다. 그런데 오늘 와서 그 아들을 내놓으라 하십니다. 주신 자가 빼앗는 시간입니다. 여러분, 이 얼마나 중요한 시간입니까. 그 옛날 욥은 말합니다. 많은 재산을 잃어버리고 자녀를 다 잃어버리고 나서 하는 말입니다. '주신 자도 하나님이시요, 걷어 가신 분도 하나님이신고로 그 하나님을 찬양하리로다.' 욥은 참으로 위대한 신앙의 사람이었습니다. 주신 자가 말씀하십니다. 다만 순종의 믿음을 요구합니다. 아주 simplify, 단순한 믿음을 요구하십니다. 여기는 변명이 통하지 않습니다. 질문도 통하지 않습니다. 깨끗하게 한마디입니다. "그 아들을 번제로 드리라." 더 놀라운 것이 있습니다. 그 다음에 어떻게 된다는 얘기가 없습니다. 그리하면 어떻고 그리하면 어떻고 그 생각마저 허락지 않습니다. 우리는 종종 후속 결과에 대해서 생각합니다. 그리하면 어떻게 됩니까. 그러면 보상은 뭡니까. 이런 생각을 하게 됩니다.

예수님께서 십자가에 돌아가시기 전에 겟세마네 동산에서 기도하십니다. 기도 내용은 간단하게 성경에 요약되어 있습니다마는 「수퍼스타」라는 뮤지컬에 보면 그 기도내용이 좀 깁니다. 어디까지나 작가의 상상력입니다. imagination인데 제가 그 기도문을 참 중요하게 여겨서 복사를 해서 늘 가지고 있습니다. 그 기도문에 이런 말 저런 말이 있습니다. '하나님이 말씀하셨고 내가 순종했습니다. 하나

님 하라시는대로 다 했습니다. 여기까지 전적으로 순종했습니다. 그
런데 왜 십자가를 져야 됩니까. 내일 아침 십자가를 져야 됩니까.'
그리고 예수님께서 고민하시는 내용이 거기 작가의 상상력 속에 있
습니다. 이 한마디가 우리 마음을 감동시킵니다. '내가 십자가를 진
다면 보상이 뭡니까. 십자가에 죽는다면 그 다음 보상은 뭡니까.' 이
에 대한 하나님의 대답이 없습니다. 여러분, 어떤 고난인들 우리가
치르는 것 그것도 어렵지마는 문제는 그 다음 보상입니다. 이렇게
하면 어떻게 됩니까. 죽은 다음에는 어떻게 됩니까. 희생한 다음에
는 어떻게 됩니까. 참으면 어떻게 됩니까. 이에 대해서 우리는 관심
이 많습니다. 그러한 어떠한 보상만 약속된다면 글쎄올시다. 희생할
수 있지요. 그런데 겟세마네 동산 기도에 그 응답이 없습니다. 예수
님께서는 거기서 결정을 하십니다. 'All right, I will die.' 그러십니
다. 내가 보상에 대해서 들은 바 응답이 없지만 내가 주님께 그대로,
하나님께 십자가를 져서 재물로 바쳐지겠습니다— 결단하십니다.

　　오늘 아브라함도 마찬가지입니다. 바쳐라, 그리하면 어떻게 된
다, 없습니다. 보상의 약속이 없습니다. 대가성이 없습니다. 예측할
것도 없습니다. 상상할 것도 없습니다. 그런 가운데 하나님 말씀하
십니다. 네 아들, 네 사랑하는 독자, 설명이 깁니다. 네 아들, 네 사
랑하는 독자, 이삭을 내게 바쳐라— 그것뿐입니다. 그 다음에 어떻
게 된다는 얘기가 없습니다. 약속도 없습니다. 보여주신 바도 없습
니다. 왜 바치라시는지 설명이 없습니다. 우리는 종종 작든 크든 고
난을 당할 때마다 조건이 많습니다. 보상이 뭡니까, 그리하면 어떻
게 됩니까— 그렇지 않습니까. 어떤 아버지와 아들이 말싸움을 합니
다. "공부해라, 공부해라." 그러니까 마지막에 "공부하면 아버지처

럼 되나요?" 그러니까 아버지가 할말이 없어요. 그 아버지는 지혜로 웠습니다. 맨 마지막에 한 말이 뭡니까. "지금 네가 할 일은 그것밖에 없으니까 공부해라." 제가 미국에서 많은 유학생들을 만나게 되는데 공부 잘해나가다가 마지막 끝에 가서 잘 안됩니다. 교수님과 맘이 맞지 않고 논문이 잘 안되고 해서 마지막 턱걸이에서 애를 쓰는데 10년을 공부했고 5년을 공부했고 마지막에 끝에 가서 안될 때 절망해가지고 그때 하는 말입니다. 이런 말을 하거든요. "박사 돼봤자 주요소에서 기름이나 따른답니다." "공부해봤자 그 다음에 보장이 없습니다. 하나마나한 것같아요. 그래서 그만둘래요." 이런 말을 합니다. 그때마다 제가 딱 한마디 합니다. "시작했으니 끝내야 돼. 못 끝내면 그 열등의식 때문에 너는 정신병자가 돼. 이유 없어. 여기까지 왔으니 돈이 얼마고 시간이 얼마냐? 이제 그걸 중단해? 이런 병신 봤나…… 이건 안돼. 시작했으면 끝내. 그래야 네가 산다. 그 다음에 무엇이 되느냐는 묻지 마!" 여러분, 이걸 잊지 말아야 합니다. 우린 너무 생각이 복잡합니다. 그 다음은, 그 다음은, 그 다음은 어떻게 됩니까. 머리 굴려봤자 별거 없어. 딱 한마디입니다. "바쳐라" 그러면 바치는 거지 뭘 생각이 많아. 뭘 그렇게 복잡하게 생각하느냐. 아브라함 훌륭합니다. 새벽에 일어나, 새벽에 일어나…… 그것이 아브라함이었습니다. 아마도 생각해봅니다. 아브라함은 지금 고민에 빠졌습니다. 양자택일을 해야 됩니다. 이삭을 사랑하는 마음을 버리고야 하나님을 사랑할 수 있습니다. 하나님 사랑이냐, 아들 사랑이냐. 아마도 아브라함이 100세에 얻은 아들 너무 소중해서 이것 들여다보고 이것 키우고 이것 함께하는 동안에 하나님께 대한 묵상, 하나님께 대한 거룩한 뜻이 좀 소홀했던 걸 알았나. 우리 종종 그런 것 보잖아요. 너무 가정을 사랑하고 너무 자식을 사랑하다 보면 정말 잘못되는 경우가 많습니다. 아마 그런 상황에 있지 않았는가 하는 생각도 해봅니다.

저는 목사님 한 분을 잘 압니다. 8·15광복 후에 목사님이 자취를 감추었습니다. 그 다음에 어디 갔는지 정말 궁금했습니다. 그런데 피란을 와서, 남쪽에 와서 제가 목사가 된 다음에 여기저기 교회 부흥회도 인도하러 다니다 보니 저 어느 곳에 문둥병 환자들이 사는 그곳에 가서 목회를 하고 계세요. 목사님을 거기서 만났습니다. 깜짝 놀랐습니다. 아주 훌륭한 분입니다. 아주 능력 있는 분입니다. 그래서 제가 "어떻게 여기 와서 계십니까?" "다른 사람은 모르지만 자네는 내 뜻을 알 거야." 그러고 설명을 합니다. "왜정말년에 신사참배문제로 복잡할 때 내가 꼭 끌려가서 순교해야 되는데…… 끌려가면 순교하게 될 것 틀림없고 그런데 가정은 전부 과부가 되고 아이들은 고아가 되고 그래서 망설이다가 그만 신사참배를 해버리고 감옥에 갇히지 않았고 순교 못했거든. 해방된 다음에 감옥에 들어갔던 살아 있는 순교자들이 나와가지고 부흥회를 하고 교회를 인도할 때 내가 그들의 얼굴을 볼 수가 없잖아. 그래서 도망을 해서 여기까지 왔어." 여러분, 어찌 생각하십니까. 가족을 위해서 순교를 못했습니다. 자녀들을 위해서 순교를 못했습니다. 여러분, 만일에 이 아버지가 순교를 했더라면 그 아들들은 훌륭하게 됐을 것입니다. 우리 아버지가 이런 분이다 하고 큰일을 이뤘을 것입니다. 그런데 죄송합니다. 그 아들 자녀들이 다 시원찮았습니다. 여러분, 이걸 알아야 됩니다. 만일에 순교했더라면 자녀교육은 저절로 되는 것입니다. 가정을 걱정할 일이 없었습니다. 가정을 위한다고 하다가 신앙을 버렸고 신

앙을 버리고 나니까 가족도 다 잘못되고 말더라고요. 깊이 생각할
문제가 아닙니까.

하나님께서 아십니다. 절박한 사실, 하나님께서 아십니다. 그래
서 오늘성경에서 제일 중요한 요지는 여호와께서 예비하셨다는 것
입니다. 왜 그걸 모르겠습니까. 여호와께서 다 준비해놓으시고 시험
을 걸었습니다. 큰 축복을 준비해놓으시고 시험을 걸었습니다. 12절
말씀을 봅니다. "사자가 이르되 그 아이에게 네 손을 대지 말라 그에
게 아무 일도 하지 말라 네가 네 아들 네 독자까지도 내게 아끼지 아
니하였으니 내가 이제야 네가 나를 사랑하고 경외하는 줄을 알았노
라." 그래서 합격을 합니다. 16절에 가서 보면 "여호와께서 이르시
기를 내가 나를 가리켜 맹세하노니 네가 이같이 행하여 네 아들 네
독자라도 아끼지 아니하였은즉 내가 네게 큰 복을 주고 네 씨가 크
게 번성하여 하늘의 별과 같고 바닷가의 모래와 같게 하리니 네 씨
가 그 대적의 성문을 차지하리라." 18절을 봅니다. "또 네 씨로 말미
암아 천하 만민이 복을 얻으리라. 천하 만민이 복을 얻으리라." 이
메시야적 축복을 이 때에 허락하시는 것입니다. 히브리서 11장 19절
에서 말씀합니다. "죽은 자 가운데서 도로 받은 것이니라." "다시 살
리실 줄로 생각한지라." 히브리 저자는 이걸 부활신앙으로 해석하고
있습니다. 여러분 너무나 잘 알고 귀엽게 여기는 김연아라고 아시지
요. 아주 볼 때마다 예뻐요. 피겨스케이팅 세계 1위의 선수가 아닙
니까. 그가 외치는 잠언이 있습니다. "No pain, no gain" 아픔이 없으
면 소득도 없다, 지불한 대가가 없으면 얻는 바도 없다—"No pain,
no gain" 그렇게 외치고 있습니다. 얼마나 많은 훈련을 하고 얼마나
많은 수고를 합니까. 미안합니다. 잠을 제대로 잡니까. 먹기를 마음

대로 먹습니까. 미안합니다. 연애도 못합니다. 한번 연애하면 끝나는 것입니다. 그 많은 Pain 그러고야 Gain이 있는 것입니다. 생각합니다.

아브라함이 하나님을 믿었습니다. 그 사랑을 믿고 그 능력을 믿고 그 약속을 믿었습니다. 여러분, 그가 신약으로 돌아와서 좀 더 믿었다면— 고린도전서 10장 13절에 "사람이 감당할 시험밖에는 너희에게 당한 것이 없나니⋯⋯ 시험 당할 즈음에 또한 피할 길을" 내신다고 합니다. 우리가 당하는 시험은 당할 수 있는 시험입니다. 그것을 믿었더라면— 야고보서 1장 2절에 말씀합니다. "너희가 여러 가지 시험을 만나거든 온전히 기쁘게 여기라." 이러한 믿음에 도달했더라면 그는 이 시험 때문에 고민하지 않았을 것입니다. 이 시험으로 인해서 오는 큰 축복을 바라보며 감사하며 그렇게 모리아산을 올라갔을 것입니다.   △

와서 보라 하시니라

또 이튿날 요한이 자기 제자 중 두 사람과 함께 섰다가 예수의 다니심을 보고 말하되 보라 하나님의 어린양이로다 두 제자가 그의 말을 듣고 예수를 좇거늘 예수께서 돌이켜 그 좇는 것을 보시고 물어 가라사대 무엇을 구하느냐 가로되 랍비여 어디 계시오니이까 하니(랍비는 번역하면 선생이라) 예수께서 가라사대 와 보라 그러므로 저희가 가서 계신 데를 보고 그날 함께 거하니 때가 제 십 시쯤 되었더라 요한의 말을 듣고 예수를 좇는 두 사람 중에 하나는 시몬 베드로의 형제 안드레라 그가 먼저 자기의 형제 시몬을 찾아 말하되 우리가 메시야를 만났다 하고(메시야는 번역하면 그리스도라) 데리고 예수께로 오니 예수께서 보시고 가라사대 네가 요한의 아들 시몬이니 장차 게바라 하리라 하시니라(게바는 번역하면 베드로라) 이튿날 예수께서 갈릴리로 나가려 하시다가 빌립을 만나 이르시되 나를 좇으라 하시니 빌립은 안드레와 베드로와 한 동네 벳새다 사람이라 빌립이 나다나엘을 찾아 이르되 모세가 율법에 기록하였고 여러 선지자가 기록한 그이를 우리가 만났으니 요셉의 아들 나사렛 예수니라 나다나엘이 가로되 나사렛에서 무슨 선한 것이 날 수 있느냐 빌립이 가로되 와 보라 하니라

(요한복음 1 : 35 - 46)

와서 보라 하시니라

아직 비행기가 없던 시절입니다. 당대 최고의 지성으로 알려진 두 사람이 함께 유럽으로 뱃길여행을 하게 되었습니다. 이 두 사람에 관한 것이지마는, 이것은 당대에 큰 뉴스거리요, 큰 사건이었습니다. 신문기자가 따라붙었습니다. 이 두 사람의 첫 번째 만남은 식당에서 이루어집니다. 기자들은 그들이 무슨 이야기를 나누는지 멀리서 바라보며 몹시도 궁금해했습니다. 그런데 두 사람은 그저 빙그레 웃으면서 오래사귄 사람처럼 편안히 식사를 즐기고 있을 뿐입니다. 아무리 귀 기울여 들어보아도 중요한 이야기, 심각한 이야기를 하는 것같지 않았습니다. 마침내 식사가 끝나고 그들이 나올 때 기자들이 물었습니다. "만남이 어땠습니까?" 대답은 이렇습니다. "정말 유익한 시간이었습니다. 상대방에 대해서 깊이 이해할 수 있는 좋은 기회가 되었습니다." 이 말을 듣고 아무리 생각해도 그런 이야기는 한 일이 없는 것같은데, 그냥 밥을 먹었을 뿐인 것같은데 어떻게 그토록 깊이 서로를 이해할 수 있었을까 싶었습니다. 그래 좀 더 자세히 물었더니 이렇게 대답합니다. "침묵을 통한 충분한 대화가 있었습니다. 꼭 말을 해야 되겠습니까. 그저 얼굴만 봐도 되고, 음성만 들어도 충분한 것 아니겠습니까." 이것이 바로 당대에 유명한 사상가 에머슨과 칼라일의 만남이었습니다.

신학자 루엘 하우는 「Man's Need and God's Action」이라는 책에서 인간 실존의 모습을 '불안에 둘러싸인 고독한 존재'라고 요약합니다. 불안에 둘러싸여 있는 고독한 존재다— 이렇게 표현하고 있습니다. 그 이유가 어디에 있는가. 사람들이 자기자신을 사랑하지 않기 때문이라는 것입니다. 그렇다면 어느 정도로 사랑하지 않는가. 자신은 아무 쓸모가 없다고 생각하는 것입니다. 그런고로 누구의 사랑도 받을 만하지 못하다고 여깁니다. 나도 나한테 실망하는데, 그 누구인들 나한테 실망하지 않을 수 있겠는가. 그래서 자기자신을 아주 비하시키고, 싸구려로 평가해버립니다. 고독해집니다. 그런고로 다른 사람 앞에 나타나기를 꺼려합니다. 사람을 만나는 일이 두렵습니다. 말하는 중에 자신도 모르게 속에서 무슨 잘못된 생각이 튀어나올까봐 걱정입니다. 동시에 다른 사람들이 나를 내가 생각하는 나보다 더 낮게 평가하면 어쩌나 하는 두려움과 불신이 있습니다. 피해의식입니다. 그래서 불안에 둘러싸인 고독한 존재로 전락하게 된다는 것입니다.

「제자입니까」라는 책이 있습니다. 저자는 후안 카를로스 오르티즈 목사님입니다. 그 자신이 친히 경험한 이야기를 이 책에 자세히 써놓았습니다. 어느날 교인 한 사람이 찾아와 말하기를, 온집안이 예수를 믿지 않는 자기 친척 하나가 죽었다는 것입니다. 그래 장례식을 치러야겠는데 목사님한테 장례식 집전을 해줄 수 있겠느냐고 부탁하러 온 것입니다. "목사님, 불신자 가정인데 장례식을 집전해주실 수 있습니까?" 목사님은 선선히 약속합니다. "아, 뭐 그러지. 전도할 수 있는 좋은 기회도 되니까." 목사님이 장례식 장소에 가보았더니 과연 자기네 교인은 한사람도 없고 다 모르는 사람들 뿐입니다. 그래도 목사님은 거기서 장례식을 잘 인도했습니다. 그러고 나서 아래층으로 내려오니 거기에 자기네 교인이 서 있는 것입니다. 그 교인이 묻습니다. "목사님, 어디 갔다 오십니까?" "장례식 인도하고 오는 길이오." 그러자 그 교인이 깜짝 놀라 말합니다. "아이고 잘못 가셨군요. 그 집이 아니고 이 집입니다." 목사님은 다시 그 집 장례식을 안내했습니다. 그리고 생각합니다. '사람들이 그렇게 목사를 좋아하지 않다가도 막상 죽으면 다들 좋아하는구나!' 그래서 목사님은 그저 기회만 닿으면 안믿는 사람도 마다하지 않고 찾아다니며 장례식을 안내해서 그 교회가 크게 부흥되었다는 것입니다.

오늘본문에는 예수님과 제자의 첫 만남이 나옵니다. 한데 이상한 것은 말씀이 없다는 것입니다. 설교가 없습니다. 긴 이야기도 없습니다. "Come and See(와 보라)." 얼마나 간단합니까. 와 보라 하니라― 그리고 그 응답은 이것뿐입니다. "함께 거하니라." "와 보라 하니까 가서 함께 거하니라." 이것이 예수님과 제자의 첫 만남입니다. 와 보라― 리얼리티는 가장 강한 웅변입니다. '사실'은 어떤 이야기보다도 강합니다. 어떤 설명, 어떤 픽션도 사실을 능가할 수는 없습니다. 사실은 곧 진리입니다. 와 보라― 무슨 뜻이겠습니까. 현재 있던 곳에서 떠나라는 것입니다. 지금 내가 있는 자리에 그대로 있어서는 예수를 이해할 수 없습니다. 걸음을 옮겨야 합니다. 생각을 바꿔야 합니다. 예수님께로 가야 합니다. 오라― 이것이 먼저입니다. 그러면 가야 합니다. 여러 말 하지 말아야 합니다. 따지지 말아야 합니다. 이해가 되느니 안되느니, 마음에 드느니 안드느니 하지 말아야 합니다. 오라면 그냥 가야 됩니다. 그리고 보아야 됩니다. 본다는 것은 곧 경험하는 것입니다. 철저하게 경험적인 신앙을 뜻합니다. 진리는 사실에 근거합니다. 믿음만이 그 사실을 지식화 합니다. 아는 것은 알고 따르고, 모르는 것은 믿고 따라야 합니다. 따르는 행동에는 정지가 없어야 합니다. 하나님께서는 기적의 하나님이십니다.

그러나 기적은 경험한 자의 것입니다. 생각하는 자의 것이 아닙니다. 머리 굴리는 자의 것이 아닙니다. 하나님께서 주시는 은사, 그 놀라운 기적은 곧 경험한 자의 것입니다.

오늘본문에서 빌립이라는 사람이 예수님을 만나뵙고 바로 와서 자기 친구 나다나엘에게 전도를 합니다. 가서 설명을 합니다. 그러자 나다나엘은 일단 이렇게 부정합니다. "나사렛에 무슨 선한 것이 나겠느냐?" 그때 빌립이 하는 말이 예수님의 말씀과 너무나 똑같습니다. "Come and See(와 보라). 여기 가만히 앉아서 생각만 하지 말아라. 네가 만족할 때까지, 확신이 설 때까지, 거기서 종지부를 찍으려고 하지 말고 의심하는 그대로 좋다. 와서 해결하라." 와 보라—똑같은 말입니다. 그러면 내가 믿는 바를 너도 믿게 되고, 내가 아는 것을 너도 알게 되고, 내가 느끼고 경험한 바를 너도 경험하게 될 것이다— 얼마나 중요한 이야기입니까.

마태복음 11장 1절 이하에 보면 예수님께서 세례 요한의 제자들한테 질문을 받으십니다. "오실 그이가 당신이오니이까 우리가 다른 이를 기다리오리이까(3절)." 참 맹랑한 질문입니다. 그러나 예수님께서는 그 질문 자체를 분석하시거나 비판하시지 않습니다. 저는 세례 요한이 어떻게 그런 말을 할 수 있을까 싶어 기분이 매우 나쁩니다. 그러나 예수님께서는 아무 비판도 하지 않으시고 말씀하십니다. "보고 들은 대로 가서 말하라." 보고 들은 대로— 이 얼마나 확실한 말씀입니까. 얼마나 당당한 진리입니까. 깊이 생각해야 합니다. 만남이라는 인격관계, 아주 중요한 것입니다. 만나서 해결합니다. 말로 해결하는 것이 아닙니다. 말에서 믿음이 생기는 것이 아닙니다. 만남입니다. 바로 그것이 예배입니다.

저는 특별한 경험을 한 번 한 일이 있습니다. 1963년의 일입니다. 아주 옛날 이야기입니다. 제가 생전처음으로 미국에 유학을 갔을 때입니다. 여러가지로 걱정도 되고 다급했습니다. 영어도 잘 안 되는데, 어쨌든 유학을 갔습니다. 나중에는 프린스턴으로 갔지만, 우선은 미시간에 있는 대학에서 한 학기를 공부했습니다. 거기에 외국학생들이 많았습니다. 어느날 보니까 밖에 광고문이 붙어 있어 읽어보니 어느 교회 여전도회에서 그 학교 외국학생들을 초청한다는 것입니다. 그 광고문에 이름을 써놓으면 공짜로 가서 하룻밤을 자고 올 수 있다는 것입니다. 그래 거기다 제 이름을 써놓았습니다. 제가 목사라는 말은 전혀 하지 않았습니다. 그래 40명쯤 되는 외국학생들과 함께 대형버스를 타고 미시간 북쪽의 유니온베일이라는 곳으로 올라갔습니다. 밤 10시쯤 도착했습니다. 깜깜합니다. 미리 다 계획해놓았는지, 한 가정에 두 사람씩 묵게 되었습니다. 저도 아랍사람 하나하고 둘이서 어떤 집사님 댁으로 갔습니다. 늦은 밤이지만 저녁을 얻어먹고, 편히 쉬라기에 그냥 잤습니다. 다음날 아침이 되니 조반을 잘 차려주어 또 잘 먹었습니다. 그러고 나서 우리한테 말하기를 자기네는 예수 믿는 사람들이라서 주일에 교회에 갈 텐데, 같이 가고 싶으면 같이 가고, 싫으면 여기서 텔레비전 보면서 있으라는 것입니다. 어찌 같이 안간다고 할 수 있겠습니까. 얻어먹은 죄가 있잖아요. 그래 같이 가기로 했습니다. 아랍사람도 같이 교회로 갔습니다. 교인들이 모두 다 우리를 친절하게 대해줍니다. 학생들 40명이 전부 다 왔습니다. 그래 같이 예배를 드리고, 또다시 그들의 차를 타고 각 가정으로 돌아들 갔습니다. 또 점심을 잘 대접해주어서 잘 얻어먹었습니다. 감사를 표하고 조금 앉아 쉬고 있자니 이제 학교까

지 모셔다드리겠다는 것입니다. 자기네 차에 태워가지고 3시간 동안
이나 운전을 해서 학교까지 데려다주고는 "Good bye!" 하고 돌아갔
습니다. 그뿐입니다. 단 한마디 예수 믿으라는 말도 안했고, 기독교
가 어떻다는 말도 하지 않았습니다. 우리가 어디 사느냐고 묻지도
않았습니다. 어떤 형편인지도 궁금해하지 않았습니다. 아무 말도 없
었습니다. 그냥 하룻밤 자고 먹고 돌아왔습니다. 그 옛날 이야기를
저는 지금도 잊어버릴 수가 없습니다. 전도가 무엇입니까? 하나님
께서 우리에게 엄청난 전도의 길, 선교의 길을 열어주셨는데, 우리
는 지금 그것을 외면하고 있습니다. 지금 여러 나라에서 많은 노동
자들이 우리나라에 들어와 있지 않습니까. 40만 명이나 된다고 합니
다. 여러분은 어찌 생각합니까. 잘 추천받아서 그 가운데 주말에 갈
데도 없는 저들을 두 분씩 집에 초청해서 하룻밤 재우고 교회 데리
고 나와 앉았다가 "안녕히 가세요" 해보십시오. 주일마다 그렇게 하
라고는 못하겠지만, 한 달에 한 번씩만 그렇게 하십시오. 선교사 10
명 파송한 것보다 더 효과적일 것입니다. 와 보라— 우리는 이렇게
산다, 예수 믿는 사람은 이렇게 산다, 예수 믿는다는 것은 이런 것이
다…… 이보다 더 확실한 전도가 어디에 있습니까.

　　선교학으로 돌아가보면, 그 옛날에도 로마군인들이 예루살렘에
와서 그곳을 점령하고 있었지만, 그들은 히브리 종교에 대해서 깊은
관심이 있었습니다. 가버나움 백부장이나 고넬료 같은 군인들이 예
수를 믿고 돌아가서 로마에 교회를 세웁니다. 그것이 로마교회입니
다. 사도 바울이 그처럼 자기가 먼저 가서 로마에 교회를 세우려고
서원했겠지만, 그 서원은 이루어지지 않았습니다. 벌써 로마에는 교
회가 있었습니다. 이 얼마나 중요한 이야기입니까. 우리나라도 그렇

습니다. 장사하러 다니던 사람들이 중국에 갔다가 선교사를 만나고 예수를 믿고 돌아와서 교회를 세웠습니다. 한국에 선교사가 오기 전에 벌써 소래 송천에 교회를 세웠습니다. 그 선교사를 만나고 우리 할아버지가 예수 믿었습니다. 그래서 제가 여기 있는 것입니다. 여러분 생각해보십시오. 여기에 긴 말이 필요합니까. 와 보라— 이 만남의 관계라는 것은 대단히 중요합니다. 이보다 더 강한 웅변은 없습니다. 말이라는 것은 반드시 반론이 있기 마련입니다. 이렇게도 생각할 수 있고, 저렇게도 생각할 수 있습니다. 그러나 행동으로 나타난 거룩한 역사에는 다시 질문이 없습니다. 이것을 잊지 말아야 합니다.

빅터 프랭클은 말합니다. '사람은 현재의 자신과 미래의 자신 사이에 차이를 줄일수록 행복한 것이다.' 오묘한 말입니다. 그렇게 줄일 수 있는 길은 바로 행동에 있다는 말입니다. 현재의 자신과 미래의 자신, 또 꿈으로 그리는 그것 — 복잡합니다. 그것을 끌어내려 현실 속에서, 체험 속에서 확실한 진리를 터득해야 한다는 것입니다. 머리로 아는 것이 아니라, 몸으로 알아야 합니다. 말로 전하는 것이 아니라, 몸으로, 전인적으로 전하는 전도, 그런 선교가 필요하다는 말입니다. 예수님을 처음 만난 제자, 할말도 많을 것입니다. 물어볼 말도 많을 것입니다. 그러나 아무 말씀도 없으십니다. 와 보라— 그것뿐입니다. 그랬더니 이 제자들은 믿고 가서 보고 함께 거합니다. 하룻밤을 같이 쉬게 됩니다. 이 얼마나 아름다운 말씀입니까. 겟세마네 동산에 올라가시는 예수님께서 말씀하십니다. 나를 따르라— 내가 기도할 때 "깨어 기도하라" 하십니다. 기도하시고 내려오시면서 "함께 가자" 하십니다. 그리스도와 함께할 때 그 크신 능력을 알

고, 그 능력을 내 것으로 삼고 체험하게 되는 것입니다. "와 보라!" 하고 말씀하십니다.   △

장차 나타날 영광을 보며

생각건대 현재의 고난은 장차 우리에게 나타날 영
광과 족히 비교할 수 없도다 피조물의 고대하는 바는
하나님의 아들들의 나타나는 것이니 피조물이 허무
한 데 굴복하는 것은 자기 뜻이 아니요 오직 굴복케
하시는 이로 말미암음이라 그 바라는 것은 피조물도
썩어짐의 종노릇한 데서 해방되어 하나님의 자녀들
의 영광의 자유에 이르는 것이니라 피조물이 다 이제
까지 함께 탄식하며 함께 고통하는 것을 우리가 아나
니 이뿐 아니라 또한 우리 곧 성령의 처음 익은 열매
를 받은 우리까지도 속으로 탄식하여 양자 될 것 곧
우리 몸의 구속을 기다리느니라 우리가 소망으로 구
원을 얻었으매 보이는 소망이 소망이 아니니 보는 것
을 누가 바라리요 만일 우리가 보지 못하는 것을 바
라면 참음으로 기다릴지니라
(로마서 8 : 18 - 25)

장차 나타날 영광을 보며

세계 2차 대전 동안에 가장 큰 핍박을 당하던 유대사람들이 유월절에 부르는 '나는 믿는다'라는 뜻의 '아니마인'이라고 하는 노래가 있습니다. 그들이 회당에서 부르는 찬송가입니다. 이것은 아우슈비츠 형무소에 수감되어 있으면서 죽음을 기다리는 사람들에 의해서 영혼의 깊은 곳에서부터 만들어진 그런 노래입니다. 그 가사는 이렇습니다. '나는 믿는다. 나의 메시야가 나를 돕기 위해 반드시 찾아오리라는 사실을…… 나는 믿는다. 나를 돕기 위해 나의 메시야가 반드시 찾아오리라는 사실을……' 그들은 이렇게 똑같은 가사를 반복적으로 아주 어떤 때는 여러 시간 같은 찬송을 부릅니다. 그 2절에는 이런 말이 있습니다. '그런데 때때로 그 메시야는 너무 늦게 오신다.' 한 유대인은 이 수용소에서 구사일생으로 구제받고 살아남은, 그리고 자유를 얻은 사람으로서 그 노래의 가사 일부를 이렇게 고쳐 불렀다고 합니다. '나는 믿는다. 나의 메시야가 나를 찾아와 도우시리라는 사실을. 그런데 사람들은 너무 서둘러서, 사람들은 너무 서둘러서 그 나머지 믿음을 포기한다.'

여러분, 오늘 본문에 있는 로마서 8장은 사도 바울의 신앙고백의 극치입니다. 저는 로마서강해를 책으로 2권 썼습니다. 또 로마서를 신학대학에서 여러 해 강의도 했습니다. 로마서를 통달해서 깊이 읽어보고 또 읽어보면 로마서 8장이 그 핵심입니다. 그래서 어떤 분은 말합니다. '온 세계에 어떤 재난이 있어서 성경책이 다 없어졌다 하더라도 로마서만 있으면 구원받을 수 있다. 아니, 어찌 잘못돼서 로마서까지 다 없어져도 로마서 8장 하나만 있으면 구원받을 수 있다.' 예를 들어 다이아반지로 말한다면 그 반지의 다이아에 해당하는 부분이 바로 로마서 8장입니다.

여러분에게 부탁합니다. 오늘 저녁에 돌아가시거든 주무시기 전에 부디 로마서 8장을 10번만 읽고 주무세요. 공부를 잘하는 사람은 복습을 잘해야 됩니다. 여기 앉아서 예배드릴 것만 아니라 돌아가서 그 성경말씀을 다시 음미하고 다시 또 다시 읽어야 합니다. 그러면 분명 주님께서 여러분에게 큰 은혜를 주시고 새 하늘과 새 땅을 열어주시는 것을 체험하게 될 것입니다.

믿음은 환상이 아닙니다. 꿈도 아닙니다. 핵심은 하나님의 약속에 대한 기다림입니다. 'expectations'ㅡ '기다림'이라는 것입니다. 종말론적 신앙은 곧 기다림입니다. 이것은 구체적인 것입니다. 이걸 잊지 말아야 합니다. 무한히 무지개를 따라가는 아이처럼 쳐다보기만 하는 것이 아닙니다. 구체적이고 현실적입니다. 그 믿음에 의해서 오늘이 결정되는 것입니다. '그리스도의 나타나심'ㅡ 아주 귀한 말씀입니다. 이건 유토피아니즘이 아닙니다. 구체적입니다. 그리스도의 나타나심, 나타날 영광, 하나님의 아들들이 나타남을 기다리는 그 믿음, 그것이 바로 오늘을 사는 힘이 된다는 걸 잊지 말아야 합니다. 과거에 의해서 현재를 사는 것이 아닙니다. 현재에 의해서 현재를 사는 것도 아닙니다. 사람의 사람됨은 소망에 의해서 현재를 사는 것입니다. 소망이 있으면 사는 것이고 소망이 없다면 어떤 좋은 여건에도 그건 죽은 사람입니다. 살았다고 할 것이 없습니다.

엘리오트(G.Eliot)는 인간은 자기도 모르는 '다섯 가지 감옥'에 갇혀 있다고 말했습니다. 중요한 것은 자기가 감옥에 갇혀 있는지 스스로 모르고 있다는 것입니다. 자기도 모르게 어느 사이에 깊은 감옥에 갇혀서 전후좌우를 보지 못합니다. 들리는 것도 없고 보는 것도 없습니다. 그런 감옥에 갇혀 있는 그런 인간은— 이렇게 묘사합니다.

첫 번째는 이기적인 자기사랑의 감옥입니다. 여러분 아시는대로 자기사랑에 집착되어 있는 사람은 보이는 게 없습니다. 심지어 요즘에는 자기 자식도 안보입니다. 남편도 아내도 안보입니다. 친구도 안보입니다. 오로지 자기자신만 아는 그 무서운 감옥에 갇혀서 그냥 쓰러져가는 인생을 볼 수 있습니다. 아무것도 보이는 게 없습니다.

두 번째는 근심의 감옥입니다. 불필요한 근심입니다. 자꾸 근심하다보면 어느 사이에 사람 참 비참해집니다. 어떨 때 근심하는 이야기를 내가 들어보면 저는 이야기를 들으면서 웃습니다. 그러면 "남은 이렇게 심각한데 왜 웃습니까"라고 묻는데, 저는 "웃기니까 웃지! 그게 무슨 걱정할 것이 되나 이 사람아!"라고 답해줍니다. 근심에 갇혀 있으니까 거기서 출애굽 하지를 못합니다. 그러니까 걱정의 노예가 됩니다.

세 번째는 과거를 생각하는 향수입니다. 그저 앉기만 하면 옛날얘기만 합니다. 여러분, 나이든다는 게 별거 아닙니다. 옛날얘기 하는 사람은 나이든 사람이고 미래의 이야기를 하는 사람은 젊은 사람입니다. 그러니까 나이 50이 넘었거든 입 조심하세요. 저도 어쩌다가 "6·25때……" 그러면 아이들이 "아버지 그만"합니다. 옛날얘기는 그만합시다. 여기에 또한 갇혀 있습니다. "옛날에 내가 어땠고 옛날에 내가 어땠고……" 영어로 말합시다. "So What?" 그러니 어쩌라는 얘기요? 그런 사람 많아요. 어떤 사람 명함을 딱 내놓을 때 보니까 前국회의원, 前교수…… 나 그거 제일 좋아 안합니다. 前붙은 것. 또 어떤 사람은요 '40일 금식기도 2번'— 이렇게 썼더라고요. 그런 사람도 있어요. 내가 그런 명함도 받아봤어요. 前…… 그래 어쩌란 얘기입니까. 이제 그만합시다. 이게 감옥입니다.

네 번째는 남의 것만 좋아하는 선망의 감옥입니다. 아이들도 남의 아이들이 예쁘고 더 잘났고 남편도 남의 남편이 잘났어요. 마누라도 남의 마누라가 더 예뻐요. 이것도 병입니다. 이렇게 돌아가기 시작하면 정신 놓칩니다.

마지막은 증오와 시기와 질투의 감옥입니다. 최소한 질투는 이제쯤은 끊어버리고 삽시다. 그동안 너무 고생했습니다. 질투 때문에 다른 사람하고 비교하면서 여기서 박탈감을 느끼면서 살아왔거든요.

그만해! 이제는 끊어 버려야 됩니다. 이 감옥에서 벗어나야 됩니다. 이 감옥에 집착되어 있는 동안은 아무것도 보이지 않습니다. 소망이 없습니다. 여러분, 우울증환자가 있습니다. 우울증환자의 10가지 특징 중의 하나가 뭐냐하면 집착입니다. 오직 하나만 생각합니다. 한쪽으로만 자꾸 생각합니다. 헤어나지를 못하고 심지어는 비교하지 못합니다. 여기 보세요. 내가 가난해도 더 가난한 사람 있잖아요. 나보다 더 비참한 사람 가서 구제하고 오면 당장 생각이 달라집니다. 또 내가 아무리 잘났다고 하더라도 나보다 더 잘난 사람도 있잖아요. 그럼 겸손할 것 아닙니까. 이거 하나를 못하는 것입니다. 나보다 못한 사람과 한번 자신을 비교해보기도 하고 나보다 더 나은 사람하고 한번 비교해보고…… 이만큼 비교라는 탈출구를 찾아야 되는데 이걸 못합니다. '오직 나'— 그 집착에 빠져 들어갑니다.

'과거의 나'— 거기서 현재가 망가지고 미래는 없습니다. 과거에 의해서 현재를 생각하는 사람입니다. 또 미래에 의해서 현재를 생각하는 사람 있습니다. 이제 나이가 들고보면 미래는 보이지 않는 것 같습니다. 남는 것은 과거뿐입니다. 여기서 과거라는 감옥에 깊이 빠져든다는 말입니다. 그러나 미래에 의해서 현재를 생각하면 그곳에 '나 자신에 의한 나, 내'가 있고 '객관적으로 그리스도의 나타나심으로 말미암은 내'가 있습니다.

역사를 연구해보면 흔히 말하는 유토피아니즘이라는 것이 있습니다. 세상이 점점 발전하면, 뭔가 어느 쪽으로 발전하면 잘될 거라고 믿습니다. 우리도 기도하시는 분들 보니까 정치적 안정, 경제적 안정, 경제적 부흥, 남북통일, 이렇게 기도하십니다마는 저는 그리 생각 안합니다. 정치 안정되고 경제 부흥되면 주일날 교회 안나옵니다. 나는 그걸 알고 있기 때문에 그 기도는 잘 안합니다. 그건 좋은 것이 아닙니다. 여러분 개인적으로도 보세요. 무언가 '잘된다, 잘나간다.' 그러다보면 망가집니다. 사람은 좀 적당하게 고통을 당하면서 사는 게 좋아요. 가끔 병원에도 가고, 가끔 어려운 일로 인해서 밤을 새워 기도하기도 하고, 뼈가 쑤시는 고통을 느끼기도 하고 말입니다. 뭐, 이래야 사람답게 사는 것이고 현실적인 것 아닙니까?

유토피아니즘에는 두 가지가 있습니다. 하나는 공산주의입니다. 이 사회를 혁명하면 언젠가는 아름다운 세계가 올 것이다라고 생각합니다. 그건 망가졌습니다. 안된다고 결론이 났습니다. 그 다음에는 소위 자유주의입니다. 과학이 발전하고 발전하면 아마 오래 살 것이고 어떻게 어떻게 될 것이다, 아름다운 세상이 올 것이다, 인구가 넘쳐나면 달나라에 가서라도 잘살 거다— 꿈 깨세요. 그건 없습니다.

오늘성경은 이렇게 말씀합니다. "그리스도의 나타나심⋯⋯" 객관적으로 그리스도의 나타나심으로 말미암은 미래가 있을 뿐이지 이 세상이 변하고 발전하고 개선돼서 어떤 아름다운 세계가 올 것이라는 예수님의 말씀 중에는 없습니다. 이걸 잊지 말아야 합니다. 사도 바울은 이날을 말씀하며 그 영광, 그 영광 나타나는 것, 현재의 고난과 비교했습니다. 그 영광이 너무 크기 때문에 현재의 고난은 거기서 흡수되고 맙니다. '비교할 수가 없도다.' 여러분 두고두고 생각해보세요. '비교할 수 없도다. 비교할 수 없도다.'

여러분, 비록 현재 고난과 미래가 보이지 않는 절망 가운데 있지만 미래가 너무 영광스러워서 현재의 고난과 절망이 보이질 않습니다. 현재의 고난이 문제가 되질 않습니다. 바로 그런 사람, 얼마나 중요합니까. 사도 바울은 말씀합니다. '달려갈 길을 다 가고 믿음을 지켰다. 내 앞에 그리스도께서 예비하신 면류관이 있다. 오늘 내가 당하는 고통, 로마감옥에서 고생하는 것 아무것도 아니다.' 이걸 알아야 합니다. 십자가를 넘어서 부활의 아침을 바라봅니다. 모든 고난을 넘어서 영광의 아침을 바라보고 있습니다. 그 영광을 바라보며 오늘을 삽니다.

여러분! 잘 아시는 스데반을 보세요. 그는 돌에 맞아 죽습니다. 지금 순교하는 장면입니다. 그를 향하여 돌을 던지는 사람들이 헬라파 유대인입니다. 친구들입니다. 동지들입니다. 이 사람들이 돌을 던지는 것을 보면서 그는 하늘을 우러러봅니다. 이 점이 중요합니다. 땅을 보지 않았습니다. 자기를 향하여 돌을 던지는 사람을 보지 않았고 그는 하늘을 우러러봅니다. 우러러볼 때 그리스도께서 거기에 계십니다. 스데반이여 올라오라— 기다리고 계십니다. 영광을 바라보는 순간 그 얼굴은 천사의 얼굴이 됐습니다. 그에게서는 자기를 향하여 돌을 던지는 자들을 용서하는 그 엄청난 관용도 나타냅니다. 그들을 위하여 기도합니다. 영광을 바라보는 사람의 모습입니다.

데이빗 프라이어라고 하는 분이 〈병들 때〉라고 하는 서사시를 썼습니다. 여러분, 우리에게 병드는 일이 있습니다. 그리 고마운 일이 아니지만 그러나 병든다는 것도 중요한 의미가 있습니다. 그는 이렇게 노래를 부르고 있습니다. 병들지 않으면 부르지 못할 찬송이 있습니다. 여러분들! 부르지만 병들어서 부르는 찬송, 그 익숙한 찬송은 특별한 의미가 있습니다. 병들지 않고는 믿지 못할 기적이 있습니다. 병들지 않고는 듣지 못할 하나님의 말씀이 있습니다. 병들지 않고는 가까이할 수 없는 성경이 있습니다. 병들지 않고는 인간이 될 수 없습니다. 우리는 고난을 당할 때 비로소 건강할 때 볼 수 없던 것을 봅니다. 들을 수 없던 것을 듣습니다. 영광의 세계가 열립니다. 이건 현실적이고 부인할 수 없는 사실입니다. 그래서 사도 바울은 말씀합니다. '밤이 깊고 낮이 가까웠으니 어두움의 일을 벗어라.'

여러분! 현재 되어지는 아름다운 일들을 보면서 미래를 전망하는 게 아닙니다. 밤이 깊었으니 낮이 가까웠다— 깊어지는 밤에서 아침을 의식합니다. 아침을 믿습니다. 아침을 확신합니다. 그런고로 낮에와 같이 단정히 할 것입니다. 점점 어두워지는 세상을 봅니다. 그리스도의 영광이 나타나고 그 영광의 세계가 점점 더 확실해지고 믿어지기 시작합니다. 사도 바울은 말씀합니다. 고린도후서 1장 14

절에서 '그리스도의 날에 너희는 나의 자랑이 되고 나는 너희의 자랑이 되리라.' 유명한 고백을 합니다. '그리스도의 날에' 거기에 초점을 맞췄습니다. 항상 생각합니다. 그리스도의 날에 주님 앞에 갔을 때, 그리스도의 날에 너희는 나의 자랑이 되고 나는 너희의 자랑이 되리라— 바울의 위대한 신앙고백입니다.

오늘 우리가 귀한 본문말씀을 읽었습니다. 특히 이 말씀이 유명해진 것은 종교개혁자 칼뱅이 세상을 떠날 때 마지막으로 이 성경구절을 26번 암송을 하고 27번째 마지막 암송을 다 못마치고 세상을 떠나서입니다. '생각건대 현재의 고난은 장차 우리에게 나타날 영광과 족히 비교할 수 없도다.' 영광을 보며 영광을 바라보며 그렇게 종교개혁자는 세상을 마쳤습니다.

여러분! 우리가 사는 이 어두운 세상에서 빛을 봅니다. 많은 고난, 많은 재난, 말세의 징조, 여기도 재난이 있고, 저기도 재난이 있습니다. 오늘 아침에도 워싱턴 DC에 눈이 70cm나 와서 비행기도 못 뜨고 차들도 전부 올 스톱했다는 방송이 나오는 것을 봤습니다. 그래서 제가 "워싱턴에 눈이 70cm나 왔단다." 그랬더니 우리 손녀가 하는 말이 "알래스카에 올 눈이 워싱턴에 왔구만요." 그래요. 세계가 아주 곤두박질합니다. 아주 흔들립니다. 지난번 있었던 아이티의 지진을 이렇게 설명하는 걸 봤습니다. 종래의 지진은 좌우로 옆으로 흔들었어요. 그런데 이번 지진은 아래위로 흔들었어요. 그러니 무엇이 남아나겠습니까.

여러분, 예수님께서 미리 예언하셨습니다. 전쟁이 있고, 재난이 있고, 사랑이 식어지고, 배교하는 일들이 있을 거라고, 이렇게 될 것이라고, 다 예수님의 예언 속에 있는 것입니다. 여러분! 이제 영광의 아침을 바라보며 옷깃을 여미고 생각을 가다듬고 '주여, 나를 받으시옵소서'— 그 자세로 오늘을 살아가야 합니다. 순간순간을 그렇게 살아가야 합니다. '생각하건대 현재의 고난은 장차 우리에게 나타날 영광과 비교할 수 없도다.' △

내 잔이 넘치나이다

여호와는 나의 목자시니 내가 부족함이 없으리로
다 그가 나를 푸른 초장에 누이시며 쉴 만한 물 가으
로 인도하시는도다 내 영혼을 소생시키시고 자기 이
름을 위하여 의의 길로 인도하시는도다 내가 사망의
음침한 골짜기로 다닐지라도 해를 두려워하지 않을
것은 주께서 나와 함께 하심이라 주의 지팡이와 막대
기가 나를 안위하시나이다 주께서 내 원수의 목전에
서 내게 상을 베푸시고 기름으로 내 머리에 바르셨으
니 내 잔이 넘치나이다 나의 평생에 선하심과 인자하
심이 정녕 나를 따르리니 내가 여호와의 집에 영원히
거하리로다

(시편 23 : 1 - 6)

내 잔이 넘치나이다

　패트릭 맥마흔이라고 하는 사람이 있는데 이 사람에 대해서 아는 사람은 아무도 없을 것입니다. 반면 존 F. 케네디, 아마 이 사람에 대해서는 누구나 다 알 것이라고 생각합니다. 케네디가 제2차대전 시에 아주 작은 군함의 선장으로 있을 때, 맥마흔이라는 이 군인은 그 밑에서 사병으로 복무하고 있었습니다. 어느 날 일본군의 공격을 받고 배가 파선되었습니다. 13명의 선원 중에 두 사람이 전사하고 살아남은 사람들은 어쨌든 탈출해서 헤엄을 쳐서 섬으로 돌아가야만 살 수 있었습니다. 그런데 맥마흔이라는 이 군인은 얼굴과 팔다리에 심한 화상을 입어서 도저히 헤엄을 칠 수가 없었습니다. 그때에 케네디는 이 부상당한 군인에게 구명조끼를 입히고 구명대의 끈을 입에 물고 무려 4시간 동안을 헤엄쳐서 섬에 도착을 했고 맥마흔은 그렇게 목숨을 건졌습니다. 그 후 제대해서 케네디는 대통령이 되었고 맥마흔은 우체국의 말단에서 일하는 우체부가 되었습니다. 비록 이렇게 차이는 나지만 그 둘 사이가 어떤 관계입니까? 구사일생을 같이한 사람, 생사를 같이한 군인이기 때문에 종종 전화를 하고 또 가끔 만나기도 하고 만나서 허물없이 옛날얘기도 합니다. 한번은 케네디가 얘기했습니다. "지금 일하는 곳이 불편하지 않은가? 내가 큰 힘은 없지마는 도와줄 수 있으니까 필요한 게 있으면 나한테 얘기하게. 내가 최선을 다해서 자네를 돕겠네." 그러자 이 사람 이렇게 대답을 합니다. "제 생명을 구해주셨는데 그 이상의 도움이 어디에 있겠습니까. 저를 잊지 않고 계시고 제 이름을 기억하고 있다는 것만 가지고도 저는 만족하며 죽을 때까지 감사할 것입니다." 여러분, 같은 마음 아닙니까? 더 바랄 것이 무엇이 있습니까? 그저 죽을 때까지 감사할 뿐인 것입니다.

맥스 루케이도(Max Lucado)라고 하는 유명한 문학가가 있지요. 그의 작품 중 「Traveling Light(가벼운 여행)」이라고 하는 책이 있습니다. 이 책은 시편 23편을 잘 풀고 그 속에서 교훈을 주고 있으며 영혼의 순례자의 모습을 기록하고 있습니다. 그런 중에 하나님 없이 살아가는 현대인의 모습을 풍자하면서 그가 시편 23편을 현대판으로 거꾸로 써놓은 시가 하나 있습니다. 한번 같이 생각해 보시기 바랍니다. '나의 목자는 나 자신이니 언제나 부족하리로다. 내가 이 백화점에서 저 쇼핑센터로, 이 병원에서 저 요양소로 안식을 찾아 헤매 다니나 결코 안식을 얻지 못하리로다. 내가 사망의 음침한 골짜기를 홀로 기어 다니며 안절부절 못하는도다. 구충제에서부터 전선에 이르기까지 모든 것을 두려워하며 어머니의 치마꼬리를 잡고 늘어지기 시작하리로다. 매주 열리는 직원회의에 들어갈 때마다 적들이 나를 둘러쌀 것이며, 집에 들어간다 해도 가족들은 물론 하찮은 금붕어까지도 찌푸린 얼굴로 나를 맞을 것이다. 내가 강력진통제로 두통에 찌든 머리에 기름을 부으니 독한 술이 내 잔에 넘치나이다. 이 평생에 고통과 불행이 나를 따르니 나 자신에 대한 회의 속에 영원히 거하리로다.' 어떻습니까?

여러분, 좀전에 읽은 이 본문말씀 시편 23편은 특별한 의미가 있습니다. 많은 사람들이 세상을 떠날 때, 특별히 믿는 사람들이 세상을 떠날 때 과연 마지막으로 읽는 성경이 무엇일까, 혹은 듣고 싶어하는 성경이 무엇일까, 그것을 통계적으로 연구해보면 1위가 시편

23편입니다. 그러니 잘 읽어두고 잘 외워두세요. 우리가 세상 떠날 때 부득이 이 성경을 읽어야 하고, 외워야 되기 때문입니다. 아주 유명했던 어떤 분의 이야기입니다. 그분 임종예배를 드리러 갔는데 아무리 지켜앉아 있어도 세상을 떠나지 않아요. 더 기다릴 수가 없어서 오면서 그랬어요. "많은 사람들이 시편 23편을 읽다가 가니까 옆에서 꼭 읽어주라. 힘들어하거든 꼭 읽어주라"고. 그리고 제가 돌아왔는데 제가 돌아온 다음에 몇 시간 후에 세상을 떠났어요. 그런데 그의 마지막 말이 뭐냐 하면 "목사님이 일러주고 간 그 시편 23편 그것을 제가 여러 번, 몇백 번 듣는 중에 내 영혼이 밝아지고 하늘나라 가게 됐으니 곽목사님께 가서 고맙다고 인사하라"고 그랬답니다.

그렇습니다. 시편 23편은 더 기억력이 없어지기 전에 부지런히 읽고 읽어서 외워두세요. 왜냐하면 우리 인생의 마지막에 가서 이 성경을 또 읽어야 되기 때문입니다. 찬송 중에는 제일 마지막으로 부르는 찬송이 무엇일까. 통계를 내보면 '만세반석 열리니 내가 들어갑니다'— 찬송가 494장입니다. 그걸 제일 많이 부르고, 두 번째는 305장 '나같은 죄인 살리신'— 그 찬송을 많이 부른다고 통계적으로 설명하고 있습니다.

오늘 1절에서 보면 이렇게 말씀합니다. "여호와는 나의 목자시니 내게 부족함이 없으리로다." 그 속에 다 포함되어 있습니다. 목자와 양입니다. 그는 나의 목자요, 나는 양입니다. 목자와 양의 관계로 그렇게 우리 인생을 설명해주고 있습니다. 그 이상의 다른 말이 필요가 없습니다. 특별히 히브리 사람들은 그렇습니다. 우리는 목자를 잘 모릅니다. 양을 늘 보지 못하고 있습니다마는 목자와 양의 관계, 참으로 아름답습니다. 요한복음 10장에서는 예수님께서 말씀하십니다. '나는 선한 목자다. 선한 목자는 양을 위하여 목숨을 버린다.' 예수님 자신이 목자이심을 말씀하고 있습니다.

그런데 가장 중요한 것은 목자는 양을 알고 양은 목자를 안다는 것입니다. 서로 교감이 있습니다. 아주 아름다운 얘기입니다. 300마리나 되는 양이 있지마는 목자가 와서 양 한 마리를 옆에다 두고 머리를 툭툭 치고서 앞으로 가면 양들이 따라갑니다. 딱 한마디에 벌써 말이 통한 것입니다. "따라와." 그냥 한 줄로 따라갑니다. 300마리가 줄서서 쫙 따라가는 것을 볼 수 있습니다. 목을 매는 것도 아니고 또 재갈을 물린 것도 아니고 매질을 하는 것도 아닙니다. 목자가 한 마리의 양을 데리고 가면 나머지는 쭉 따라가는 것입니다. 이게 그렇게 아름다울 수가 없습니다.

또 '그는 나의 목자요, 그는 나를 먹이신다' 했는데 그 먹인다는 말이 또한 중요합니다. 제가 뉴질랜드나 호주나 이런 데 가서 양들을 보다가 깜짝 놀란 것이 있습니다. 넓은 벌판에 양이 풀을 뜯는데 전부 바둑판처럼 넓게 흩어져 있어요. 가만히 보니 풀이 많은 데도 있고 적은 데도 있고 더 맛있는 풀도 있지 않겠어요. 따라서 한 대로 모여서 싸울 것같은데 절대 없습니다. 그야말로 블루오션 전략입니다. '네가 거기서 먹냐? 나는 여기서 먹겠다.' 절대로 싸우질 않습니다. 쫙 흩어져가지고 그저 주어진대로 풀을 뜯고 있습니다. 더 맛있는 걸 먹겠다고 더 많이 먹겠다고, 싸우는 일이 없습니다. 양은 그렇습니다. 아무 걱정이 없습니다. 목자가 알아서 인도하니까 따라가서 풀을 뜯으면 됩니다.

또한 그가 인도하십니다. 인도하기 때문에 저들은 따라가는데 요한복음 10장에 보면 특별히 '목자가 앞서 간다' 그랬습니다. 위험한 일은 목자가 먼저 당합니다. 목자가 앞서가면 양들은 따라갑니다. 양은 목자에게 어디로 가느냐고 묻지 않습니다. 의심하지 않습니다. 목적도 그가 결정하고 목표도 그가 결정하고 노정도 그가 결정합니다. 과정도 그가 결정하고 최종운명도 그가 결정합니다. 목자에게 전체를 맡기고 아무 걱정 없이 나아갑니다. 이 얼마나 아름다운 일입니까! 가끔 보면 어린아이들이 부모님의 손을 잡고 어딘가 가는 것을 볼 수 있습니다. 그냥 따라가면서 좋아합니다. 그러나 한 가지는 알아야 합니다. 지금 아버지가 어머니가 자기를 어디로 인도하는지 모르고 있습니다. 알 것도 없고 묻지도 않습니다. 그냥 같이 있다는 것만으로 만족하고 그가 좋은 곳으로 인도할 것이라고 믿고 있습니다. 묻지 않고 신뢰하고 따라가는 모습입니다.

그뿐 아니라 오늘 성경은 분명히 말씀합니다. 소생케 한다고 했습니다. '영혼을 소생케 한다.' 피곤해질 때가 있습니다. 낙심할 때도 있고 좌절될 때도 있습니다. 그 연약함을, 양의 연약함을 목자가 알고 있습니다. 그런고로 마구 때리는 게 아니고 마구 인도하는 게 아닙니다. 피곤할만하면 쉽니다. 목마를만하면 물을 줍니다. 물 있는 곳으로 인도합니다. 목자의 그 깊은 지식과 경험으로 양의 형편을 알아서 인도합니다. 피곤에 지치지 않도록 인도합니다.

여러분, 우리가 때때로 지쳤다고 하고 지칠 수밖에 없다는 말을 합니다마는 아닙니다. 그럴 리가 없습니다. 하나님께서는 우리에게 시험을 주시되 피할 길을 내시며, 감당치 못할 시험을 주시지 않습니다. 내가 당하는 모든 일은 감당할 수 있는 일이요, 감당해야 할 일입니다. 아니, 감당해야만 더 큰 은혜의 세계로 인도할 수 있기 때문에 그가 나를 알아서 인도하는 것입니다. 그런고로 어려운 일을 당해도 피곤한 일을 당해도 아니, 사망의 음침한 골짜기로 가도 두려워할 것이 없습니다. 그냥 따라가면 됩니다. 양의 입장에서는 전적인 신앙입니다. 'Total faith.'

그리고 따르는 것입니다. 아주 단순한 마음으로 말입니다. 베르너 티키 퀴스텐 마허(Werner Tiki Küstenmacher)라는 분이 쓴 「Simplify your life」라고 하는 책이 있습니다. '사람은 생을 단순화해야 한다' 하면서 몇 가지로 우리에게 충고하고 있습니다. 한번쯤 생각해봅시다. 우리가 왜 용기가 없을까. 우리가 왜 나약해지나. 왜 복잡해지나. 다른 것 아닙니다. 복잡하기 때문입니다. 좀더 단순할 필요가 있습니다. 양은 목자를 따라감에 있어서 보다 더 단순합니다. 따르는 것 외에 아무 생각이 없습니다. 그것이 양이 목자를 따를 수 있는 비결입니다.

첫째, 물건을 단순화하라― 그렇습니다. 이 분이 나름대로 연구해보니까 사람들이 필요한 물건의 120%를 가지고 있다고 합니다. 120%, 그러면 얼마를 줄여야 되느냐. 100%가 아닙니다. 75%로 줄여라. 조금 부족한 듯하게 줄여라. 재산을 줄여라. 바로 여기에 문제가 있습니다. 물건이 너무 많습니다. 죄송합니다마는 제가 가끔 교인가정에 이래저래 심방을 할 때 어떤 집에 들어가 보면 곧 귀신 나올 것만 같아요. 뭐가 그렇게 많은지 휘장이다 뭐다 소품들이 많고, 상패같은 것들, 별로 필요 없는 것, 무슨 상패, 표창장, 감사장, 잔뜩 늘어놨는데 아이고 나 참 내 속으로 '웃기고 있네' 그래요. 그거 다 뭐하려고 그러는지…… 싹 쓸어버리세요. 요새는 참 문제입니다. 감사패니 뭐니 옛날에는 종이에 써주더니 그 다음에는 나무패에 해주더니 요새는 돌에다 새겨주고 크리스탈로 만들어줘서 이건 버릴 수도 없습니다. 정말 골치아픕니다. 그거 어쩌란 말입니까. 요새는 더 발전해가지고 어디 가서 설교하든가 강연하면 디카로 사진을 찍어서 사진틀에 넣어서 줍니다. 그것도 우리집에 너무 많아요. 골치아파요. 한번 지나갔으면 그걸로 끝내세요. 기념비를 세우려 하지 마세요. 잊어버리세요. 싹 쓸어버리고 다시 시작을 하세요. 아마 신선해질 것입니다. 아까울 것이 아무것도 없습니다.

또 재정상태를 단순화하라- 이게 뭔지 아십니까. 빚지지 말라는 것입니다. 빚이 있으면 어떻게 해서든 빨리 갚아버리고 또 이 분이 하는 말이 "어음 쓰지 마라" 그랬습니다. 오늘 줄 수 있으면 주고 못주면 말지 한 달 후에 준다 그럴 것 없어요. 욕심 부리지 마라. 재산상태를 줄여라. 단순화하라. 그래야 네 영혼이 산다.

또 시간을 단순화하라- 그게 뭔고 하니 해야 할 일만 하라. 해도 되고 안 해도 될 일 하지 마라. 꼭 해야 될 일만 해라. 시간사용에 있어서 아주 단순하게 중요한 일 중심으로 사용하라는 것입니다.

또 건강을 단순화하라- 죄송하지만 군더더기를 떼라. 뱃살을 빼라. 그리고 몸을 가볍게 하라. 그렇습니다. 어느 외과의사가 환자를 치료하면서 속으로 늘 그렇게 욕을 한다고 합니다. 그분이 써놓은 수필에 그런 말이 있습니다. 뭐라고 하는고 하니 '돼지만도 못한 놈아' 속으로 이렇게 욕을 하면서 치료한다고 합니다. 왜 그러냐. 자기가 아는 의약상식으로는 사람의 병은 85%가 너무 많이 먹어서 생긴 거랍니다. 전부 과식에서 오는 것입니다. 과욕에서 오는 것입니다. 그러니까 적게 먹으라는 말입니다. 그건 그렇습니다. 제가 잘 아는 목사님들 가운데 한경직 목사님이 그러셨고, 방지일 목사님도 100세가 넘었는데 소식하십니다. 보통식사의 절반, 그래가지고 100

세가 되도록 건강하게 살지 않습니까. 좌우간 오늘부터 식사를 줄이세요. 건강에서 먼저 simplify해야 됩니다.

또 관계를 단순히 하라— 더 많은 사람을 알고 만나고 교제하고 그럴 것 없어요. 이제는 알던 사람 중에서 줄여. 또 전에 백 사람 만났으면 이제는 열 사람만 만나요. 열 사람 만났으면 이제 몇 사람만 만나요. 그 만나던 사람을 소중히 여기고 거기에서 내 삶의 의미를 찾아야 한다. 인간관계 사회적 관계를 줄여라. 일을 줄여라. 그건 그렇습니다. 저는 목회에서 은퇴할 때쯤 되니까 뭐 해라 뭐 해라 그래요. 여러분 잘 모르시지만 사실이 그랬어요. 믿거나 말거나 제가 교회에서 은퇴하려고 할 때 대학 혹은 신학교에서 총장으로 오라는 곳이 다섯 군데가 있었어요. 와서 4년, 한 term만 하십시오. 한 텀만 해달라고 그랬어요. 그래서 제가 그랬어요. "나 지금 교회 은퇴하는데 내가 미쳤다고 그걸 하겠나?" 나이 들면 책임질 일을 하면 안되지요. 제가 좀 바쁘긴 합니다마는 가끔 물어요. "어디 바쁘십니까." 제가 대답을 합니다. "무책임하게 바쁩니다." 그랬어요. 아무리 바빠도 책임질 일은 안해. 왜요? 단순화해야 되니까. 왜 내가 책임지겠어요. 이제와서 내가 미쳤다고 그 짓을 또 해? 안한다고요. 절대 명예고 뭐고 큰일 안한다고 줄이세요.

일을 줄이고 관계를 줄이고…… 더 중요한 것은 자신의 상태를 단순화하라 한 것입니다. 내가 누굽니까. 내가 갈 길이 어디입니까. 내 나그네 생활에 종착점이 가까웠습니다. 후반기 아니, 그것도 종반전에 왔습니다. 그럼 내가 뭘 해야 되겠습니까. 우리가 깊이 생각해야 합니다. 자신의 상태를 자신의 인간의 본질로 돌아가면서 단순하게 simplify하라. 그렇게 말합니다. 그렇습니다. 그래야 주님을 따를 수 있고 목자를 바르게 따를 수 있기 때문입니다.

또한 오늘 성경말씀의 마지막 말씀은 무엇입니까? '여호와의 집에 영원히 거하리로다. 부족함이 없으리로다.' 만족입니다. 만족을 찾는 비결을 얻어야 됩니다. 스스로 만족합니다. 한 끼의 식사를 하면서 만족합니다. 아침에 눈을 뜰 때 만족합니다. 오늘이 나의 마지막 날이라 하더라도 만족합니다. 이대로 만족합니다. 더 바랄 것이 없더라. 이것이 양의 마음입니다. 여호와께서 나의 목자시니 모든 것을 책임져 주시니 나는 믿음으로 살면서 만족함에 부족함이 없다. 만족하는 것입니다. 원수 앞에 상을 베푼다는 말은 승리를 말하는 것입니다. 영원한 승리를 앞에 놓고 그리고 부족함이 없어라.

여러분, 만족도 하나의 라이프 스타일입니다. 그걸 잊지 말아야 합니다. 만족하는 사람이 늘 만족합니다. 조그마한 일에도 만족하고 더 조그마한 일에도 또 만족하고 모든 일에서 더이상 바랄 것이 없어요. 만족, 만족, 만족을 연결해 나가는 것입니다. 그는 나의 목자시며 나는 그의 양입니다. 양일 뿐입니다. 스스로 존재하지 않습니다. 여호와는 나의 목자시며 나는 그의 양입니다. 나는 조용하게 감사하며 목자를 믿고 따라가면 됩니다. "여호와는 나의 목자시니 내가 부족함이 없으리로다." 그리고 다시 생각합니다. "평생에 선하심과 인자하심이 나를 따르리니 내가 여호와의 집에 영원히 살리로다." △

나팔을 불지 말라

사람에게 보이려고 그들 앞에서 너희 의를 행치 않
도록 주의하라 그렇지 아니하면 하늘에 계신 너희 아
버지께 상을 얻지 못하느니라 그러므로 구제할 때에
외식하는 자가 사람에게 영광을 얻으려고 회당과 거
리에서 하는 것 같이 너희 앞에 나팔을 불지 말라 진
실로 너희에게 이르노니 저희는 자기상을 이미 받았
느니라 너는 구제할 때에 오른손의 하는 것을 왼손이
모르게 하여 네 구제함이 은밀하게 하라 은밀한 중에
보시는 너의 아버지가 갚으시리라
(마태복음 6 : 1 - 4)

나팔을 불지 말라

　어느 낚시꾼이 강둑에 앉아서 낚시를 하고 있었습니다. 한동안 공치고 있었습니다. 한 마리도 잡히지 않아서 오늘은 아주 공치는가 보다 생각하고 쓸쓸한 마음으로 낚시를 계속했는데 오랜만에 한 마리가 물렸습니다. 솜씨를 발휘해서 낚아채어 잡았습니다. 꽤 큼직한 물고기를 한 마리 잡았습니다. 그때에 강둑을 지나가던 어떤 여자가 고기를 잡아 올리는 것을 보았습니다. 그 여자는 낚시꾼 옆으로 가까이 다가서서 망태 속에 있는 물고기를 보고 수다를 떨기 시작합니다. "아이고 어쩌나. 저 불쌍한 물고기 저걸 잡다니…… 저 작은 물고기를 무자비하게…… 당신은 인정도 없소? 불쌍한 물고기를 낚시로 꿰어서 잡아 올리다니 너무한 것 아닙니까? 어째 사람이 그렇게 잔인하오?" 이러고 수다를 떠는 겁니다. 그러자 낚시꾼은 여자를 힐끔 쳐다보면서 뜻있는 한마디를 했습니다. "이 물고기가 누구처럼 떠들어대지 않고 입만 꼭 다물고 있었더라면 괜찮았을 텐데……" 그래요, 말이 많아요. 말이 너무 많아요.

　오늘본문에 말씀합니다. "사람에게 보이려고……" 두고두고 생각해봅시다. 사람에게 보이려고 무슨 일을 한다― 피곤한 일입니다. 여러분, 사람의 눈치 보고 사는 것 얼마나 피곤합니까? 우리가 쓰는 대화 중에 사람을 평가하는 무서운 말 한마디가 있습니다. '눈칫밥 먹고 산 사람.' 무서운 얘기입니다. 떳떳하게 살지 못하고 눈칫밥 먹고 산 사람, 성격적으로 문제가 있어요.

　여러분, 사람들은 한평생 살면서 '남들이 뭐라고 할까?'

'reputation'— '평판'에 대해서 신경을 씁니다. 여러분, 이 신경 한번 딱 끊어버리고 살면 안 되겠습니까? 그러면 자유인이 될 텐데 아니, 건강할 수도 있을 텐데 말입니다. '사람들이 뭐라고 하나?' 참 피곤하고 힘든 일입니다. 이것이 바로 우울증으로 가는 길이랍니다. 자기 존재가 넉넉치 못하기 때문에 환경을 보고 이웃을 보고 남들이 뭐라고 하나 이런 것 상상을 하면서 삽니다. 그러다가 사람이 지치고 쓰러지는 것입니다. 사람에게 보이려고, 사람을 의식하고, 사람으로부터 인정받고 칭찬받고 존경받으려는 그 마음 그것이 얼마나 초라합니까? 이러면 어떻고 저러면 어떻습니까? 뭐가 그렇게 중요합니까?

그런데 여기에 매달려서 헤어나지 못하는 그런 나약한 심령들을 봅니다. 선행은 선행이요, 구제는 구제입니다. 그러나 예수님의 관점에서 볼 때 요지는 사람에게 보이려고 하면 선행이 아니라는 것입니다. 아니, 구제도 아니라는 것입니다. 특별히 하나님 앞에는 아무것도 아니라는 것입니다. 하나님 앞에는 물론 상급도 없다는 말입니다.

유대사람들의 오랜 전통 속에는 생활의 덕목이 있습니다. 인격의 덕목이기도 하고 신분덕목이기도 합니다. 그래서 이 사람들은 말입니다. 돈많은 사람 존경하지 않습니다. 지식이 많은 사람도 지위가 높은 사람도 별거 아닙니다. 덕이 있어야 됩니다. 여기서 말하는 '덕'이 있는 사람에게 존경을 보내고 또 칭찬을 보냅니다. 그런 여섯 가지 대표적인 덕목이 있습니다. 첫째가 공부하는 덕목입니다. 'study', 사람은 공부해야 됩니다. 계속적으로 공부합니다. 그런 자세로 살 때 훌륭한 사람이 될 수 있습니다. 공부 안하는 사람, 결국 무식한 사람이 되고 맙니다. 두 번째는 환자를 방문하는 것입니다. 아주 중요한 일입니다. 제가 어느 장로님 한 분을 방문한 때가 있었습니다. 병원에 계시는 장로님을 방문했을 때 아주 눈물로 참회하고 맹세하는 것을 보았습니다. "제가 이렇게 병원에 들어와 딱 생각하니 제가 결혼식에는 많이 다닌 것같습니다. 그러나 환자를 찾아간 일은 한 번도 없습니다. 아무리 생각해도 한 번도 없습니다. 제가 이 병원에서 나가게 되면 죽는 날까지 기회 있는대로 적어도 일주일에 한번은 꼭 환자를 방문하는 일을 하겠습니다" 하고 맹세하는 것을 보았습니다. 여러분, 병원에 조용히 외롭게 누워 있는 환자를 방문하는 것, 덕목입니다. 그리고 세 번째는 'hospitality'입니다. 대접하는 것입니다. 남을 음식을 대접하고 그저 기회 있는대로 많은 사람을 대접하는 그런 것, 아름다운 덕목입니다. 네 번째는 기도하는 것입니다. 나를 위해 기도할 뿐더러 남을 위해서 기도 많이 하는 것 그게 덕목입니다. 다섯 번째는 율법을 가르치되 특별히 자녀들에게 부지런히 하나님의 말씀을 가르치는 것입니다. 마지막이 중요합니다. 마지막은 다른 사람의 장점을 생각하는 것, 단점은 덮어주고 장점만 생각하는 그런 사람이 덕있는 사람입니다.

　자, 이렇게 여섯 가지 덕목을 생각합니다. 이것이 신분덕목이기도 합니다. 이렇게 사는 사람은 높은 사람입니다. 존경받아 마땅합니다. 아니, 많은 사람이 이런 사람을 찾아서 존경합니다. 그랬더니 존경받기 위해서 이런 일을 하는 사람이 생겼습니다. 이런 덕이 있는 사람은 존경받아 마땅한데 존경받는 것을 보고 나도 존경받기 위해서 이런 선행을 하게 된다는 말입니다. 그중의 하나가 구제입니다. 불쌍한 사람을 돌아보는 일입니다. 그런데 나팔을 부는 것입니다. 수레에다가 많은 쌀이나 곡물을 싣고 그리고 정말 나팔을 불면서 동네를 돌면서 가난한 집을 찾아서 이 쌀을 얼마씩 나누어주는 것을 제가 본 일이 있습니다. 그것도 좋은 일입니다. 하지만 예수님께서는 말씀하십니다. '제발 구제할 때 나팔 불지 마라.' 사람에게 보이려고 그렇게 하지 마라― 그럼 동기가 잘못된 것입니다. 누구를 위해 하는 것입니까? 이게 지금 그 사람을 돕자는 것입니까? 그 덕목으로 인해서, 덕행으로 인해서 내가 칭찬을 받고 내가 영광을 누리자는 것입니까? 대체 누구를 위한 것이냐고요. 이것이 자기를 위한 것일 때 그것은 구제가 아닙니다. 그건 상이 없습니다.

오늘 예수님 말씀하십니다. "자기 상을 이미 받았느니라." 이걸 헬라 원문대로 보면 '아페케인'이라는 말인데요, 상업용어입니다. '지불완료 영수증'이라는 뜻입니다. 이렇게 떠들면서 좋은 일 했다 하면, 나팔 불며 사람들로부터 칭찬받았다 하면 끝! 하나님 앞에는 아무 의미도 없는 것입니다. 그래서 지불완료, 이렇게 예수님께서 강하게 말씀하십니다. 그런고로 은밀하게 비밀스럽게 하라는 말입니다.

행복은 은밀한 가운데 있습니다. 나와 하나님만이 아는 것 거기에 행복이, 정말 뜨거운 행복이 있는 거지 사람에게 드러내는 순간 벌써 잠깐은 좋을지 몰라도 그 다음에 뒷일은 찝찝합니다. 재미없습니다. 아무도 모르게― 그게 아름다운 일입니다. 그래서 유대사람들 특히 랍비의 교훈 중에는 아주 세목으로 이렇게 기록이 됩니다. '구제는 뒤에서 하라. 그리하여 내가 누구에게 주었는지 내가 몰라야 한다. 그리고 저 사람은 누구에게 받았는지를 몰라야 한다. 주고받는 사람이 서로 몰라야 진짜 구제가 된다.' 그래요. 받는 사람이 누구로부터 받았는지 모르는 것 좋은 일입니다. 또 좋은 일이 하나 있습니다. 그것이 내가 누구를 줬는지 몰라야 됩니다. 이거 알면 종종 '그렇게 받고도 보답이 없네. 인사도 없네. 뭐 사람이 저래?' 벌써 그건 다 빗나간 것입니다. 그러니까 주고받는 사람이 다 몰라야 한다, 그 말입니다. 이 얼마나 중요합니까?

오래전에 거제도 뒤에 있는 어느 교회가 그만 태풍으로 날아가 버렸습니다. 그래서 신문에 났는데 우리 집사님 한 분이 오더니 "목사님, 제가 지금 돈이 좀 생겼는데 그 예배당 제가 지어줄 마음 있습니다" 하셔서 "좋아 가져와. 단, 나와 당신만 알고 아무도 모른다." 그러자 "아 그럽시다" 하고 예배당을 지어줬습니다. 1억. 그래서 잘 지어줬습니다. 그 헌당식 하는 날 갔더니 돼지를 잡아서 잔치를 하고 굉장하게 헌당식을 하고 돌아옵니다. 돌아오는 일행과 뱃전에 떡 섰는데, 이 집사님이 가까이 오더니 제 손을 꽉 잡고는 말합니다. "목사님, 내 일생 오늘처럼 행복한 날은 없었습니다." 지금 1억을 낸 사람이 옆에 있지마는 아무도 몰라요. 나만 알고 입 다물었어요. 그분이 그렇게 말했어요. "내 일생 이렇게 행복한 날은 없었습니다."

그래요. 아무도 몰라야 진짜 행복이 내 마음속에 오는 거지 떠들어대고 표창장 감사장 받고 나면 돌아서는 순간 벌써 마음이 좋지 않아요. 좋지 않습니다. 그래서 구제는 받는 자와 주는 자가 다 몰라야 한다는 것입니다. 그래서 좀 구제할 돈이 있으면 교회에다 맡기고 "목사님, 이거 구제에 써주세요. 이거 이렇게 해주세요" 하고 끝내면 참 좋겠는데, 꼭 자기가 구제하고 가서 악수하고 인사해야 되겠답니다. 여기서 문제라니까요. 북한에 있는 분들이, 그 고관들이 언젠가 한번 그래요. "목사님, 남조선 교인들이 예수를 믿는지 모르겠어요." 원 세상에 "무슨 소리냐?" 그랬더니 "여기서 쌀도 주고 뭣도 주고 주는 건 좋은데, 이거 좀 줘 놓고는 감사장 달라, 영수증 달라, 직접 가서 내가 악수하고 줘야겠다, 말이 많아요. 그래서 내가 성경을 좀 읽어봤더니 오른손이 하는 것 왼손이 모르게 하라 그랬어요. 남조선 교인들이 예수를 믿는 거예요 안믿는 거예요?" 묻습디다. 제발 정신 좀 차립시다. 이렇게 해서는 안됩니다.

또하나는 '구제 받는 자가 부끄러움을 느끼면 벌써 구제가 아니다.' 참 중요한 말입니다. 구제 받는 사람의 자존심을 생각해야 합니다. 그 자존심을 짓밟으면 안됩니다. 구제받는 사람이 부끄러움을 느껴서는 안됩니다. 아주 오래전에 나진을 방문했을 때 눈이 많이 오는 날이었습니다. 차를 타고 가다가 두 사람이 눈 속에 지나가는 것을 보고 같이 태워서 가고 있는데 방한복이 좋아요. 그래서 제가 "방한복이 참 좋습니다." 그랬더니 "이거요. 평화그룹에서 보내온 겁니다." 그래요. 아, 그런데 나는 마음이 흐뭇했어요. 평화그룹이 소망교회가 만든 거거든요. 그래서 내가 마음이 좋았는데 가만있으면 좋을 걸 옆에 있는 사람이 입방아를 찧었어요. "평화그룹이 뭔지 알아요?" 그렇게 물었어요. "소망교회죠!" 대뜸 알더라고요. 그런데 제가 가슴이 뜨끔한 게 뭐냐하면 다행히 그것은 새것이었어요. 그 방한복이 좋은 것이었어요. 그러니 내가 흐뭇했지 만일에 그것이 시원치 않은 옷이었으면 내 얼마나 부끄러울 뻔했습니까.

오른손이 하는 것 왼손이 모르게 — 이 얼마나 중요합니까? 받는 자의 심리적 상태를 중요하게 생각해야 합니다. 받는 자가 부끄러움을 느끼면 안된다 이 말입니다. 또하나 있습니다. 중국에 어느 때 홍수가 났어요. 많은 사람이 홍수에 막 떠내려가는데 거기에 중국에

가 있는 선교사 하나가 떠내려갔어요. 이걸 중국에 있는 어느 중국 사람 하나가 애써서 밧줄을 던지고 그렇게 해서 건져냈어요. 너무 고마워서 이 선교사가 그 사람을 붙들고 "당신 이름이 뭡니까? 내 일생동안 보답하겠습니다. 이름이 뭡니까?"하고 물었더니 그 사람 이 빙그레 웃으면서 하는 말입니다. "성경에 선한 사마리아 사람 이름 있소?" 그리고 지나가더랍니다.

여러분, 그 소중한 선한 사마리아 사람, 성경에 이름이 없습니다. 이 얼마나 중요한 얘기입니까? 이름 없이! 제발 그렇게 한번 해 봅시다. 그래야 내 영혼이 살아요. 정말 가슴이 탁 트이는 그런 행복 을 느낄 수 있는 것입니다.

그리고 구제의 동기라는 것은 먼저 항상 주는 자 됨에 대한 감 사이어야 합니다. 제가 북녘땅에 갈 때마다 저는 행복합니다. 어떤 사람은 갔다와서 너무너무 무서웠다나 그래가지고 "이렇게 어려운 데를 자주 오십니까?"그럽니다마는 저는 갈 때마다 행복해요. 왜 요? 주는 자가 됐으니까. 저는 받는 자고 나는 주는 자요. 주는 자가 됐다는 사실은 얼마나 행복한 일입니까? 내가 어쩌다가 여기서 피 란을 나갔는데, 아주 맨손으로 나갔는데 오늘 그래도 무언가 가지고 와서 이 사람들에게 준다는 것, 줄 수 있다는 것, 다소라도 줄 수 있 다는 것, 이게 바로 영광이요 행복 아니겠습니까? 또한 줄 수 있는 기회가 있다는 것, 아무나 줄 수 있는 것도 아니고 아무 때나 줄 수 있는 것도 아닙니다. 또한 큰 보상은 다시 구제할 수 있는 기회가 주 어진다는 것입니다. 그것이 바로 구제하는 자에게 주시는 복입니다. 가장 큰 것은 오늘 성경에 암시된 대로 하늘이 열린다는 것입니다. 하나님께서 보상하십니다. 기도가 응답됩니다. 기도가 응답되고 하늘이 열리는 그러한 높은 성격의 선행이 있어야 할 것입니다.

여러분, 당연한 것입니다. 마땅한 것으로 줘야 할 것을 주고, 주어야 할 자에게 줄 뿐이요, 내가 받을 인사도 없고 내가 받을 칭찬도 없습니다. 마땅한 의무입니다. 그런가 하면 특권에 대해서 감사해야 됩니다. 줄 수 있고 바로 이런 시간이 내게 있다는 것 하나님 앞에 감사하고 사랑하는 마음으로 구제해야 할 것입니다. 기회를 주신 하나님! 그만큼 내게 무엇을 주신 하나님께 감사하며 할 것이지 그 외에 조금이라도 보상이나 무슨 상급이나 뭐 흔히 요새 말하는 대로 복이나 그런 거 바라지 마세요. 이미 복 받았어요. 뭘 또 바래요.

우리는 기도문에 문제가 있습니다. 꼭 "주세요. 주세요"가 많아요. "이렇게 해 주세요. 이렇게 주세요." 제가 교인들의 기도를 연구해봤더니 '그리하여'가 문제더라고요. "좋은 음식 주셔서 감사합니다. 잘 먹겠습니다. 아멘." 이렇게 됐으면 딱 좋겠는데 이 음식 먹고 '그리하여' 뭐뭐 하다가 남북통일까지 갔다 와요. 이게 안되거든요. 우리가 "하나님 건강 주세요." 끝! "하나님, 주의 은혜로 살게 해주세요. 아멘." 하면 좋겠는데 '그리하여' 그 다음부터 복잡해집니다. 또 달라는 얘기입니다. 그리하여 다음은 전부 청구서입니다. 분석해 보니까 그렇더라고요. 도대체 몇푼 내고 얼마 달라는 겁니까?

우리교회에서는 일부러 헌금기도를 목사가 합니다. 다른 교회들 보면 헌금기도를 집사님들이 하는 경우도 많아요. 뒤에 앉아서 들어보면 마음에 안들어요. "하나님, 쓰다 남은 돈을 하나님께 바쳤습니다." 이게 또 무슨 소리입니까? 그 다음에 하는 말이 "그러나 오병이어의 기적을 주세요." 욕심도 많아. 아니, 쓰다 나머지 몇푼 갖다 놓고서 오병이어가 뭡니까. 이게 무슨…… 말이 안되잖아요. 그저 입만 벌리면 청구서라니까요. 그냥 "오늘 줄 수 있어서 감사합니다, 아멘." 그러면 안되겠어요? 여기까지면 안되겠습니까? 어떤 선행도 하나님 앞에서 이루어져야 됩니다. 사람을 보고 하면 낙심합니다. 실망합니다. 사람을 생각하고 하면 교만해집니다. 사람에게 초점을 맞추면 위선자가 됩니다. 순수한 동기, 순수한 마음에서, 순수한 사랑에서 주는 기쁨 받는 기쁨. 그리할 때에 하나님께서 은밀하게, 은밀하게 갚으신다고 했습니다.   △

내가 믿나이다

저희가 이에 제자들에게 와서 보니 큰 무리가 둘렀
고 서기관들이 더불어 변론하더니 온 무리가 곧 예수
를 보고 심히 놀라며 달려와 문안하거늘 예수께서 물
으시되 너희가 무엇을 저희와 변론하느냐 무리 중에
하나가 대답하되 선생님 벙어리 귀신들린 내 아들을
선생님께 데려왔나이다 귀신이 어디서든지 저를 잡
으면 거꾸러져 거품을 흘리며 이를 갈며 그리고 파리
하여 가는지라 내가 선생의 제자들에게 내어 쫓아 달
라 하였으나 저희가 능히 하지 못하더이다 대답하여
가라사대 믿음이 없는 세대여 내가 얼마나 너희와 함
께 있으며 얼마나 너희를 참으리요 그를 내게로 데려
오라 하시매 이에 데리고 오니 귀신이 예수를 보고
곧 그 아이로 심히 경련을 일으키게 하는지라 저가
땅에 엎드러져 굴며 거품을 흘리더라 예수께서 그 아
비에게 물으시되 언제부터 이렇게 되었느냐 하시니
가로되 어릴 때부터니이다 귀신이 저를 죽이려고 불
과 물에 자주 던졌나이다 그러나 무엇을 하실 수 있
거든 우리를 불쌍히 여기사 도와 주옵소서 예수께서
이르시되 할 수 있거든이 무슨 말이냐 믿는 자에게는
능치 못할 일이 없느니라 하시니 곧 그 아이의 아비
가 소리를 질러 가로되 내가 믿나이다 나의 믿음 없
는 것을 도와 주소서 하더라

(마가복음 9 : 14 - 24)

내가 믿나이다

　　종교개혁자 마르틴 루터가 학생 때 경험했던 일입니다. 그의 학창시절에 독일에서는 고등학생들이 노래를 잘하면 남의 집 창문 밖에서 노래를 부르고 학비를 마련하곤 했다고 합니다. 지금처럼 녹음 시설이 없을 때이기 때문에 생음악이 아니면 음악을 들을 수가 없었습니다. 그래서 이 젊은 학생들이 남의 집 문 앞에 가서 노래를 불렀습니다. 노래를 듣고 주인이 나와서 좋은 마음으로 얼마간 보태주고 나면 그저 학비에 크게 유익했다는 것입니다. 그런데 부르는 노래가 너무 엉망일 경우나 혹은 창문 안에 있는 주인의 성품이 좀 곱지 못하고 고약한 경우에는 아주 무안을 당하고 빈손으로 쫓겨나는 일도 많았답니다.

　　한번은 루터가 어느 부잣집 창문 아래에서 큰 소리로 노래를 불렀습니다. 그런데 잠시 후 창문이 열리고 안에서 잠깐 내다보는 듯하더니, 체격이 크고 무섭게 생긴 사나이가 냅다 뛰어나오는 것입니다. 루터는 그 험상궂은 사나이가 자기 노랫소리가 마음에 안들어 붙잡아서 주먹질이라도 할 줄 알고 도망치기 시작했습니다. 그런데 이 사나이는 양보하지 않고 계속 쫓아옵니다. 결국 발이 빠르지 못한 루터는 이 무서운 사나이에게 붙들렸습니다. 공포에 떨며 벌벌 떨고 있는 루터에게 그 사나이는 큰 돈뭉치를 내밀었습니다. 루터에게 장학금을 주고 싶어서 쫓아오는, 마음이 따뜻한 사람이었던 것입니다. 루터는 이렇게 고마운 분을 산도깨비로 믿고 도망했던 일이 너무 부끄러웠다고 회고합니다.

배리 슈워츠(Barry Schwartz)라고 하는 교수의 유명한 학설이 있습니다. 「선택의 심리학」이란 책에 소개되고 있는 선택에 관한 내용입니다. '선택의 심리학'— 여러분, 한번 깊이 철학적으로 생각해봅시다. 선택의 기회가 많다는 건 복입니다. 선택의 기회가 넓다— 그얼마나 자유롭고 좋습니까마는 그렇게 되면 사실은 더 불안합니다. 여러분, 물건을 사러 가도 그렇지 않습니까? 딱 한 가지 물건만 있으면 쉬운데 좋은 물건이 많으면 어디서 골라야 하나? 잘못하면 날을 샙니다. 이처럼 선택의 기회가 많다는 것이 꼭 복은 아닙니다. 더어려울 경우가 있습니다. 그래서 이것을 선택의 역설이라고 합니다. 제가 미국 가서 공부할 때 어느 여학생이 나에게 물어봅니다. "한국에서는 아직도 중매결혼 하나요?" 대답하기 참 힘들데요. 그래서 반반이라고 그랬지요. 반은 중매하고 반은 연애도 하고 그런다고요. "중매결혼 하면 얼마나 좋겠어요?" 그래요. "어째서? 너희들은 마음대로 선택하지 않느냐?" 그러자 "그게 얼마나 어려운지 알아? 아무남자도 소개해주지 않고 우리 어머니는 주말에 내가 집에 있으면 그냥 욕을 하는데 저건 연애 하나도 못하고 집에 쭈그리고 앉았다고 그러니 날더러 어떡하라는 것인지……" 그렇게 고민하는 걸 보았습니다. 여러분, 내 마음대로 하는 거, 좋은 것같아도 그게 문제입니다. 그게 그렇게 좋은 일만은 아닙니다.

두 번째는, 선택하는 순간 책임을 져야 됩니다. 다른 사람이 선택하고 나에게 강요한다면 나는 그저 못이기는 척하고 따라가주면 됩니다. 잘못되면 책임을 그쪽에 돌립니다. 하지만 내가 선택한 일에는 내가 책임을 져야 됩니다. 그래서 자살이 많습니다. 이건 내가 선택한 일이니 내가 책임을 져야 됩니다. 내 운명을…… 그런고로 이렇게 세상이 더 어지러워진다고 하는 그러한 이론입니다.

폴 투르니에(Paul Tournier)의 「모험으로 사는 인생」이라고 하는 책이 있습니다. 이 또한 중요한 진리를 우리에게 말해줍니다. '인생은 결국 순간순간 모험으로 산다. 다 알고 사는 일도 없고 다 경험해 보고 사는 일 없다. 어찌 생각하면 인생은 일생동안 첫 경험이다.' 그렇지요. 경험은 반복되는 것같으나 아닙니다. 전부가 첫 경험입니다. 그러니까 모험입니다. '과감한 모험에서 새로운 결과와 창조적 시간들을 얻을 수 있다.'

성도 여러분, 그 모험이 곧 믿음입니다. 키에르케고르의 유명한 말이 있습니다. '믿기 어려운 것은 이해하기 어려워서가 아니라 순종하기 어려워서다.' 믿기 어려운 것이 아닙니다. 믿는 순간 순종해야 하니까 순종하기 어려워서 믿지 않는 것입니다. 내가 믿는 바에 자신을 위탁해야 합니다. 거기다가 운명을 걸어야 합니다. 여러분 잘 알지 않습니까. 한 남자를 믿었다― 거기다가 운명을 겁니다. 그게 결혼 아닙니까? 한 다리만 걸쳐서는 안됩니다. 운명을 걸어야 됩니다. 그게 바로 사랑이라는 것입니다.

본문에서 보면 예수님께서 아주 귀중한 말씀을 하십니다. "믿음이 없는 세대여……" 세대를 개탄하는 그런 말씀을 하십니다. '믿음이 없는 세대여 내가 얼마나 너희와 함께 있어야 믿음이 생기겠느냐?' 하는 그런 말씀입니다. 믿음 있는 자와 함께 가다보면 믿음이 생기게 마련입니다. 이제쯤은 여기까지 믿어야 되겠는데 아직도 그 모양입니다. 그래서 예수님께서 "믿음이 없는 세대여"라고 말씀하신 것입니다. 본문에서 믿음은 곧 권능입니다. 믿음은 곧 능력입니다. 믿음이 능력으로 그대로 작용합니다.

어느 좋은 새 차를 탄 아주머니가 시골길을 가다가 그만 길을 잃었습니다. 그래서 차를 시골 동네로 몰고 들어가서 지나가는 사람들에게 물어보았습니다. "진주로 가려면 어디로 가야 됩니까?" 낯선 사람이라 그런지 사람들이 대답을 안하고 가버립니다. 그런데 아주 험상궂게 생긴 노인이 지게를 지고 지나가는 걸 보고 "할아버지, 진주로 가는 길이 어느 길입니까?" 했더니, 이 할아버지 역시 좀 다정하게 말씀하지 않고 "좌 쪽으로 가면 돼요." 이 아주머니가 조금 어이가 없어서 또 물어보았어요. "진주로 가는 길이 어느 길이에요?" "좌 쪽으로 가면 된다니까요." 세 번째 또 물으니까 막대기를 들고 "좌 쪽으로 가면 된다고……" 하고 소리를 지릅니다. 이 아주머니는 다시 차를 몰고 가는데 어디로 갔는지 아십니까? 우 쪽으로 갔습니다. 그 사람을 못믿어서 우 쪽으로 갔더니 결국 삼천포로 빠졌답니다.

여러분, 사람을 못믿는다는 것 참 힘든 것입니다. 이게 여간 불행한 일이 아닙니다. 아예 안믿기로 결심한 사람들이 있는데, 청개구리처럼 꼭 반대로만 갑니다. 그러다가 일생이 망가집니다. 오늘본문에 믿음 없는 사람이 있습니다. 이 아이의 아버지, 불쌍한 귀신들린 아이의 아버지입니다. '할 수 있거든 내 아들을 불쌍히 여기사 고쳐주세요. 할 수 있거든……' 그러자 예수님께서 "할 수 있거든이 무슨 말이냐" 하십니다. 그 대화 속에 엄청난 진리가 있습니다. "할 수 있거든이 무슨 말이냐 믿는 자에게는 능치 못할 일이 없느니라." 믿음의 위력을 이렇듯 강력하게 말씀하십니다.

우리는 너무 많이 속았습니다. 너무 많이 속아서 실망 끝에 이제는 불신의 사람이 되었습니다. 마음에도 안믿는 사람이 됐습니다.

여러분, 가정이 불행하다 사회가 불행하다, 뭐 자라난 환경이 어떻다, 다 말할 것 없습니다. 결국은 그 모든 일로 인해 믿음을 잃어버렸다는 것이 제일 불행한 것입니다. 아무도 안 믿는 사람이 됐다는 것, 믿음 없는 사람이 되어 버렸다는 것, 참으로 불행한 일입니다. 흔히 우리가 말할 때 가정교육을 잘 받았다는 말을 합니다. 그게 뭡니까? 믿음이 있다는 것입니다. 그는 남을 믿을 줄 안다는 것입니다. 그런데 가정교육을 잘못 받았다. 그게 뭡니까? 눈칫밥 먹고 살았어요. 그래서 성격이 삐뚤어져서 안믿어요. 아예 안믿기로 결심합니다. 그러니 결국 허약해질 수밖에 없습니다. 허약한 정신, 허약한 육체, 그 인간관계가 아주 허약해지는 것입니다.

믿는다– 참으로 소중한 것입니다. 이 믿음 없는 아이의 아버지, 예수님께로부터 책망을 받습니다. "할 수 있거든이 무슨 말이냐 믿는 자에게는 능치 못할 일이 없느니라." 이 말씀을 듣고 그 아버지 뜨끔했습니다. 충격 받았습니다. 그런데 오늘 성경에 보니까 아이의 아버지가 '믿음 없는 것을 도와주소서. 내가 믿습니다'라고 말하고 있는데 이 말에 조금 모순이 있습니다. '믿습니다 믿음 없는 것을 도와주소서'하고 있는데 '믿습니다' 했으면 믿음이 있는 것이지. 믿음 없는 것을 도와주소서는 또 뭡니까? 예수님 앞에 정신이 없으니까 무슨 소리를 못하겠습니까마는 논리적으로 말이 안됩니다. 아니 '믿음이 부족한 것을 도와주소서' 하면 모르지만 '믿음 없는 것을 도와주소서'하는 말은 말이 안됩니다. 다시 말하면 믿음 없다는 것을 스스로 아는 사람입니다. 그 단계를 말합니다. 그리고 부끄러움을 가지고 삽니다.

여러분, 믿음 없는 것 부끄러워할 줄 알아야 됩니다. 유명한 일본의 신학자 우찌무라 간조가 사는 곳에 몇달 동안 비가 오지 않았어요. 그래서 모든 국민이 비가 요 며칠만 더 안오면 금년농사 망친다고 걱정을 하고 있을 때입니다. 아침식사를 하는데 아들 둘을 데리고 기도를 했습니다. 오랫동안 비가 안오는 것에 대한 답답한 마음이 있었기에 식사 기도하는 동안에 비에 대한 기도를 했습니다. "하나님 아버지, 비를 주세요. 그리하여 금년에도 양식을 주셔야겠습니다." 그 말까지 했으면 좋을 걸 "비가 올 줄로 믿습니다. 아멘" 했어요. 이제 식사 후에 초등학교 6학년 아이는 그냥 가는데 초등학교 3학년 그 동생은 "우산, 우산" 그러더래요. 아버지가 기가 막혀서 "비도 안오는데 웬 우산은?"했더니 "아버지, 아버지가 비 올 줄로 믿습니다 하지 않았어요? 그러니 우산 가지고 가야죠." 아버지가 거기에 큰 충격을 받았습니다. "나는 믿습니다." 그것 가짜입니다. 난 그래서 요새 부흥회들 하는 것 보면 "믿습니까? 믿습니까?"하면 "믿습니다! 믿습니다!"하는데 제가 보기에는 그 소리가 클수록 믿음이 없는 것같습니다. 믿어지지 않으니까 소리지르는 것입니다. "믿습니다." 진짜 믿어지면 말 안해도 됩니다. 조용해도 됩니다. 안그렇습니까? 어쨌든 믿음 없는 데 대한 가책의식, 믿음 없는 데 대한 부끄러움을 가져야 합니다.

여러분, 아이들과 같이 지내보면 아이들이 얼마나 믿음이 좋은지 부끄럽지 않아요? 이런 마음을 가지고 삽니다. '나는 믿음 없는 사람이다. 믿음이 작은 사람이다. 나는 믿음 없이 오랜 세월 살아가면서 너무 시달려서 배신도 당하고 실망하는 일도 많았기에 이렇게 돼버렸습니다. 믿음 없는 사람이 됐습니다. 믿음 약한 사람이 됐습니다. 병든 믿음이 됐습니다.' 하찮은 믿음 그걸 부끄러운 줄 아는 사람, 중요한 것입니다. 그래서 믿음을 위해서 기도합니다. "믿음 없는 것을 도와주소서. 나의 믿음을 더해 주소서. 예수님의 제자들처럼 예수님께서 믿음을 더해주소서." 믿음을 위해서 기도해야겠습니다. 여러분, 돈을 위해서 물질을 위해서 건강을 위해서 기도해야겠지만 아니, 우리는 새 마음으로 '하나님 믿음을 주소서. 위대한 믿음을 주소서.' 그 기도가 우선되어야 할 것입니다.

　세 번째 사람은 믿음 없는 것을 모르는 사람입니다. 의식 속에 없습니다. 소리만 지릅니다. 믿음 있는 줄로 착각했습니다. 심리적으로 보면 어느 사이에 벌써 믿음이 빠져나갔습니다. 내가 불신의 사람이 됐다는 것, 믿음이 없는 사람이 됐다는 걸 자기도 모르고 있었습니다. 그래서 말입니다. 이 성경말씀을 앞뒤로 연결해보면 마가복음 6장 7절이나 누가복음 10장 17절을 보면 예수님께서 제자들을 파송합니다. 제자들에게 귀신을 내쫓는 능력을 주십니다. 또 병 고치는 능력을 주셨습니다. 그리고 나가서 전도하라 하십니다. 그래서 두 사람씩 두 사람씩 나가서 전도하면서 많은 병자를 고쳤습니다. 귀신을 내쫓기도 했습니다. 그리고 돌아와서 보고를 합니다. "내가 귀신들은 나가라 했더니 나갔습니다. 내가 병자에게 손을 얹으니까 병자가 건강해지고…… 이런 능력을 많이 행했습니다"라고 보고를 할 때 예수님께서 말씀하시기를 '병자가 나았다고만 좋아할 것이 아니고, 귀신이 순종했다고 기뻐할 것이 아니라, 너희 이름이 하늘나라 생명책에 기록된 것으로 인하여 기뻐하라' 하십니다. 그러니까 한마디로 말하면 며칠 전에 병 고친 경력이 있습니다. 귀신 내쫓은 경험이 있었다는 말입니다. 그래서 오늘 아침에 이 실수를 하는 것입니다. 예수님께서 기도하러 산에 올라가셨는데 제자들이 산 밑에 있었습니다. 이 어린아이 아버지가 어린아이를 데리고 왔을 때, 내 생각은 그래요, 예수님 만나러 온 것 아닙니까? 그러면 제자들이 "조금만 기다리세요. 이제 좀 있으면 예수님이 산에서 내려오실 텐데, 이까짓 귀신 하나쯤은 깨끗하게 해주실 터이니 기다리시면 됩니다"하고 붙들고 기다렸더라면 좋았을 것을 이 제자들이 그렇게 하질 않습니다. 며칠 전에 해본 경험이 있잖아요. 그러니까 서로가 다 한 번씩 해봤어요. "예수의 이름으로 명하노니 귀신아 나가라."

여러분, 이런 것 해보았습니까? "귀신아 나가라." 이렇게 할 때 싹 나가주면 얼마나 좋겠어요. 그런데 이게 그렇지 않을 때가 많아요. 그것 참 힘든 것입니다. 나가라고 하는데 안나가는 것입니다. 더 소리소리 지르는 것입니다. 이거 어떡하면 좋아요? 제 후배 제자 목사 하나가 어느날 다급하게 전화를 걸어왔어요. 개척교회를 하는 그런 젊은 목사인데 예배드리는 동안에 귀신들린 사람 하나가 소리 지르더래요. 그러면 제 생각에는 그 옆에 있는 집사님한테 "데리고 나가 주세요. 좀 있다가 제가 위해서 기도해 드리겠습니다."이랬으면 좋았을 걸 예배 설교하다 말고 가운데 들어가서 귀신들린 사람에게 "나사렛 예수의 이름으로 명하노니 나가라" 했대요. 여기서 귀신이 나가줬으면 얼마나 좋아요. 그런데 그 귀신들린 사람이 "야 이놈아!" 하고 도리어 넥타이를 잡아채는 바람에 아주 혼났답니다. 좌우간 너무너무 어렵고 그래서 저한테 전화를 건 것입니다. "어떡하면 좋습니까?" "어떡하긴 어떡해? 사표 내라" 그랬지요. "아니, 귀신도 우습게 보는 목사를 무엇에 쓰나? 자네 어떻게 기도해서라도 그 귀신 내쫓아야 돼. 그것 고쳐야 그 자리에 있지 그냥 물러서지 마라. 며칠을 금식기도 해서라도 내쫓아야 된다." 그랬습니다.

오늘 본문에 있는 내용이 그런 것입니다. 이 사람들이 "나가라" 하는데 안 나가는 것입니다. 여러 제자가 다 해봤어요. 난리가 났어요, 지금. 바로 그런 때 예수님께서 산에서 내려오시고 "왜들 이렇게 시끄러우냐?" 하신 것 아닙니까. "당신의 제자들이 귀신을 내쫓지 못했습니다." 그러니까 그때 하신 말씀입니다. "믿음이 없는 세대여……" 이렇게 개탄하시면서 "이리 데려오라." 그리고 깨끗하게 해주셨습니다. 그랬더니 말입니다. 제자들이 물어보았습니다. "우리는 어째서 못했습니까?" 거기에 주가 달려야 됩니다. "며칠 전에는 했는데, 며칠 전에는 귀신이 나가주던데 오늘은 왜 안 나가줍니까? 왜 안 되는 것입니까? 그때는 능력이 있었는데 왜 능력이 없는 것입니까?" 예수님의 대답은 간단합니다. "기도 외에 이런 일이 없다." 너희가 어제 밤에 기도하지 않았지 않았느냐는 것입니다.

여러분, 그 전에 능력이 있었다고 오늘도 있는 것 아닙니다. 능력 있는 사람이 된 것이 아닙니다. 하나님의 능력을 행사했을 뿐이지. '기도 외에 이런 능력이 나갈 수 없다.' 그런고로 말입니다. 여러분, 사도 바울의 말씀처럼 쉬지 말고 기도해야 됩니다. 계속 기도해야 됩니다. 기도가 아니고는 이 능력을 지속할 수가 없습니다. 어제 믿음이 있었다고 오늘 있는 것 아닙니다. 여러분, 기도 한 날은 믿음이 있습니다. 기도 안 한 날은 벌써 자신도 압니다. 믿음이 없습니다. 허약해지는 것을 느낍니다. 그래서 29절에서 분명히 말씀하십니다. 예수님께서 강력하게 말씀하시는 것입니다. "기도 외에 다른 것으로는 이런 종류가 나갈 수 없느니라."

성도 여러분, 믿음으로 삽니다. 작으나 크나 믿음으로 오늘 아침에도 식사를 했습니다. 여러분이 차를 운전할 때 신호등을 믿습니다. 그리고 차를 운전합니다. 또 신호등을 지키는 사람들을 믿습니다. 그 중에 신호등 안지키는 사람이 있으면 내 차는 박살나는 것입니다. 어차피 믿음으로 삽니다. 또 믿음은 모험입니다. 그리스도 앞에서 겸손하게 대답합시다. '내가 믿나이다. 나의 믿음 없는 것을 도와주소서. 좀 더 확실한 믿음 좀더 강한 믿음 좀더 온전한 믿음, 아니, 능력으로서의 믿음을 주소서.' 믿음의 사람이 되어야 하겠습니다. 그리고 사도 바울처럼 고백합시다. 빌립보서 4장 13절에 말씀합니다. "내게 능력 주시는 자 안에서 내가 모든것을 할 수 있느니라."
△

예루살렘으로 가는 길

예수께서 각 성 각 촌으로 다니사 가르치시며 예루
살렘으로 여행하시더니 혹이 여짜오되 주여 구원을
얻는 자가 적으니이까 저희에게 이르시되 좁은 문으
로 들어가기를 힘쓰라 내가 너희에게 이르노니 들어
가기를 구하여도 못하는 자가 많으리라 집주인이 일
어나 문을 한 번 닫은 후에 너희가 밖에 서서 문을 두
드리며 주여 열어주소서 하면 저가 대답하여 가로되
나는 너희가 어디로서 온 자인지 알지 못하노라 하리
니 그 때에 너희가 말하되 우리는 주 앞에서 먹고 마
셨으며 주는 또한 우리 길거리에서 가르치셨나이다
하나 저가 너희에게 일러 가로되 나는 너희가 어디로
서 왔는지 알지 못하노라 행악하는 모든 자들아 나를
떠나 가라 하리라 너희가 아브라함과 이삭과 야곱과
모든 선지자는 하나님 나라에 있고 오직 너희는 밖에
쫓겨난 것을 볼 때에 거기서 슬피 울며 이를 갊이 있
으리라 사람들이 동서 남북으로부터 와서 하나님의
나라 잔치에 참여하리니 보라 나중 된 자로서 먼저
될 자도 있고 먼저 된 자로서 나중 될 자도 있느니라
하시더라

(누가복음 13 : 22 - 30)

예루살렘으로 가는 길

미국의 금융전문가 중에 베르나르 바루크(Bernard Baruch)라고 하는 유명한 금융인이 있습니다. 그는 금융계의 대부라고 하는 그런 전문가입니다. 어느 날 그의 아들이 아버지를 찾아와서 자랑을 했습니다. "아버지, 제가 아직 서른 살이 되지 못했는데요, 제가 주식을 해서 십억을 벌었습니다. 자랑스럽지 않습니까? 전 제가 생각해도 제 자신이 자랑스러운데 아버지 아들이 이렇게 금융계에서 성공하는 것 자랑스럽지 않습니까?"라고 자랑을 했더랍니다. 그때에 아버지는 전혀 기뻐하지 않는 얼굴로 이렇게 대답을 했습니다. "바로 그것이 문제다. 이제부터가 문제다 어떻게 돈을 버느냐도 문제지만, 네가 그 돈을 어떻게 쓰느냐 거기에 더 큰 문제가 있다. 또하나는 네가 지금 작은 성공에 기뻐하는데 그것이 큰 미래를 망칠 수 있다는 걸 잊어서는 안된다. 늘 그런 것만은 아니니까……" 이렇게 충고했다고 합니다.

여러분, 경영학자들은 현대인을 병들게 하는 것 세 가지가 있다고 충고합니다. 첫째가 안일주의입니다. 편리주의입니다. 문명의 위기가 전부 편리한 것들입니다. 우리가 손에 들고 있는 핸드폰도 그렇고 뭐 하나하나 얼마나 편리합니까? 게다가 퀵서비스, 우리 한국은 퀵서비스의 낙원입니다. 전화만 걸면 뭐든지 다 갖다주니까 말입니다. 그뿐입니까? "빨리 갑니다" 하던 것은 옛날이고 지금은 퀵서비스 본부에서 "몇 시 몇 분에 갑니다" 합니다. 그리고 틀림없이 그 시간에 오는 것을 볼 수 있습니다. 또한 라면 끓이는 삼 분이 지루해

서 컵라면을 먹습니다. 그저 바쁘게 빨리 그렇게만 되기를 바라는
것입니다. 아프리카에서 유학 와서 한국에서 공부하고 있는 한국말
을 썩 잘하는 아프리카 학생에게 아나운서가 물었습니다. "한국에
와서 당신의 나라와 다르게 생각하는 가장 큰 우리민족의 특징이 뭐
라고 생각하나요?" 그러니까 아주 서슴지 않고 대답하는 말이 "'빨
리 빨리'입니다. 왜 그렇게 꼭 빨라야 하는지 아직도 저는 그걸 알
수가 없습니다." 이것이 아프리카에서 온 유학생이 하는 말입니다.

두 번째는 상대주의입니다 'relativism'입니다. 변하는 것만 존재
한다. 변하는 것만이 진리다. 변하지 않는 것은 없다. '변화', 목적도
없고 또한 의미도 모릅니다마는 변화에 편승하고, 또하나는 변화에
기대합니다. 한 번 더 변화해서 좋은 일이 있지 않을까? 아니 있을
거라고 믿어봅니다. 믿고 싶습니다. 그런 중에 내가 기대하는 방향
으로만 변하는 것은 아닙니다. 이것이 바로 상대주의에 빠진 우리의
운명입니다.

세 번째는 실리주의입니다. 성과주의라고도 합니다. 결과주의
라고도 합니다. 과정을 무시하고 목적도 아랑곳없습니다. 결과만 좋
으면 됩니다. 이것이 무서운 것입니다. 여기에 사람들이 지쳐서 편
승하며 쓰러져가고 있습니다. 여러분, 쉬운 얘기를 하나 예로 들까
합니다. 우리는 아이들이 공부 잘하기를 바랍니다. 그래서 우리 어
머니들 집에서 "공부, 공부, 공부……"합니다. 그런데 그만 이 공부
라는 말에 지쳐서 노이로제가 된 아이가 있었습니다. 공부라는 말만
나오면 발작을 합니다. 그래서 의사 말이 그 어머니에게 "절대로 공
부라는 말을 하지 마세요." 그 말만 나오면 아이가 미치니까요. 그래
서 공부라는 말을 못하게 금한 그런 어머니가 있었습니다. 그러면

공부 잘하는 비결이 어디 있습니까? 공부에는 지름길이 없습니다. 인생에 요행은 없습니다. 하나님께서는 기적의 하나님이십니다. 그러나 심은대로 거둔다고 하는 원리 속에서 기적을 주십니다. 우리는 심지 않은 데서 거두는 그런 기적을 바라고 있으나 하나님께서는 그런 하나님이 아니십니다. 공부 잘하는 비결— 좋은 환경을 만들 수도 있고 그리고 돈이 해결할 수 있을 것같습니까? 좋은 걸상, 좋은 분위기, 다 할 수 있어도 공부는 내가 해야 됩니다.

　'공부 잘하는 비결'— 어느 책에 보니까 딱 몇 가지를 말해줍니다. 심력, 체력, 지력, 자기관리능력, 인간관계 관리능력이라고 했습니다. 공부 잘하기 위해서는 공부만 가지고 안됩니다. 먼저 체력부터 있어야 됩니다. 체력이 따르지 않으면 공부가 안됩니다. 엎드려 있다고 공부가 되느냐고요. 건강이 감당할 수 있어야지요. 체력, 심력, 의지력이 있어야 됩니다. 누가 그럽디다. '작심사흘'이라고 그러니까 사흘마다 결심하면 된다고 그러던데요. 도대체가 요새 아이들은 의지가 없습니다. 한번 '한다'하면 하는 것이지, '하다 말다'가 어디 있어요. 그렇게 마음이 약해서 무슨 일을 해낼 수가 있겠어요. 뭘 더 기대하겠어요. 그러니 공부가 공부만 가지고 되는 것이 아닙니다. 심력이 있어야 되고 체력이 있어야 되고 지력이 있어야 되고 또 자기관리능력이 있어야 됩니다. self-control, mind-control해야 됩니다. 자기관리를 자기가 하지 못하면 공부는 못하는 것입니다. 또한 인간관계관리능력이 아주 중요합니다. 다른 사람들이 뭐라고 하는지, 친구들이 어떻게 하는지 그 관계를 잘 조정해 나갈 수 있어야 하지 않습니까? 그런 다음에 공부도 되는 것입니다. 너무 우리는 쉽게 생각합니다. 미국사람들의 격언에 "차선은 최선의 원수다"

라는 말이 있습니다. 최선이 먼저인데 최선을 쉽게 버리고 항상 second best에 매인다는 것입니다. 그게 망조입니다.

　독일의 신학자 본훼퍼는 유명한 말로 우리에게 기억되고 있습니다. '값싼 은혜가 우리교회의 치명적 원수다.' 값싼 은혜, 은혜를 생각하며 너무 싸구려 은혜를 구하는 것입니다. 그래서 예수 그리스도 없는 축복, 그리스도와 관계없는 기복, 그리스도의 그 거룩한 뜻과 전혀 상관없는 기적을 구하고 있습니다. 값싼 은혜입니다. 더욱이 십자가 없는 은혜. 어찌 십자가 밑에서 많은 사람들이 십자가에 매달려 있는 주님을 쳐다보며 "십자가에서 내려오라. 내려오라. 내려오면 믿겠노라" 항상 그런 마음입니다. 왜 하필이면 십자가냐고 십자가 없는 은혜 그것을 구하고 있더란 말입니다. 마치 그걸 기적인 듯이 말입니다. 마치 그게 축복인 듯이…… '또한 'discipline'이 없는 은혜를 구한다.' 훈련이 없는 고생. 진리는 알아야 하고 알았으면 깨달아야 하고 깨달은 것은 실천해야 되고 실천이 반복되어야 하고 그 반복이 훈련으로 가서 그것이 내게 주시는 은혜가 되는 것인데 아무리 하나님께서 주시려고 해도 이 훈련의 과정을 거치지 않고는 그 은혜를 내가 받을 수 없다는 걸 잊지 말아야 합니다.

　오늘본문에 봅니다. "예수님께서 예루살렘으로 향하여 가시더라." 아주 간단하게 말씀합니다마는 의미심장한 것입니다. 누가복음 9장 51절에는 예수님께서 "예루살렘을 향하여 올라가기로 굳게 결심하시고!……" 굳게 결심하시고 출발하십니다. 다른 사람들 다 모릅니다. 아니, 오해하고 있습니다. 그러나 예수님의 마음속에는 확실하게 십자가가 있습니다. 그리고 십자가로 향해서 가고 계십니다. 그 걸음을 멈추시지 않았다는 것이 오늘본문의 내용입니다. '예루살렘으로 올라가고 계시더라.' 알고 결심하십니다. 모르고 결심하신 것이 아닙니다. 십자가가 기다리는 것을 알고 계십니다. 피하지 않으려 하십니다. 엄청난 의미가 여기에 있습니다.

"승천하실 기약이 차가매"— 여러분, 여기에 어떻게 승천이라는 단어가 나옵니까. '승천하실 기약이 차가매'— 예수님께서는 거기까지 바라보고 계십니다. 이 승천이라는 엄청난 사건이 있기까지는, 보세요! 십자가가 있고 그리고 부활이 있고 그리고 승천 아닙니까? 이 단계를 다 넘어서 저 앞에 있는 십자가를 바라보고 계십니다. 승천을 목표로 삼고 계십니다. 그리고 예루살렘으로 올라가고 계십니다. 바로 앞에는 십자가가 있습니다. 그리고 부활의 아침이 있습니다. 그 다음에 승천이 있습니다. 이 거룩한 역사를 위해서 주님께서 지금 예루살렘으로 계속 올라가고 계십니다. 저는 이런 생각을 해봅니다. '요새처럼 차를 타고 올라가셨으면 어떨까?' 아니, 걸어간다는 데 더 큰 의미가 있습니다. 걸으면서 생각하십니다. 걸으면서 다짐을 하십니다. 걸으면서 더 확실하게 이 길을 가십니다.

오늘본문에 보면 '좁은 문'이라는 표현이 있습니다. 좁은 문으로, 좁은 길로 계속 진행하고 계십니다. 상황에 따라 대처하시는 것이 아닙니다. 하나님의 뜻을 따라가실 뿐입니다. 세상이 어떻게 변하느냐, 남들이 뭐라고 하느냐, 마음쓰지 않으십니다. 그 많은 오해를 뿌리치고 예수님께서는 십자가의 길로 계속 진행하고 계십니다. 요한복음 18장 11절은 제가 개인적으로 매우 사랑하는 요절입니다. "아버지께서 주신 잔을 내가 마시지 아니하겠느냐." 예수님의 마음 속에는 항상 그 말씀이 있었습니다. 이 모든 상황이 예수님의 마음 속에는 아버지께서 내게 주신 잔이었습니다. 빌라도가 지우는 것도 아니고 가야바가 뭐 어떡하는 것 아니고 가룟 유다 때문도 아니고, 이 모든 복잡한 현실 상관없습니다. 아버지께서 내게 주시는 잔, 그리고 그 잔을 마시기 위하여 예루살렘으로 올라가고 계십니다.

여러분, 예수님께서는 기적의 사람입니다. 모든 복음서가 기적을 말씀합니다. 엄청난 기적이, 많은 병자를 고치시고 바다를 고요하게 하시고 죽은 자를 살리시고…… 많은 기적이 예수님과 함께합니다. 예수님께서는 문자 그대로 기적의 사람이었고 예수님의 제자들은 그 기적을 믿었습니다. 또 기적을 기대했습니다. 더 큰 기적을…… 그러나 여러분 잘 아시는대로 십자가의 길에는 기적이 없습니다. 그 기적의 능력을 포기하십니다. 죽은 지 나흘이 된 나사로를 살리십니다. 왜 나사로 사건이 중요하냐 하면 죽은 지 나흘이 돼서 장례까지 다 치른 그 사람을 무덤에서 일으키시는 그런 분이 십자가를 지시는 것이기 때문입니다. 얼마나 위대한 복입니까. 그러나 우리 주님께서는 그 능력을 다 포기하십니다.

여러분, 우리는 할 수 없어서 합니다. 그러나 예수님께서는 할 수 있는데 하지 않으십니다. 하실 수 있는데 하실 수 없었습니다. 예수님의 마음에는 최고의 기적은 부활 하나뿐입니다. 그 나머지 모든 기적이란 별거 아닙니다. 별 사건이 아닙니다. 오직 부활 이것만이 기적 중에 기적입니다. 부활로 향하는 과정에 십자가라고 하는 사건이 있습니다. 그런고로 예수님께서는 절대로 도피하지도 않고 기피하지도 않으십니다. 피해가지 않으십니다. 도전적으로 십자가를 향해 가십니다. 피동적이 아니고 능동적이고 수동적이 아니고 자원적입니다. 선택적입니다.

여러분, 떠밀려 사는 사람은 죽은 사람입니다. 불가피하게 사는

216

것은 생명 없는 삶입니다. 질투에 살면 남의 생을 사는 것입니다. 누구를 미워하고 산다면 생을 빼앗기고 사는 것입니다. 오직 믿음, 오직 사랑, 하나님의 부르심에 직선적으로 응답하며 그렇게 십자가의 길로 가고 계십니다. 십자가의 속성에서 가장 중요한 의미가 이것입니다. 자발적이고 선택적이고 능동적이라는 것입니다. 억지로 지신 것도 아니고 누가 지라고 해서 할수없어서 지시는 것이 아닙니다. 얼마든지 피하실 수 있었습니다. 얼마든지 안지실 수 있었습니다. 많은 사람들이 추리해봅니다. 예루살렘으로 올라가시지만 않았더라도 십자가를 안지실 수 있었습니다. 또한 빌라도가 예수님을 놓아주려고 얼마나 애썼습니까? 딱 한마디만 해도 예수님께서는 십자가를 안지실 수 있었습니다. 그러나 빌라도가 원하는 그 한마디를 하지 않고 그 흉흉한 십자가를 지십니다. 이걸 꼭 기억해야 됩니다. 철저하게 선택적이고 능동적이었습니다.

저는 그런 생각을 해봅니다. 예수님께서 이렇게 귀한 십자가를 지셨는데, 그 십자가를 딱 마음에 품고 예루살렘을 향하여 지금 올라가고 계신데, 어쩌면 그렇게 외로운 길을 가셔야 했던가. "주는 그리스도시요 살아계신 하나님의 아들"이라고 고백하던 베드로마저도 예수님의 그 깊은 심정을 이해하지 못했습니다. 예수님께서는 그래서 고독하게 이 십자가를 지십니다. '제자 중에 단 한 사람이라도 예수님의 깊은 뜻을 알고 동행했더라면 얼마나 좋았을까?'라고 생각합니다. 예루살렘으로 가십니다. 홀로 가십니다. 외롭게 이 길을 가십니다. 그것이 생명의 길이기 때문입니다. 부활을 믿으시기에 십자가를 지기 위하여 가십니다. 영생을 아시기에 좁은 길로 가십니다. 그 많은 능력을 깨끗이 포기하고 주님의 부르심에 응답하며 십자가의 길로 가십니다. 십자가가 기다리고 있는 예루살렘으로 향하여 올라가고 계십니다. 이 거룩한 발걸음— 깊이 생각합시다. 이제 주께서는 우리에게 말씀하십니다. '나는 길이요 진리요 생명이다. 내가 가는 길이 길이요, 내가 곧 길이다. 나와 함께 이 길을 가는 자는 영생을 얻을 것이다.' △

무명 제자의 충성

저희가 예루살렘에 가까이 와서 감람산 벳바게에
이르렀을 때에 예수께서 두 제자를 보내시며 이르시
되 너희 맞은 편 마을로 가라 곧 매인 나귀와 나귀 새
끼가 함께 있는 것을 보리니 풀어 내게로 끌고 오너
라 만일 누가 무슨 말을 하거든 주가 쓰시겠다 하라
그리하면 즉시 보내리라 하시니 이는 선지자로 하신
말씀을 이루려 하심이라 일렀으되 시온 딸에게 이르
기를 네 왕이 네게 임하나니 그는 겸손하여 나귀, 곧
멍에 메는 짐승의 새끼를 탔도다 하라 하였느니라 제
자들이 가서 예수의 명하신대로 하여 나귀와 나귀 새
끼를 끌고 와서 자기들의 겉옷을 그 위에 얹으매 예
수께서 그 위에 타시니 무리의 대부분은 그 겉옷을
길에 펴며 다른 이는 나무가지를 베어 길에 펴고 앞
에서 가고 뒤에서 따르는 무리가 소리 질러 가로되
호산나 다윗의 자손이여 찬송하리로다 주의 이름으
로 오시는 이여 가장 높은 곳에서 호산나 하더라 예
수께서 예루살렘에 들어가시니 온 성이 소동하여 가
로되 이는 누구뇨 하거늘 무리가 가로되 갈릴리 나사
렛에서 나온 선지자 예수라 하니라
(마태복음 21 : 1 - 11)

무명 제자의 충성

미국에 「크리스천 센추리(Christian Century)」라고 하는 유명한 기독교 잡지가 있습니다. 그 잡지에 로널드 고에츠 박사가 쓴 특별한 논문이 있는데 그 제목은 'A period of anti-modesty'입니다. 그 주제는 이렇습니다. 우리는 때때로 보면 자기는 겸손하지 않으면서 남에게 겸손을 요구할 때가 많습니다. 내가 스스로 '내가 얼마나 겸손한가?' 그것을 살피며 반성하고 사는 사람은 참 훌륭한 사람입니다. 반면 내가 겸손하다 생각하는 사람은 겸손한 사람이 아닙니다. '나는 교만하다…… 아! 나는 교만한 사람이다 교만하기 쉽다.' 그렇게 생각하며 늘 겸손하기를 힘쓰는 그 사람이 참으로 훌륭한 인격자라고 생각이 됩니다. 그러나 문제는 나는 겸손 여부를 생각하지 않고 남에게 겸손을 요구한다는 것입니다. 흔히 이것을 마르크스나 니체 같은 사람은 '피지배계급윤리'라고 합니다. 다르게 말하면 노예윤리입니다. 그런고로 이제는 반 겸손의 원리 혹은 반 겸손의 윤리가 다시 생각되어야 한다― 그런 경각을 주는 말씀입니다. '반 겸손 시대' 그것은 겸손이란 결코 무능도 아니고 무지도 아니라는 것입니다. 아니, 무능도 무지여서는 안된다는 것입니다. 겸손과 권능 그것은 함께 가는 것이다, 함께 있어야 한다는 것입니다.

여러분, 하나의 좋은 예를 함께 생각해봅시다. 성경에 나타난 탕자의 아버지. 자, 그 탕자의 아버지가 겸손하고 무능합니다. 그러나 정말 무능한 것입니까? 아들이 유산을 받아가지고 집을 나가는데 말리지 못했습니다. 무능한 것입니다. 또 그 아들이 거지가 되어 돌아올 때 무조건 환영해주었습니다. 이같은 바보가 어디 있습니까? 그 아버지는 아무리 생각해도 무능하고 무지합니다.

그러나 그것이 아닙니다. 그보다 더 높은 덕이 그 마음에 있습니다. 그것이 바로 사랑입니다. 그래서 아버지는 무능해지고 무지해진 것일 뿐, 약한 것이 아닙니다. 여러분 잘 아는대로 무식해서 무식하면 겸손이 아닙니다. 무식한 것입니다. 또한 무능해서 비겁해지면 그것은 나약함일 뿐입니다. 아무것도 아닙니다. 그러니까 능력도 있으면서 무능해지고 다 알고 있으면서 아무것도 모르는 자처럼 행동합니다. 그것을 우리는 겸손이라고 합니다. 그것은 무능도 아니고 무지도 아닙니다. 엄청난 능력과 겸손이 함께할 때 거기에 왕권이 있는 것입니다. 이 새로운 윤리관을 우리는 성경에서 읽을 수 있습니다.

이러한 추리가 있습니다. 한번 생각해봅니다. 저는 이 추리에 동의하고 싶습니다. 첫째, '만약 예수님께서 이 유월절에 예루살렘에 올라가시지만 않았었더라면, 사람들이 많이 모이는 예루살렘에 올라가지 않고 갈릴리에 그대로 계셨더라면 예수님께서는 십자가를 지시지 않을 수 있었을 것이다.' 또하나는 오늘본문에서 읽은대로 '나귀를 타고 예루살렘을 향하여 올라가시는 이 행사, 이 퍼레이드, 이 이벤트를 벌이지 않으셨더라면 아마도 십자가를 지시지 않을 수 있었을 것이다.' 또하나는 '예수님께서 나귀를 타고 올라가서 어느 한적한 곳으로 가신 것이 아니라 예루살렘 성전으로 올라가셔서 성전의 더러운 모습이나 부패된 것이나 잘못된 것들을 다 몰아내시는, 성전을 깨끗이하는 큰 역사를 이루십니다. "만민의 기도하는 집을 왜 강도의 굴혈로 만드느냐?" 하고 분노하시고 채찍을 만들어 전부

내모셨습니다. 장사하는 사람들을 다 몰아내셨습니다. 만일 이런 모습 이러한 일이 아니었더라면 아마도 예수님께서는 십자가지시지 않았을 것이다.' 이렇게 정면충돌을 하십니다. '어쩌면 조금만 빗겨가도 되는데 왜 이렇게 정면으로 충돌해서 십자가를 지시게 됐나?' 이런 생각을 합니다. 또한 성경에 보면 빌라도가 예수님을 놓아주려고 백방으로 애를 썼습니다. 또한 예수님의 비밀한 후원자도 있었습니다. 산헤드린 공회의 회원인 당당한 권력자들입니다. 니고데모도 있었고 아리마대 요셉도 있었습니다. 이런 숨은 후원자들이 많은 애를 쓴 줄 압니다. 그러나 예수님께서 정면충돌하시고 이렇게 도전하시는 데에는 어찌할 수 없었습니다.

그래서 십자가를 지시게 됩니다. 이뿐만 아니라 많은 이적을 행하십니다. 귀신을 내쫓으시고 병자를 고치시고…… 아주 권세 있으십니다. 그뿐입니까? 많은 사람들 앞에서 율법을 강론하십니다. 그 결론은 이렇습니다. 반응은 이랬습니다. '권세 있는 자와 같고 서기관과 같지 않더라.' 권세 있게 권세 있게 — 그렇게 하나님의 말씀을 전하십니다. 그러나 예수님께서는 겸손하십니다. 아주 무능하신 듯 아무것도 모르시는 듯 아무 능력도 없으신 듯 침묵하시면서 십자가를 지십니다. 빌립보서 2장, 사도 바울의 기독론이라고 하는 유명한 그 본문에서 사도 바울은 말씀합니다. '하늘 보좌를 내놓으시고 이 땅에 오셔서 십자가를 지셨다. 그런고로 너희는 이 마음을 품으라. 곧 주 예수 그리스도의 마음이니……' 사도 바울은 강력하게 말씀하는데 '그 마음이 뭐냐? 곧 겸손이다' 그랬습니다. 십자가를 겸손으로 풀이하고 있습니다. 권세의 뿌리는 겸손입니다.

여러분, 예수님께서 친히 하신 말씀이면서 우리가 늘 경험하고 보는 얘기가 하나 있습니다. 그것이 바로 온유한 자는 땅을 차지한 다는 말씀입니다. 어떻습니까? 세상을 살아가면서 보니 과격한 사 람은 다 일찍 죽습니다. 요란하게 소리지르고 성미급한 사람 급한대 로 빨리 갑니다. 이것 안됩니다. 가만히 보면 그 모든 소용돌이 속에 서 온유한 자가 땅을 차지합니다. 땅을 차지한다는 말의 그 개념은 왕권을 말하는 것입니다. 권세는 온유한 자의 것입니다.

우리가 매일같이 경험하는 이야기입니다. 예수님께서 겸손하여 십자가를 지십니다. 그리고 만왕의 왕이 되십니다. 이 겸손과 왕권, 깊이 생각할 문제입니다. 오늘본문에 이 사건이 확실하게 계시되어 있습니다. 예수님께서는 나귀새끼를 타고 예루살렘으로 올라가십니 다. 대조적인 사건이 있습니다. 그것이 바로 로마황제의 대관식입니 다. 로마황제는 백마를 타고 또는 전차를 타고 입성합니다. 그러나 그에 비해서 예수님의 행차는 너무도 초라합니다. 유대사람들의 전 통에 따라서 나귀새끼를 타고 입성을 하셨다— 큰 의미가 있습니다. 조용한 듯 아주 겸손한 듯 그러나 엄청난 권세를 가지고 있습니다. 그리고 십자가를 지십니다. 십자가를 향해 가십니다. 성전을 향해 십자가를 향해 당당하게 입성하시는 왕의 모습을 우리는 본문에서 읽을 수 있습니다. 이는 외형적 사건만이 아닙니다. 십자가야말로 얼마나 큰 고난입니까? 그런가하면 얼마나 큰 오해가 있습니까? 언 제 이 오해를 다 풀겠습니까. 지금도 풀리지 않고 있는 오해입니다. 많은 오해 그것을 극복합니다. 많은 배반이 있습니다. 그러나 다 상 관하지 않습니다. 그리고 당당하게 올라가 십자가를 지십니다.

여기 예수께서는 나귀를 타고 올라가십니다. 제자들은 그 뒤를 따라오면서 "호산나 만세"를 부릅니다. 어떤 분들이 가끔 전화로 질문을 합니다. 성경에 '호산나'라 그러는데 '호산나'가 무슨 뜻입니까? 그저 쉽게 생각합시다. '만세!' 하는 것입니다. '만세! 만세!' 하는 그 소리인데 뜻은 좀 다릅니다. 우리네 만세는 좀 과장적입니다. '만 년 사십시오.' 그것 아닙니까. 거짓말이지 만 년을 어떻게 삽니까. '만세! 만세!'가 '오래 오래' 그런 뜻이겠지만 히브리사람들의 '호산나'는 그렇지 않습니다. '호산', '나'입니다. '호산'이라는 말은 '구원하소서', '나'는 '우리'를 의미합니다. 따라서 이 말은 '우리를 구원하소서. 우리를 구원하소서. 당신은 우리의 구주십니다' 하는 고백이 거기에 들어 있습니다. '호산나, 당신은 왕이십니다. 우리를 구원하소서. 호산나' 이렇게 만세를 부릅니다.

그러나 이때 예수님께서는 뜻을 아시고 이 호산나 소리를 들으신 반면 제자들은 아무것도 모르고 호산나라고 소리를 지르고 있습니다. 얼마나 참 모순된 장면입니까? 아마도 제자들은 "호산나! 호산나!" 하고 백성들과 함께 예루살렘에 올라가면서 어깨에 힘을 주고 목에 힘을 주고 우쭐했을 것입니다. '예수님께서 왕이 되시는가 보다.' 그리고 출세할 마음으로 예수님 뒤를 따랐다고 생각합니다.

그런데 말입니다 오늘성경에 있는대로 이 행사를 위해서 나귀를 준비하시게 됩니다. '나귀새끼를 타고 올라가야겠으니까……' 그런데 보니 아무리 봐도 일상적인 예수님이 아니십니다. 전혀 다른 모습의 예수님을 뵐 수 있습니다. 보세요. 문자 그대로 본문대로 살핍시다. '가라, 보리라, 풀라, 끌어오라' 제자들에게 명령을 하십니다. 아무 설명이 없으십니다. 긴 이야기가 없으십니다. 강력한 명령입니다. '가라! 가면 나귀를 보리라. 보면 풀어라! 풀고 끌어오라. 그리고 만약 뭐라고 묻거든 주가 쓰시겠다 하라.' 이런 모습은 예수님께 없던 것입니다. 예수님답지 않습니다. 권세 있는 순간입니다. "가라 보리라 나귀를 끌어오라 뭐라고 하거든 주가 쓰시겠다 하라." 아! 대단합니다. 이 성경을 읽으면 읽을수록 어떻게 예수님께 이런 모습이 있나? 이건 남의 나귀입니다. 남의 나귀를 빌리려면 돈이라도 내야지. 아니면 설명이라도 해야지. 여차여차하다, 설명도 없고 설명할 의지도 없습니다. '끌어오너라! 주가 쓰시겠다 하라! 그리하면 주시리라.' 굉장한 왕권이 여기에 시사되고 있습니다. 오로지 명령입니다.

그런데 말입니다. 예수님께서는 이 명령이 온전히 통하리라고 믿었습니다. 무명의 제자를 믿었습니다. 성경에 이상하게도 이 사람의 이름이 없습니다. 선한 사마리아 사람의 이름이 없듯, 이 중요한 사람, 어쩌면 예수님의 십자가 지시는 길에 가장 바람직한 일을 한, 딱 한 사람, 이 숨은 제자의 이름이 없습니다. 그리고 이 사람의 반응은 놀랍습니다. 그냥 나귀새끼를 내줍니다. 그리하면 보내리라─ 예수님께서는 이 무명의 제자를 믿으십니다. 즉각적으로 순종할 것이라고 믿으십니다. 예수님께서 믿으시는 제자─ 이런 사람이었습니다. 참으로 훌륭한 일 아닙니까?

'그리하면 보내리라.' 전 가끔 이 본문을 읽을 때마다 생각해봅니다. 제 목회경험에 있는 얘기입니다. 오래전에 소망교회에서 파이프 오르간을 들여놓을 때의 입니다. 소망교회가 한국교회 맨처음으로 그것을 들여왔는데 지금은 그 후로 이어져서 22개가 들어와 있습니다마는 아무튼 맨처음 하려고 하니까 도무지 이게 통하지 않았습니다. 어떤 분이 반대해요. 하도 반대해서 내가 불러다 놓고 왜 반대하느냐고 물어보았어요. "왜 비싼 것을 합니까?" 그래서 제가 그랬어요. "당신 사는 집이 얼마짜리요?" 이 파이프 오르간보다 자기집이 비싸더라고요. "당신네 집 하나보다 못한 거요. 그렇거늘 하나님의 영광을 위해서 찬양하는 데 쓰겠다는데, 400년 쓴다는데, 좋은 악기를 하나 마련하는 데 그렇게 반대하나요?" 했더니 아무 말도 못하고 맙디다마는 아무튼 그 반대할 때 어찌하겠어요. 할수없이 교회 예산을 쓰지 못하고 개인으로 모금을 했습니다. 5차에 걸쳐서 미국 회사에 보내야 했습니다. 우리 교인들 가운데는 아는 사람은 좀 알지만 대부분이 파이프 오르간이 뭔지 모릅니다. 아니, 본 일도 없어요. 또 교회음악에 관심도 없어요. 내가 이 사람 저 사람 만나서 돈 내라고 그러는데 고마운 것은요 한 사람도 거절한 사람이 없어요. 돈을 내라고 하면 "알았습니다. 얼마나요?" 하고 주더라고요. 그래서 5번을 내는데 마지막에는 급했어요. 외국사람하고 하는 거래이기 때문에 시간을 늦추지 못하거든요. 너무도 힘들었어요. 맨 마지막에는 낸 분에게 가서 또 달라고 그랬어요. 했더니 "그러지요 뭐"하더니 그 다음 하시는 말이 "제가 지금 사업하느라고 빚이 좀 있는데요. 빚 낸 김에 좀더 내지요 뭐" 하고 빚을 내서 주셨습니다. 제가 그 이름을 잊을 수가 없습니다. 이렇게 해서 오르간을 만들었습니다. 오르간이 소리가 나요. 좋은 것입니다. 마침내 어떤 분들은 와서 "왜 나한테는 달라고 안했습니까?" 그래서 내가 그랬지요. "안줄 것같아서 그랬수다. 당신이 안줄 것같아서 달라고 안했소." 그랬더니 "어떻게 도리가 없겠습니까?" "이제라도 내라"고 했습니다. 그래서 32피트짜리 큰 파이프는 그 다음에 추가한 것입니다.

　　아무튼 이렇게 해서 오르간을 하게 되는데 제가 놀라워한 것은 이것입니다. 오르간이 뭔지도 모르면서 또 오르간에 흥미도 없으면서 "예배를 위해서 이것이 필요합니다" 하는 목사의 말을 믿고 돈을 내주는 그 믿음입니다. 나도 저분이 돈을 줄 것같아서 갔고 그 분도 믿고 내놓은 것입니다. 오로지 믿음입니다. 이 돈을 어디다 쓰느냐, 묻는 자가 없어요. 아니, 그분은 음치에다 음악이 뭔지도 몰라요. 그러나 '이것은 필요하다' 할 때 그 믿음으로, 오직 믿음으로 하셨기에 그 교훈이 너무나도 아름답게 느껴집니다.

오늘 여기에 무명의 제자 보십시오. '네 나귀새끼를 내놓아라.' 아무 말이 없습니다. '왜 내오랍니까? 어디다 쓸 것입니까? 아니, 보상이 무엇입니까? 그 다음은 어떻게 될 것입니까? 이러한 행사를 치르고나면 제가 오해를 많이 받게 되겠는데 그 다음 후속 결과가 무엇입니까?' 아무 질문이 없습니다. 아무 의심도 없습니다. '주께서 쓰시겠다면 드려야지요.' 끝입니다. 그런 믿음 말입니다. 아무 질문이 없습니다. 질문 없는, 말 없는 이 사람. 이름도 없고 말도 없습니다. 이것이 충성입니다. 가만히 보면 요새는 우리가 충성, 순종하면서도 대가를 요구합니다. 보상이 뭐냐고 결과가 무엇이냐고 말이 많습니다. 충성에는 말이 없습니다. 아무 질문도 없습니다.

윤리학자 쉘러 (M. Scheler)의 말에 의하면 인간이 추구하는 가치를 이렇게 말합니다. 인간이 추구하는 가치는 쾌락의 가치, 생명의 가치, 정신적 가치, 사랑의 가치이기는 하지만 가장 귀중한 가치는 신성가치다. 하나님과 나만이 아는 미스터리, 신비로운 가운데 얻어지는 그 기쁨이 신성가치라고 말합니다. 여러분, 하나님께 순종하고 하나님께 전적으로 헌신하면서 얻어지는 그 큰 기쁨, 이것은 그 무엇과도 바꿀 수가 없는 것입니다.

로마제국 당시에는 기독교인을 색출해서 많은 사람을 잡아 죽

이는 그런 때가 있었습니다. 색출하는 방법은 간단합니다. 인사를
합니다. "가이사는 우리의 주인이십니다" 하고 인사를 합니다. 그러
면 대답하는 사람이 "예 그렇습니다. 가이사는 과연 우리의 주인입
니다"라고 대답해야 됩니다. 그런데 가이사를 주님이라고 대답하지
않으면 그 한마디로 끌려가서 순교했습니다. 왜요? 주님만이 주님
이시니까, 예수님만이 주님이시니까, 누구도 나의 주님이라고 할 수
가 없습니다. 이 한마디를 하지 않고 죽어간 사람이 바로 순교자입
니다.

　오늘 이 본문에 나타난 무명의 제자— 아주 귀한 행사에 헌신하
게 됩니다. 전설에 의하면 이 사람은 예수님 부활하신 다음에 그 나
귀를 죽을 때까지 잘 모셨다고 합니다. 예수님께서 타셨던 나귀라
고…… 많은 사람이 와서 그 나귀를 보고 그 당시의 호산나 만세 소
리를 마음에 새기면서 은혜받았다는 것입니다. 그럴 것 아니겠습니
까? 왕 되심은 권능 그리고 겸손입니다. 그 응답은 깨끗한 믿음과
오로지 순종입니다. 주님과 함께 십자가를 지지는 못했습니다. 그러
나 그는 예수님께 깨끗한 충성을 드려서 귀중한 예수님의 제자가 되
었습니다.　△

믿는 자가 되라

여드레를 지나서 제자들이 다시 집 안에 있을 때에
도마도 함께 있고 문들이 닫혔는데 예수께서 오사 가
운데 서서 가라사대 너희에게 평강이 있을지어다 하
시고 도마에게 이르시되 네 손가락을 이리 내밀어 내
손을 보고 네 손을 내밀어 내 옆구리에 넣어 보라 그
리하고 믿음 없는 자가 되지 말고 믿는 자가 되라 도
마가 대답하여 가로되 나의 주시며 나의 하나님이시
니이다 예수께서 가라사대 너는 나를 본 고로 믿느냐
보지 못하고 믿는 자들은 복되도다 하시니라
(요한복음 20 : 26 - 29)

믿는 자가 되라

재미있는 이야기가 있습니다. 어떤 남자가 대학에서 가정학과를 졸업한 예쁜 아가씨와 결혼을 하게 됩니다. 아마 가정학과 출신하고 살아보지 않은 사람은 모를 것입니다. 잔소리가 얼마나 많은지, 뭘 먹어야 한다, 뭘 먹지 말아야 한다, 언제 자야 한다, 언제 일어나야 한다…… 좌우간 복잡하고 어려운 그 잔소리를 들어가며 살기가 무척이나 힘들었습니다. 어쨌든 그 덕에 두 내외가 80이 넘도록 건강하게 살았습니다. 그런데 그만 차사고가 나면서 두 사람이 함께 죽었습니다. 그리고 천국에 갔는데 베드로 사도가 반갑게 맞아주면서 이들에게 앞으로 살 좋은 집을 보여주었습니다. 도대체 이 세상에서 보지 못한 아주 화려한 집입니다. 거기에 들어서면서 남편은 걱정이 돼서 "이런 집에 살려면 세를 얼마나 내야 되나요? 이 집은 값이 얼마입니까?" 하고 물었습니다. 베드로 사도 말이 "천국에서는 다 공짜입니다." "아 그래요?" 감격했습니다. 창문을 열고 보니까 그 앞에 아주 끝도 안보이는 좋은 골프장이 있습니다. '이런 좋은 골프장이 있단 말인가.' 그래서 "저기서 한번 골프를 치려면 돈이 얼마인가요?" 베드로 사도가 친절하게 말했습니다. "그것도 공짜입니다." 점심식사가 있는데 얼마나 기름진 음식을, 맛있는 음식을 다 가져다놨는지 이걸 먹으려고 하는데 역시 그 아내가 가만히 있겠어요. 이건 안되고 저건 안되고 이건 콜레스테롤이 높고…… 그때 베드로 사도가 말하기를 "여기서 먹는 음식에는 그런 것이 없습니다. 마음껏 잡수세요" 합니다. 그때 남편이 아내보고 말했습니다. "여보, 10년 전에 내가 여기에 왔더면 얼마나 좋았을까? 당신의 잔소리 때문에 80이 넘도록 고생하다가 이제야 여기 왔잖아. 이제는 내가 현미밥을 안먹어도 되고 채식을 안해도 되고 그 골치아픈 잔소리를 안들어도 되게 됐네. 진작 왔더면 좋았을 걸……" 그랬더랍니다.

여러분, '부활'— 이보다 더 중요한 일은 없다는 것을 잊지 말아야 합니다. 생명문제보다 더 중요한 일이 뭐 있겠습니까? 우리 걸핏하면 살아야 한다, 건강해야 한다, 어떡하면 오래 살까…… 몸부림을 칩니다마는 여러분 어차피 죽는다 하고 생각해보세요. 내가 여러분에게 질문하겠습니다. "가장 적정한 나이가 몇 살입니까? 몇 살쯤 가면 좋겠습니까?" 여기에 대답하는 사람 아무도 없네요. 그러니까 미련한 것입니다. 어차피 간다면 말입니다. 오늘 우리는 생각해야 합니다. 이 소중한 생명의 문제를 부활의 진리에 대해서 믿는다 안 믿는다, 있다 없다— 아직도 이런 마음을 가지고 살아야 합니까? 깊이 생각해야 할 문제입니다. 오늘본문에 보면 예수님께서 도마에게 말씀하십니다. "믿는 자가 되라 믿음 없는 자가 되지 말고 믿는 자가 되라." 확실하게 말씀하십니다.

제가 얼마전에 LA의 게티 박물관을 방문해보았습니다. 여러분도 한번 기회가 있으면 가보시면 좋겠습니다. 세계에서 최고의 박물관이라고 그렇게 미국에서는 자랑하는 곳입니다. 미술관을 둘러보는데 저를 감동시킨 한 폭의 그림이 있었습니다. 그것은 500년 전에 루벤스가 그려놓은 것인데요. 예수님께서 도마를 앞에 두고 있는 오늘본문 그대로의 장면입니다. 손을 내밀어 옆구리를 보이면서 '네 손을 내 옆구리에 넣어보고 믿는 자가 되라' 할 때 도마가 무릎을 꿇고 예수님께 가까이 가서 옆구리에다 손을 넣으려고 하는 그 모습을

사진을 찍듯이 그려놓았는데 '루벤스가 굉장한 분이다' 하는 생각이
들었습니다. 참 그림 잘 그렸습니다. 그 앞에서 한 30분 동안 감상을
하면서 깊은 감회를 느껴보았습니다. 오늘본문이 바로 그 장면입니
다. 예수님께서 도마를 만나서 "믿는 사람이 되라" 하고 친절하게 말
씀하십니다.

　　아인슈타인 박사는 말합니다. '과학 하는 사람의 기본자세는 믿
음이다. 과학 할수록, 연구할수록 신비의 세계는 점점 더 커지고만
있다. 신비를 정복해나가는 것이 아니고 신비가 점점 더 커지는 것
이 과학적 사고다'라고 말합니다. 신학자 안셀무스는 말합니다. '믿
지 않으면 알 수도 없다.' 그렇습니다. 참지식이라는 게 뭡니까. 도
대체 뭘 알고 있으며 어떻게 하면 알 수 있겠습니까?

　　여러분, 참지식을 얻기 위해서는 네 가지를 극복해야 합니다.
첫째는 '먼저 가진 지식'을 버려야 합니다. 공부라는 것은 계속해서
새로운 지식에 도전을 받고 새로운 지식의 세계로 들어가는 것입니
다. 그러니까 전에 가졌던 것은 정리해서 버릴 것은 버려야 됩니다.
전에 가졌던 전이해(前理解), 이것을 버려야 새로운 것을 받아들일
수 있습니다. 그래야 신비의 세계를 받아들일 수 있습니다. 또 '앞서
가졌던 경험'을 버려야 됩니다. 경험이 절대화하는 순간 인간은 망
가지고 마는 것입니다. 우리가 걸핏하면 '내가 다 경험해봐서' '내가
다 지내봐서'라고 말하는데 그처럼 멍청한 것이 없습니다. 그때는
그때고 지금은 지금 아닙니까? 경험이 다르지 않습니까? 자기가 경
험한 것을 절대화하고 이것이면 다라고 생각합니다. 얼마나 어리석
습니까? 무궁무진한 우주에, 그런 진리 속에 살면서 조그마한 지식
과 자기경험에 매여서 이게 전부인 줄 알고 착각하는 것처럼 바보스

러운 것이 없는 것입니다. 또 '현재'를 버려야 미래가 보입니다. 오늘, 현재라고 하는 이 사건 속에 딱 붙들려 있는 한 미래는 없습니다. 또 '자기 주관'에서 벗어나야 됩니다. 내가 보고 내가 경험해야 되는 것이 아닙니다. 다른 사람이 경험해도 되고 간접경험으로 충분합니다. 아니 충분해야 합니다. 그래야 더 큰 세계의 우주적 진리를 체험할 수 있다는 말입니다.

여러분, 신비에 여러 가지가 있는데 아무리 얘기해도 끝없이 우리 앞에 다가오는 것이 '생명의 신비'입니다. 생명이 시작되는 것이 바로 신비입니다. 두 번째로 '생명의 성장'이 신비입니다. 그리고 셋째는 '죽음의 신비'입니다. 도대체 죽음이 뭡니까? 도대체 죽는다는 것이 뭘 의미하는 것입니까? 왜 죽는 것입니까? 네 번째는 '부활의 신비'입니다. 이렇게 죽었는데 이것으로 끝나는 것입니까? 또다시 부활의 생명을 우리는 생각하게 됩니다. 그런데 문제는 이 모든것이 단회적 사건이라는 것입니다. 그런고로 우리에게는 단회적 경험이 될 수밖에 없습니다. 딱 한 번밖에는 경험하지 못합니다. 어떤 경험이든 엄격히 말하면 그렇습니다.

여러분, 옛날에 연애하던 생각 해보실까요? 난생처음으로 여자의 손목을 잡을 때 또 남자에게 손이 잡힐 때 가슴이 뛰고 얼굴이 화끈하고 그럴 때가 있었겠지요. 이게 소위 첫경험이라는 것입니다. 그러나 똑같은 물리적 경험을 다음날 또 손을 잡았습니다. 어제하고 오늘하고는 다릅니다. 벌써 전과자거든요. 물리적으로는 똑같은 경험인데 마음에서 오는 경험이란 전혀 틀립니다. 엄격하게 모든 경험은 딱 한 번뿐입니다. 이렇듯이 우리가 경험해야 할 것들이 다 앞엣것도 한 번밖에는 없습니다. 과거도 그렇게 살아왔고 미래는 더욱 그렇습니다. '죽음'— 한 번뿐입니다. 죽은 다음에 이야기를 할 수 있었으면 참 좋겠는데 아무도 못합니다.

퀴블러 로스라고 하는 유명한 박사님은 한평생 이걸 연구했습니다. 많은 책을 냈습니다. 죽음이 뭘까? 수천 명 죽어가는 모습, 그 순간에 찾아가서 인터뷰를 하며 죽는 모습을 보았습니다. 도대체 이 죽음이 뭘까? 그는 말합니다. 생의 다음 단계로의 전환이라고. 사는 것만이 사는 게 아닙니다. 죽어도 삽니다. 그런데 생명의 생명체가 다릅니다. 생명의 lifestyle이 다릅니다. 오늘 우리가 사는 세계에서 또다른 생명으로 이전하는 것입니다. 이게 부활인데 어쨌든 이건 단 한 번뿐이기 때문에 모두가 인정하지 않으려고 합니다. 그러나 아닙니다. 인정해야 됩니다. 우리 모두에게 언젠가는 죽음이 다가옵니다. 이제 이걸 어떻게 맞이해야 하고 어떻게 넘어서야 하겠습니까. 단회적 경험을 말입니다. 보세요. 경험하고 믿겠다는 사람이 있습니다. 이걸 실증주의라고 합니다. 그렇다면 이 사람은 영원히 믿음이 없는 것입니다. 왜요? 경험하고 믿을 수는 없으니까요. 경험할 수 없는 세계가 있으니까요. 경험하는 순간 벌써 다음 단계로 넘어가고 있으니까요. 자기경험을 절대화하는 것처럼 어리석고 바보 같은 일이 없습니다. 아무리 생각해도 경험하고야 믿고 보고야 믿고 만져야 하겠다— 잘못된 것입니다.

철학자 데카르트가 어느날 아침에 산책을 합니다. 늘 그 시간에 그 길을 다녔어요. 그런데 새벽에 어두컴컴한데 자기 길 앞에, 발부리 앞에 뱀이 한 마리 있어요. 지팡이를 들어서 내려쳤어요. 움직이질 않아요. 이런 나쁜 놈 봤나. 피해서 갔어요. 다음날도 그 자리에 또 있어요. 또 쳤어요. 사흘째 되던 날은 이게 좀 이상하다…… 자세히 허리를 굽혀서 봤더니 뱀이 아닌 것입니다. 밧줄입니다. 그때 데카르트가 유명한 말을 합니다. '내 눈이 나를 속였다. 내 생각이 나를 속였다. 내 경험이 나를 속였다. 뭘 믿을 것이냐? 믿을 수 있는게 어디에 있느냐? 내 눈이 나를 속였는데……' 그래서 유명한 말을 합니다. 'I think, therefore I am.(나는 생각한다. 고로 나는 존재한다. 그것만은 믿을 수 있겠다.)'

경험해야만 되겠다 하지만 경험하는 순간 다음 단계로 넘어가고 있습니다. 그런고로 경험을 통해서 지식을 얻는다고 하는 것은 불가능합니다. 또한 경험하면 오히려 뜻을 모르게 됩니다. 그런 경우가 많습니다. 저는 여러 번 경험을 했습니다. 젊은 사람들이 내게 찾아와서 배우자를 만나게 해달라고도 하고 중매해달라고도 해요. 그래서 중매를 해보았습니다. 그런데 중매할 때 보면 왜 그렇게 질문이 많은지. 나이는 얼마입니까? 얼굴은 어떻습니까? 성격은 어떻습니까? 학교 성적은 어떤지…… 물어보는 게 많아요. 복잡합니다. 이거 다 알 수도 없고 대답할 수도 없습니다. 저는 주로 이런 방법으로 합니다. "복잡하다. 그럴 것 없다. 내가 만나게 해줄 테니까 세 번만 만나라. 그러고나서 얘기하자." 만나게 해줬습니다. 그 다음에 보니 둘이 손잡고 다녀요. 그래 내가 물어보았어요. "너 나한테 물어보았던 것, 어느 대학 나왔는지 물어봤니?" 했더니 안물어봤대요. 그러니까 "너 학벌도 안물어보고 가족도 잘 모르는데 결혼할 거냐?" 했더니 그 아가씨가 하던 말을 제가 잊지를 않습니다. "목사님! 풍덩 소리가 났는데 뭘 물어보겠습니까? 아예 빠져버렸습니다."

여러분, 경험이라는 게 이런 것입니다. 경험하는 순간 알 것같지요. 더 모르게 됩니다. 그래서 여러분이 한평생 산 여자를 앞에 놓고 '살아도 살아도 모를 게 여자다' 그러잖아요. 알 수 없어요. 경험한다고 아는 것 아닙니다. 뭘 알았다는 얘기입니까? 갈수록 모르는 것입니다. 경험함으로 오히려 모르게 된다— 이런 철학적 이론도 이래서 하는 말입니다.

오늘성경은 말씀합니다. '믿는 자가 되라. 믿음 없는 자가 되지 말고 믿는 자가 되라.' 도마라는 사람이 아주 특별합니다. 예수님의 열 제자가 있는 때에 예수님께서 나타나셨어요. 마침 도마가 없었어요. 그 다음에 이 제자들이 말하기를 부활하신 예수를 우리가 만났다고 열 사람이 얘기를 하는데도 도마는 말하기를 '나는 안믿어. 내가 봐야 돼. 내가 옆구리에 손을 넣어봐야 돼. 그러고야 믿지 나는 안믿어.' 이러고 고집을 피웠던 것입니다. 이 사실을 알고 오늘본문에 보는대로 도마를 딱 만나셔서 '옆구리에 손 넣어봐야 안다고 했다며? 넣어봐' 하고 옆구리를 내놓으십니다. 바로 이런 순간에 주신 말씀입니다.

믿음이란 들음에서 납니다. 듣는다는 것이 아주 중요한 것입니다. 바로 듣고 자세히 듣고 확실하게 들으면 거기에 믿음이 있는 것입니다. 내가 경험해야 되는 것 아닙니다. 경험한 자로부터 들으면 되는 것입니다. 듣고 믿으면 되는 것입니다. 그럼 내가 경험한 것이나 마찬가지입니다. 간접경험을 통해서 직접 경험하는 바로 거기에 믿음의 근거가 있는 것입니다. 그래서 성경은 말씀하기를 믿음은 들음에서 난다, 들을 수 있는 것이 믿음이고 듣는 마음이 하나님께서 주시는 선물이다, 합니다.

또한 들음이란 뭘 말하는 것이냐? 만남을 의미하는 것입니다. 오늘 예수님께서 도마를 만나주십니다. 이 의심 많은 도마를 앞에 놓고 '보았느냐. 만져보라. 손을 넣어보라. 그리고 믿는 자가 되라' 하고 말씀하십니다. 내 불신을 알고 계십니다. 내 믿음 없는 것을 알고 계십니다. 그리고 찾아와서 만나주십니다. 얼굴과 얼굴, 가슴과 가슴으로 가까이 사랑으로 만나주실 때 도마가 여기서 무릎을 꿇습니다. 완전히 무릎을 꿇고 '나의 주님이시여 나의 하나님이시니이다' 하고 고백을 하게 됩니다. 이것이 믿음입니다. 만나주신다고 하는 것. 참 희한하지 않습니까?

미국을 대표하는 신학자로 조나단 에드워드라는 분이 있습니다. 그가 프린스턴 신학교의 교장으로 있을 때 외동딸이 있었는데 이 딸이 영 버릇도 나쁘고 말괄량이라서 아버지는 걱정했어요. '저거 언제 시집이라도 가려나? 아마 시집가도 못살 것이다.' 그런 걱정입니다. 세상에 이렇게 버릇없고 말괄량이일 수가 없어요. 그런 걱정을 했는데 어느 의젓한 청년 하나가 와서 "박사님, 제가 따님과 결혼하겠습니다. 허락해주세요" 합니다. 그래서 박사님이 이랬답니다. "자네가 몰라서 그래. 그 애가 얼마나 말괄량이인 줄 아나? 버릇이 말로 형용할 수가 없어. 결혼도 못할 뿐만 아니라 해도 못살 걸세. 자네 좀 사귀어 보게나. 저건 안되네." 그랬더니 그 청년 하는 말이 "벌써 다 사귀어 봤는데요. 다 알고 사랑하는 것입니다" 그럴 때 박사님은 이렇게 말했습니다. "알고 사랑한다? 그럼 냉큼 데려가게."

여러분, 이거 알아야 됩니다. 사랑하게 될 때 다 덮어버렸어요. 벌써 오늘 도마를 사랑하시는 예수님, 의심하는 것을 다 아시고 찾아와서 "믿는 자가 되라" 하십니다. 여기서 도마가 예수님의 참제자가 되는 것입니다. 여러분, 믿는 자는 보지 못한 것을 믿습니다. 아직 경험하지 못한 것을 믿습니다. 아니, 경험도 할 수 없는 것, 아니,

이해도 할 수 없는 것을 믿습니다. 주님께서 나를 찾아 주셨기 때문입니다. 우리 주님 내 생활 속에서, 내 실패한 과거 속에서, 내 모든 죄악 속에서 나를 구원하시고 여기까지 인도하시고 지금 우리에게 말씀하십니다. "믿는 자가 되라."

여러분, 믿을 수 있는 여건이 따로 있는 것이 아닙니다. 믿는 사람이 돼야 되고 믿는 자가 되면 믿을 수 있습니다. 의심하는 자, 여러분 잘 아시잖아요. 믿게 할 도리가 없습니다. 의심의 종이 된 사람 보세요. 누구를 믿나. 아무도 안믿습니다. 아니, 자기자신도 안믿습니다. 그처럼 불행한 일이 없습니다. 구원은 여기에 있습니다. 믿는 자가 되는 것입니다. 도마를 찾아오셔서 그 모든 허물과 부족함을 아시고 "믿는 자가 되라" 하시는 이 한 말씀에 도마는 마음을 엽니다. 열두 제자를 자세히 연구해보면 전부가 나가서 복음 전하고 이렇게 순교하고 저렇게 순교하고 다 순교합니다마는 열두 제자 중에서 가장 멀리까지 가서 한평생 선교하다가 순교한 사람이 도마입니다. 가장 의심이 많았기에 가장 큰 확신을 얻어서 인도에 가서 복음을 전하고 인도에서 순교를 했습니다. 인도에 도마의 무덤이 있습니다. 가장 큰 의심도 있었지만 이것이 깨질 때, 무너질 때 가장 위대한 믿음의 사람이 됩니다.

여러분, 오늘 이후로는 확실한 믿음의 사람이 되어야 할 것입니다. 예수님 부활을 믿는 순간 부활하신 예수님을 만납니다. 부활하신 예수님을 내 마음에 간직할 때 부활 생명으로 사는 아름답고 귀한 부활의 증인의 생을 살게 될 것입니다. "믿는 자가 되라." △

내 증인이 되리라

사도와 같이 모이사 저희에게 분부하여 가라사대
예루살렘을 떠나지 말고 내게 들은 바 아버지의 약속
하신 것을 기다리라 요한은 물로 세례를 베풀었으나
너희는 몇 날이 못되어 성령으로 세례를 받으리라 하
셨느니라 저희가 모였을 때에 예수께 묻자와 가로되
주께서 이스라엘 나라를 회복하심이 이 때니이까 하
니 가라사대 때와 기한은 아버지께서 자기의 권한에
두셨으니 너희의 알 바 아니요 오직 성령이 너희에게
임하시면 너희가 권능을 받고 예루살렘과 온 유대와
사마리아와 땅 끝까지 이르러 내 증인이 되리라 하시
니라 이 말씀을 마치시고 저희 보는 데서 올리워 가
시니 구름이 저를 가리워 보이지 않게 하더라 올라가
실 때에 제자들이 자세히 하늘을 쳐다보고 있는데 흰
옷 입은 두 사람이 저희 곁에 서서 가로되 갈릴리 사
람들아 어찌하여 서서 하늘을 쳐다보느냐 너희 가운
데서 하늘로 올리우신 이 예수는 하늘로 가심을 본
그대로 오시리라 하였느니라

(사도행전 1 : 4 - 11)

내 증인이 되리라

대학 총장직을 38년을 지낸 특별한 인물이 있습니다. 38주년이
되어서 기념 파티를 하게 될 때 기자들이 그에게 물어보았습니다.
"이처럼 어려운 때에 이 큰 대학에서 총장직을 계속하기 어려울 텐
데 어찌 38년이나 계속해서 총장직을 감당할 수 있었고 훌륭한 대학
으로 만들 수 있었습니까? 그 비결이 무엇입니까?"하고 물었을 때
그는 간단하게 대답했습니다. "뿔을 기르지 않고 안테나를 길러야
합니다. 뿔을 키우지 말고 안테나를 키워야 합니다." 이것은 바로 유
명한 미국의 예일대학 총장 제임스 에인절(James R. Angell)의 말입
니다.

여러분, 우리는 도전이라는 말을 쉽게 씁니다. 그것은 뿔입니
다. 안테나는 듣는 마음이요 수용성입니다. 능력과 힘이 도전력에
있는 게 아니라 수용성에 있다는 말입니다. 따라서 지도력의 근본은
듣는 데 있고 수용하는 데 있다는 것입니다.

창의성 개발 분야에서 전문가로 이름높은 다카하시 마코토라고
하는 일본 교수님이 계십니다. 그의 「창조적 발상의 기술」이라고 하
는 유명한 책에서는 또 역시 같은 맥락의 말을 합니다. 창조력이라
는 것이 자기에게서 발로되는 것이 아니고 밖에서 주어지는 메시지
를 잘 들어받아 수용해야 한다는 것입니다. 그럴 때 창의력이 나온
다는 것입니다. 그래서 네 가지로 말하는데 이거 다 비슷한 얘기입
니다. 첫 번째가 마음으로 생각하는 '심고'입니다. '다섯 살배기 정도
의 호기심으로 아주 깨끗한 마음으로 세상을 보라. 모든 사람의 말

을 호기심 있게 들어라. 다섯 살배기로 돌아가서 순수한 마음으로 사물을 보고 듣는 그런 자세가 먼저 있어야 한다'는 것입니다. 이것을 '심고'라 했고, 그 다음은 머리로 생각해야 한다— 이것은 '사고'라고 합니다. 지식과 논리로 보고 들었으면 이제 생각을 해야 합니다. 요새 현대인에게 결정적인 약점이 이것입니다. 그대로 리엑트되고 맙니다. 유명한 말이 있습니다. '동물은 리액션(reaction)으로 살고 사람을 리스판스(response)로 산다.' 우리가 강아지 꼬리를 밟으면 "깽" 합니다. 그게 '리액션'입니다. '반사작용'입니다. 그건 동물에게 있는 것입니다. 인격자는 그렇지 않습니다. 이제는 '리스판스'입니다. 깊이 듣고 생각하고 생각하고 말을 해야 합니다. 다시 말하면 누가 내 발등을 밟았다고 그냥 "아야" 하고 소리지르지 말고 '밟은 사람이 누군가. 왜 밟았나' 하고 쳐다봐야 합니다. 그 사람이 예쁜 아가씨면 "좀더 밟으세요" 그래야 할 것 아닙니까. 그런데 그냥 "깨갱" 하면 이건 강아지나 보이는 반응이지 사람은 이런 '리액션' 가지고는 안됩니다. 사고를 해야 됩니다. 보고 들었으면 깊이 생각하고 우리 교회에서 쓰는 말로 말하면 묵상하고 기도하고 이런 시간이 있어야 됩니다. 또 하나는 손으로 생각하는 '수고'라고 했습니다. 생각만 해서는 안됩니다. 이제 내가 손을 내밀어서 실험을 해야 합니다. 실천해야 합니다. 직접 행동으로 옮겨야 됩니다. 마지막으로는 발로 생각하는 '족고'라고 말했습니다. 이것은 현장경험이 필요합니다. 그전까지는 말하지 마세요. 그 전까지는 판단해 버리지 마세요. 현장에 가서 보고 듣고 경험하고 그러고나서 뭔가를 가지고 행동을 해야 됩니다.

제가 성경을 읽을 때 가끔가다 '세상에 이런 멍청한 사람이 있나'하는 생각을 합니다. 그게 누군 고하니 바로 엠마오로 가는 제자들입니다. 예수님 부활하신 다음 이 사람들이 엠마오로 가고 있습니다. 예루살렘을 떠나서 예수님께서 뒤따라가시면서 그들과 얘기를 하시는데 예수님인 줄 모르고 이렇게 말을 합니다. "예수님이 능력이 많으신 분인데, 이스라엘을 구원할 자라고 믿었는데 십자가에 죽었습니다. 실망입니다." 그러는 것입니다. 예수님께서 들으시니 한심하거든요. 게다가 더 한심한 소리는 "여자들이 무덤에 갔다가 예수님이 부활하시고 무덤이 비었다고 하는 이야기가 전해지고 있습니다"라는 것입니다. 그 순간 나같았으면 한 대 쥐어박았겠어요. "이놈아, 그러면 너는 왜 무덤에 가보지 않았느냐? 멀지도 않은데 무덤이 비었다는 말이 들렸거든 가봐. 직접 가서 현장을 보고 얘기해야지. 그런 말이 있다고 합니다 라니? 이런 맹랑한 것. 이래가지고야 되겠느냐?" 이래서야 무슨 믿음을 가질 수가 있겠어요? 무슨 역사를 하겠어요?

　여러분 이걸 꼭 알아야 합니다. 예수님께서 이제 본문에도 보면 제자들을 파송하십니다. 부활하신 다음에 제자들을 보내시는데 그 전으로 돌아가서 이 큰 사명을 주시기 전에 먼저 제자들을 부르신 과정을 생각할 필요가 있습니다. 선택적으로 부르십니다. 보세요. 갈릴리 바다에서 물고기 잡는 어부들을 찾아가 현장에서 "나를 따르라" 하십니다. 마태같은 사람은 세관에서 세금을 받고 있는 세리입니다. 가장 천한 직업입니다. 모든 사람이 멸시하는 직업입니다. 그가 세관에 앉아 있는 걸 보시고 "나를 따르라" 하고 부르십니다. 속된 말로 말하면 마구잡이로 부르신 것같아요. 인물심사도 없고 요새같은 시험도 없고 면접도 없고 그냥 "나를 따르라" 하십니다. 이것은 하나님의 선택입니다. 무자격한 가운데서 불러 자격을 주시는 것입니다. 그리고 가르치십니다. '내게 배우라 나를 따르라 네 멍에를 메고 내게 배우라 나와 함께 가자.' 함께 가면서 현장교육을 하십니다. 3년 동안 계속 현장교육을 하십니다.

그리고 사명자의 기본자세에 대해서 누누이 말씀을 하십니다. 귀담아 들어야 할 말씀입니다. '씨를 뿌리는 것같다. 씨를 뿌리고 돌아서는 사람에게 눈에 보이는 것은 아무것도 없다. 그러나 씨는 자라는 것이고 종자가 자라는 동안 기다려야 한다.' 자, 전도도 선행도 교육도 기다려야 합니다. 조급히 서두르면 안됩니다. 씨를 뿌렸어요. 농부의 인내를 배우라고 야고보는 말씀합니다. 그리고 거기에 미스터리가 있습니다. 예수님 누누이 말씀하십니다. '아무도 모르는 중에 자고 일고 자고 일고 하는 동안에 저 종자는 조용하게 자라서 싹이 나고 꽃이 피고 열매가 맺게 된다. 그 다음에 거둘 때 거두라. 거둘 때는 남이 심어놓은 것을, 남이 수고한 것을 거두는 마음으로 거두라.' 왜요? 내가 수고해서 내가 거둔다가 아닙니다. 그 누군가가 수고했고 많은 사람이 수고했어요. 그것을 내가 오늘 거두는 것입니다. 거둔 사람은 또 다른 은사를 누리고 있고 감사하는 마음으로 그렇게 거두라— 이렇게 제자들을 가르쳤습니다.

그리고 오늘 이 시간에 최종으로 파송하는 말씀이 본문에 있습니다. 여기에 보면 '가라 전파하라 이적을 행하라 위대한 일을 이루라 꿈을 가지라 꿈을 실현하라.' 요새 많이 듣는 이런 얘기가 없습니다. 예수님의 말씀은 오히려 정반대입니다. 두 명령이 있고 두 약속이 있습니다. 예수님의 대사령입니다. 중요한 말씀입니다. 명령은 "떠나지 마라" 그리고 "기다리라"입니다. "떠나지 마라 기다리라"—

이것이 명령입니다. 나가서 전파하라, 이적을 행하라, 세상을 바꾸라, 꿈을 실현하라— 예수님의 명령 속에는 그런 것이 없네요. 아무리 봐도 이 중요한 시간에, 엄청난 대사령이 나타나는 이 순간에 예수님께서는 오히려 예루살렘을 떠나지 마라, 그리고 약속하신 것을 기다리라 하십니다. 이것이 명령입니다. "떠나지 말라." 이게 무슨 말씀입니까? 예루살렘에는 성전이 있고 하나님의 집이 있고 만민의 기도하는 집이 있어요. '성전을 떠나지 마라. 성전 중심으로 살아야한다. 성전이 먼저다.'

여러분, 모든 일에 성전이 먼저입니다. 저는 목회하고 있을 때 가끔 사무실에서 나오면 한 삼사 명 혹은 오륙 명이 모여서 성전으로 들어가는 것을 보면 일부러 제가 발걸음을 멈추고 "어디 가십니까?"하고 묻습니다. "본당에 들어가려고 오는 길입니다." "왜요?" "지금 기도하러 가는 길입니다." "왜요?" "이 중에 한 사람이 오늘 병원에 들어가서 수술을 받게 됩니다. 이제 전신마취를 하고 수술을 받게 되는데 그 전에 먼저 와서 기도하고 가고 싶다고 해서 우리 다같이 와서 기도하고 그리고 수술 받으러 갈 겁니다." 참으로 아름다워요. 그래 제가 부탁을 했어요. "가서 수술 받고 낫거든 나아서 집에 갈 때 또 성전에 왔다 가세요. 집으로 바로 가지 말고." 이게 성전 중심입니다. 중요한 일을 결정할 때 성전에 와서 기도하고 내 운명을 결정할 때 성전에 와서 기도하고…… 기도가 먼저입니다. '예루살렘을 떠나지 마라. 땅 끝까지 이르러서 증인이 되리라'고 말씀하시면서도 그 우선적인 최우선이 뭐냐 하면 이것입니다. "예루살렘을 떠나지 마라." 얼마나 신중한 말씀입니까. 교회중심의 생활, 항상 교회와 함께하고 교회에서 삽니다. 내 생각의 고향, 마음의 고향이 교회에 있습니다. 이 성전 아주 중요합니다.

　가끔 가정을 방문했을 때 보면 가끔 그런 것을 봐요. 지금 바로 우리 성전 내부를 찍은 사진이 있는데 이 성전 내부를 찍은 것을 그대로 자기집에다가 딱 붙여놨어요. "저건 뭐냐?" 하고 내가 알고도 물어보니까 하는 말입니다. "저걸 쳐다볼 때마다 내가 지금 교회에 나가서 성전 안에 앉아 있는 기분입니다. 그래서 나는 늘 기도할 때마다 저 앞에서 기도합니다." 여러분, 이걸 잊지 말아야 합니다. "예루살렘을 떠나지 마라." 그 중요한 시간에 이 귀한 말씀을 하십니다. 성전중심입니다. 항상 성전을 사모하고 성전을 향하여 기도하고 그것이 마음의 고향이 되어 있어요. 그래서 예수님 말씀이 "예루살렘을 떠나지 마라"입니다.

　두 번째는 "약속하신 것을 기다리라." 그것은 성령을 말씀하심입니다. '성령의 역사를 기다리라. 성령이 말씀할 때까지 기다리라. 성령이 지시할 때까지 기다려라. 네 의지로 출발하지 마라. 네 꿈을 가지고 살지도 마라. 성령이 말씀하시는대로 하라.' 성령이 뭡니까? 단적으로 말하면 그리스도의 영입니다. 그리스도의 생명력입니다. 그리스도의 현재성입니다. 그리스도께서 현재 살아 역사하시는 것이 성령입니다. 빌리 그레이엄 목사님이 늘 말씀하시듯이 '지금 여기에 살아계신 그리스도' 성령입니다. '성령이 임할 때까지 기다려라. 네 마음대로 뛰어들지 마라. 뭘 좀 알았다고 뛰어들고 뭘 좀 할 수 있을 것 같다고 뛰어들고…… 생명을 바친다고 되는 게 아니다. 성령이 지시할 때까지 기다리라.'

　그 다음에는 뭡니까? 약속을 하십니다. '성령을 받으리라. 기다리면 성령을 받으리라.' 여러분 잘 아는대로 120명이 오순절에 성령을 기다립니다. 예수님께서 이렇게 말씀하신 다음에 대체로 봐서 한 열흘 동안 기다렸습니다. 열흘 후에 성령이 임합니다. 그리스도께서 주도적으로 역사하십니다. 그리스도의 영이 역사합니다. '너희가 성령을 받으리라.'

그 다음 맨마지막 말씀이 이것입니다. '이제 나가서 복음을 전하라.' 그런데 중요한 것은 '증인이 되리라' 하신 것입니다. 우리가 큰 오해가 있습니다. 교회에서 걸핏하면 증인이 되라, 증인이 되라, 증인이 됩시다 그러는데 그건 거짓말입니다. 성경에는 없습니다. '증인이 되리라 네가 증인이 되리라' 하십니다. 이게 무슨 말씀입니까? 주도권이 그리스도께 있습니다. '너희가 증인이 되는 게 아니고 내가 너를 증인 되도록 할 것이다, 증인 되는 길을 인도할 것이다.' 이 말씀입니다. "증인이 되리라"— 엄청난, 귀중한 말씀입니다. 여기서 떠나면 안됩니다. 내 의지로 되는 것이 아닙니다. 주님께서 역사하십니다. 그래서 이 증인이라는 말 또한 더욱 중요합니다.

증인이라는 말이 '마르투레스' 라고 되어 있습니다. 영어로는 순교자를 '마르터르'(martyr)라고 하는데 이 말의 어원이 '마르투리아' 입니다. 헬라어입니다. '마르투리아'는 바로 증인이라는 말도 되고 그대로가 순교라는 말이 됩니다. 그러니까 목숨을 걸고 순교적으로 나올 때 그게 증인입니다. 자기 목숨을 아끼면 증인이 될 수가 없습니다. 자기 목숨을 바치면서 제물로 바치면서 증거할 때 그가 증인이 되는 것입니다. 마르투리아, 마르투레스. "증인이 되리라."

여러분, 증인의 3대 조건이 있습니다. 요즘 시끄러운 것도 보자니 증인이 바른 말 했느냐, 잘못 말했느냐, 말이 많습디다마는 증인이 중요합니다. 증인의 말 한마디가 아주 중요합니다. 그에 따라서 사실이 될 수도 있고 거짓이 될 수도 있습니다. 증인은 첫째로 경험한 사람이 돼야 됩니다. 현장 경험이 없이는 증인이 될 수 없습니다. 가령 증인으로 나간 사람에게 묻습니다. 물을 때에 "내 생각에는 말입니다" 하고 말하면 말을 중지시킵니다. 그 말은 필요 없어요. 대답 똑똑히 하세요. 현장에 있었습니까? 없었습니까? 보았습니까? 못보았습니까? 들었습니까? 못들었습니까?"- 오로지 현장 경험만 묻는 것입니다. 봤느냐 안봤느냐 그겁니다. "내 생각은 확실합니다." 쓸데없는 소리. "봤느냐 안봤느냐." 그리스도의 증인은 그리스도의 부활을 보아야 됩니다. 그리스도의 생명력을 체험해야 됩니다. 경험이 없이는, 체험적 증거가 없이는 증인이 될 수 없습니다.

두 번째는 내가 위하여 증거하는 그 분을 내가 사랑해야 됩니다. 아주 극진히 사랑해서 그를 위해서 내가 증인이 될 마음이 있어야 합니다. 왜요? 증인 했다가 내가 손해볼 수 있거든요. 불이익을 당할 수도 있습니다. 어쩌면 내가 같이 죽을 수도 있습니다. 엄청난 손해를 희생을 내가 감수해야 됩니다. 그러니까 사랑해야 됩니다. 저와 나와 운명을 같이할 마음이 있어야 됩니다. 그래야 증인이 될 수 있습니다.

더 나아가서는 희생의 용기가 필요합니다. 요새도 보면 엄연한, 중요한 사건들이 증인이 없어가지고 흐지부지되는 일이 많습니다. 확실하게 용기 있는 사람이 필요합니다. 그저 딱부러지게 "이건 이렇습니다. 내가 보았습니다. 그 자리에서 경험했습니다." 이렇게 되어야 되는데 불이익이 돌아올까 봐 다 도망가고 말았습니다. 그러니까 사건이 그만 무너지고 마는 것입니다. 여러분, 이걸 알아야 됩니다. 용기가 있어야 합니다. 그래서 얘기인데요. 우리가 성령 충만이

라는 말을 많이 합니다마는 초대교회의 성령 충만이 뭐냐 하고 단적
으로 말하면 용기입니다. 오늘 처음 들은 얘기가 아닙니다. 본래부
터 다 듣고 보고 알던 말씀입니다. 그런데 성령 충만한 시간에 용기
가 생겼어요. 전에는 죽을까봐 벌벌 떨면서 도망 다니고 숨어 다니
던 사람들이 오늘은 나와서 예수를 증거합니다. 목숨을 걸고 그리고
순교합니다. 그게 바로 증인입니다. 예수님께서 말씀하십니다. '너
희가 내 증인이 되리라. 너희를 보고 사람들이 나를 알고 너희를 통
해서 하나님의 영광이 나타나고 교회가 세워질 것이다. 너희가 내
증인이 되리라.'

공산혁명의 주도자였던 트로츠키라고 하는 분이 있습니다. 그
분이 청년시절에 시베리아 강제노동수용소를 탈출해서 뉴욕에 와서
4년 동안 기자생활을 한 일이 있었답니다. 그리고 돌아가서 공산주
의자로 역사하게 되는데 그가 돌아갈 때 한 말이 남아 있습니다. "내
가 지난 4년 동안 뉴욕에 있으면서 내가 많은 사람들을 만나봤지만,
내 친구들도 많은데 아무도 나한테 예수믿으라는 사람이 없더라. 4
년 동안 단 한 번도 예수믿으라는 사람을 만나지 못했다. 그렇다면
이것은 처음부터 구원이 없었든지 아니면 구원을 믿지 않고 있든지
그런 것 아니겠느냐?" 무서운 비난입니다.

그러나 예수님 당시에 있었던 요세푸스라고 하는 유명한 역사
가는 이렇게 기록하고 있습니다. '초대교회 교인들은 전체가 선전원
이었다. 조용한 사람은 아무도 없었다. 전체가 복음을 증거하는 선
전원이었다.' 역사가가 이렇게 기록하고 있습니다.

채필근 목사님의 책 중에서 제가 읽은 이야기입니다. 목사님 자
신이 쓴 것입니다. 자기가 어느날 버스를 탔다고 합니다. 해방된 다

음에 공산치하에 있었던 얘기입니다. 그럴 때 버스를 탔는데 그곳에 최권능 목사님이 거기에 탔다고 합니다. 공산치하의 무서운 때인데 버스 안에서 열심히 복음을 전하더랍니다. "예수 믿으세요. 예수 천당! 예수 예수……" 사람마다 다니면서 버스 안에서 복음을 전하고 있는데 채필근 목사님 앞에 와서 "예수" 그럽니다. 채필근 목사님이 "최목사, 나 채목사야. 나 채필근 목사야" 그랬더니 최권능 목사님이 뭐라고 소리를 질렀는고 하니 "어 이거, 벙어리 교인이구만." 자기가 일생동안 그 말을 잊을 수가 없다고 합니다. '정말이다. 나는 벙어리 교인이다. 나는 한마디도 증언은 못했는데……' 정말입니다.

제가 직접 본 것은 8·15광복에서 6·25전쟁 바로 그 중간입니다. 그때는 기차를 타고 제가 진남포에서 공부할 때 올라가고 할 때인데 큰 기차를 타고 올라가는데요. 그때는 일반 칸이 있고 공무원 칸이 있었어요. 그리고 모자 칸이 있고. 그런데 제가 그 기차에서 보고 깜짝 놀란 것은 이 어느 사회입니까? 어려운 그런 시절인데 김익두 목사님 공무원 칸에 들어가서 예수를 믿으라고 소리치는 걸 제가 봤어요. '저 목사님 저렇게 하고도 살아남을 수 있을까?' 결국은 순교했습니다마는 그 공산당 괴수들이 모여 있는 공무원 칸에 들어가서 예수를 믿으라고 전하는 걸 내 눈으로 확인하면서 제가 깊은 감동을 받았습니다. 여러분, 현대의 문제는 여기에 있습니다. 증인이 되겠다고 나서면서 성령을 못받은 사람들이 많습니다. 중생이 없는 신앙, 성령을 받지 못한 증인…… 말만 많아요. 문제를 더 만들고 있습니다.

두 번째는 성령을 받았는데 성령의 은사를 소멸하는 사람입니다. 성령의 말씀한 대로 행동하지 않아요. 성령이 말하라고 할 때 말하지 않아요. 성령이 주라 할 때 주지 않아요. 성령이 용서하라 할 때 용서하지 않아요. 성령이 가라 할 때 가지 않아요. 성령의 은사를 소멸하면 (로마서에서 말씀합니다.) 성령은 탄식합니다. 조용히 뒷문으로 나갑니다. 성령의 역사가 사라집니다. 성령의 은사를 소멸하는 사람 때문에 문제입니다. 성령의 은사를 받고 성령이 말씀하는 대로 순종하면 충만함이 옵니다. 사도행전의 충만이 바로 이것입니다. 성령에게 순종하면 더 충만하고 충만하면 더 충만 더 충만해집니다. 그리고 핍박 앞에 서면 충만하게 되고 스데반처럼 그 얼굴이 천사의 얼굴 같이 되는 그런 충만함이 따라오는 것입니다. 마태복음 28장 20절에 말씀합니다. "볼지어다. 내가 세상 끝날까지 너희와 항상 함께 있으리라." 주님의 말씀입니다.   △

그것을 선으로 바꾸시는 하나님

요셉의 형제들이 그 아비가 죽었음을 보고 말하되
요셉이 혹시 우리를 미워하여 우리가 그에게 행한 모
든 악을 다 갚지나 아니할까 하고 요셉에게 말을 전
하여 가로되 당신의 아버지가 돌아가시기 전에 명하
여 이르시기를 너희는 이같이 요셉에게 이르라 네 형
들이 네게 악을 행하였을지라도 이제 바라건대 그 허
물과 죄를 용서하라 하셨다 하라 하셨나니 당신의 아
버지의 하나님의 종들의 죄를 이제 용서하소서 하매
요셉이 그 말을 들을 때에 울었더라 그 형들이 또 친
히 와서 요셉의 앞에 엎드려 가로되 우리는 당신의
종이니이다 요셉이 그들에게 이르되 두려워 마소서
내가 하나님을 대신하리이까 당신들은 나를 해하려
하였으나 하나님은 그것을 선으로 바꾸사 오늘과 같
이 만민의 생명을 구원하게 하시려 하셨나니 당신들
은 두려워 마소서 내가 당신들과 당신들의 자녀를 기
르리이다 하고 그들을 간곡한 말로 위로하였더라

(창세기 50 : 15 - 21)

그것을 선으로 바꾸시는 하나님

성도 여러분, 오늘은 지극히 개인적인 간증을 드리려고 합니다. 저는 1951년 1월 13일 황해도 장연(長淵) 그 고향을 떠났습니다. 여기가 어디냐 하면 요새 백령도 앞바다에서 문제가 복잡하게 되고 있는데 바로 거기입니다. 백령도에서 쳐다보면 앞에 북한쪽으로 덕동포라고 보입니다. 그 포구에서 걸어서 30분만 가면 우리집입니다. 바로 거기가 현재 잠수함 군사기지가 되어 있습니다. 이 고향을 떠나 혈혈단신으로 남한에서 군에 입대하고 3년 동안 군대생활을 합니다. 3년 동안 군대생활을 했지만 단 한 번도 휴가를 가본 일이 없습니다. 갈 데가 없으니까요. 그리고 제대하고 나와서 고학을 하면서 공부하게 됩니다. 난방이 없는 차디찬 기숙사 생활을 하면서 5년 동안 참 어려운 시간들을 보냈습니다. 방학 때가 되면 학생들은 가지만 그 넓은 기숙사에 저는 혼자 있었습니다.

그렇게 공부를 마치고 결혼을 해서 목회를 시작하면서 바로 첫 아들을 낳았습니다. 그때의 그 기쁨과 감격은 아주 특별한 것이었습니다. 이 아들의 이름을 뭐라고 지을까? 이것 때문에 며칠 동안 기도하면서 고민하다가 고민 끝에 성경을 읽다가 오늘 본문에 나타난 요셉에 대한 이야기를 보게 됩니다. 제발 이 아들이 요셉처럼 됐으면 좋겠다 생각하고 기도하는 중에 요셉이라고 이름을 짓게 됩니다. 여러분, 요셉은 참으로 오늘본문에 나타난대로 아주 우러러보입니다. 세상에 이런 사람이 있습니까? 이렇게 위대한 사람이 있습니까? 그래서 요셉이라고 이름을 지었습니다.

요셉은 17세 소년으로 형들에 의해서 노예로 팔려갑니다. 노예로 팔려가면 일생동안 노예로 살다 죽어야 됩니다. 차라리 죽이는 게 낫지 어찌 형들이 동생을 노예로 팔아먹을 수 있단 말입니까? 정말 있을 수 없는 최악의 상황이라고 봅니다. 그리고 13년 동안 모진 고생을 합니다. 노예로 또 억울하게 감옥에 들어감으로 노예요 죄수라는 신분으로 엄청난 고생을 하고나서, 하나님의 크신 은혜 중에 애굽의 총리대신이 되고 권좌에 서게 됩니다. 여러분이 잘 아는 이야기입니다.

형들이 식량을 구하기 위하여 애굽에 왔습니다. 그래서 형들을 만나게 됩니다. 다시 부탁을 해서 70명되는 온가족을 다 애굽으로 나오라고 합니다. 아직도 얼마동안은 흉년이 계속되기 때문에 여기 와서 살아야 할 것이라고, 그래서 아버지 야곱도 함께 애굽으로 와서 고센 땅에서 풍요한 생활을 누리며 아주 특권적인 평안함을 누리게 됩니다. 거기에서 아버지 야곱이 세상을 떠납니다.

떠난 다음에 된 이야기가 오늘본문에 있습니다. 형들에게 큰 걱정이 생겼습니다. 요셉에게 범한 악행은 도저히 용서받을 수 없는 엄청난 죄악인데 그래도 요셉은 효자라서 아버지가 살아계신 동안 형들에게 복수를 하지 않았습니다. 그걸 알고 있다가 이제 아버지가 세상을 떠났으니 이제야말로 원한을 풀 수 있는 때가 됐고 복수할 때가 됐을 것이다, 그럴 것같다, 그래서 이 형들이 요셉에게 와서 하는 말입니다. "아버지가 살아계실 때 '너희 형들의 죄와 허물을 용서하라'라고 말씀하셨습니다. 지금 바로 그 시간입니다. 우리의 허물과 죄를 용서해주세요. 우리는 다 당신의 종입니다. 당신의 종이 될 것입니다"라고 말할 때 요셉은 이 소리를 듣고 크게 울더라 그랬습니다. "크게 울었더라." '바카'라고 하는 이 히브리어는 소리를 내서 우는 그런 울음을 말하는 것입니다. 얼마나 굉장한 장면입니까? 요셉이 그 설움을 참지 못하고 크게 울었다— 요셉은 용서를 구하는 형들을 보고 이렇게 가슴이 터져서 울었습니다. 그리고 오늘본문말씀대로 요셉은 형들을 용서합니다.

여러분은 얼마나 용서를 해봤습니까? 용서가 무엇이라고 생각하십니까? 프레드 러스킨은 「용서」라고 하는 그의 책에서 말합니다. '용서를 통해서만 사람은 과거라고 하는 감옥에서 벗어날 수 있다.' 과거가 우리를 항상 붙잡고 있습니다. 그래서 오늘과 미래를 다 망치는 것입니다. 오로지 용서만이 과거로부터 자유하게 합니다.

또한 용서를 통해서만 두려움에서 벗어날 수 있다고 말합니다. 여러분, 두려움과 공포, 이것은 뭔가 잘못된 관계 속에 있는 것입니다. 용서하는 순간에만 온전한 자유인이 되는 것입니다.

마지막으로 용서를 통해서만 미래가 보입니다. '용서를 통해서 모든 원한관계를 깨끗이 끊어버릴 때 비로소 밝은 미래가 보이는 것이다.' 이렇게 자세하게 용서에 대한 철학을 우리에게 말해주고 있습니다.

그런데 요셉의 용서는 또다른 차원의 용서입니다. 요셉의 용서는 믿음이었습니다. 오늘 성경을 읽어보면 읽어볼수록 요셉은 위대합니다. 상황을 볼 때나 형들을 볼 때나 왕을 대할 때나 어떤 경우에나 하나님을 생각합니다. 하나님을 생각했습니다. 하나님만을 생각했습니다. 그리고 세상을 보았습니다. 그래서 오늘 하나님에 대한 말씀을 계속 '하나님은, 하나님은' 이렇게 말씀하고 있습니다. 이 믿음만이 용서할 수 있는 것입니다. '하나님께서 나를 먼저 보내셨습니다. 당신들이 나를 판 것이 아니라 하나님께서 나를 이리로 보내신 것입니다.' 그 과정은 모순되고 부조리하고 상황이 이상하게 됐습니다. 상황이 그렇지만 요셉은 말씀합니다. '하나님께서 나를 먼저 이리로 보내셨습니다. 내가 팔려온 것이 아니고 보냄받아서 온 것입니다. 억지로 끌려서 여기로 온 것이 아니고, 운명이 이렇게 비참해진 것이 아니라, 하나님의 큰 은혜 속에서 하나님께서 보내시어 내가 애굽으로 먼저 왔습니다.'

이 얼마나 놀라운, 놀라운 믿음입니까. '하나님의 은혜로운 경륜 속에 보냄을 받아서 내가 애굽에 왔습니다. 하나님께서 나를 통치자로 삼으셨습니다. 하나님께서 나를 이 모든 길로 인도하셨습니다. 지금 당신들이 내가 원수를 갚을까봐 걱정하는데 아닙니다. 내가 하나님을 대신하리이까? 원수갚는 것은 하나님께서 알아 하실 것이지 내가 할 일이 아닙니다. 미워할 것도 아니고 억울할 것도 아닙니다.' 하나님의 사람 요셉은 말씀합니다. "내가 하나님을 대신하리이까?"

사도 바울도 그의 편지 속에서 말씀합니다. '원수갚는 것이 하나님께 있다. 그런고로 미워하지도 말고 억울해하지도 말고 하나님의 사람, 믿음의 사람은 깨끗하게 하나님께 맡겨야 한다.' '내가 하나님을 대신하리이까?' 추호도 내가 원수를 갚겠다는 생각은 없는 것입니다.

뿐만 아니라 '하나님께서 그것을 선으로 바꾸사 오늘 내가 있게 하셨습니다'라고 오늘본문에서 말씀합니다. 참 귀한 말씀입니다. 정말 놀라운 일입니다. 오늘 성경에 보니 요셉은 형들을 위로했다고 했습니다. 요셉이 형들을 위로했습니다. 원수를 위로했습니다. 기가 막힌 얘기입니다.

　여러분, 가해자가 평안을 느껴야 진정한 용서입니다. 내가 원수를 갚는다 안갚는다, 그것이 문제가 아닙니다. 나에게 피해를 입힌 그 사람이 평안해야 됩니다. 그 사람에게 어두운 그림자가 없어야 됩니다. 내게 잘못한 것으로 인해서 근심걱정에 빠진다면 나는 아직도 용서하지 아니한 것입니다. H.W. 비처(Beacher)목사님의 유명한 설교가 있습니다. "'용서할 수 있으나 잊을 수는 없다' 하는 말은 용서하지 않는다는 말과 같다." 그렇습니다. 종이를 찢어서 불태워 버리듯이 깨끗이 없어져야 됩니다.

　여러분, 나에게 피해를 끼친 사람, 나를 억울하게 한 사람 그 사람이 평안해야 됩니다. 나에게 해를 끼쳤다는 것으로 인해서 그 마음에 어두운 그림자가 있다면 아직도 문제는 풀리지 아니한 것입니다. 언젠가는 이게 또 문제가 됩니다. 가해자가 평안을 느껴야 참된 용서요 가해자가 어딘가 불안해하면 완전히 해결된 문제가 아니라는 것입니다.

　그래서 말입니다. 45장 5절에 보면 이렇게까지 말씀합니다. 요셉이 형들을 위하여 하는 말씀입니다. "당신들이 나를 이곳에 팔았으므로 근심하지 마소서 한탄하지 마소서." 어찌 우리가 동생을 팔아먹은 이런 죄를 지었단 말인가 하는 한탄 하지 마소서 ― 또 있습니다. '길가다가 다투지 마소서.' 서로 책임을 전가하면서 르우벤이 맏형으로서 한마디 할 수 있을 것입니다. '그리하지 말라고 하지 않더냐. 누구 잘못이냐. 누구 때문이냐.' '이렇게 다투지 마소서. 책임 추궁 하지 말고 책임전가 하지 말고 깨끗이 잊어버리세요.' 요셉이 형들을 위로했습니다. 얼마나 놀라운 얘기입니까. 여기까지, 나에게

피해를 입힌 그 사람들의 마음에 평안함을 줄 때까지는 용서가 용서
될 수 없다는 것입니다. 조건 없는 용서를 합니다. 모든것은 하나님
께 맡깁니다. 후속결과를 다 하나님께 맡깁니다.

여러분, 저는 요 근자에 많은 것을 생각해보았습니다. 우리는
상대방이 잘못했다고 하는 말을 듣고나서 용서할 마음이 있습니다.
적어도 잘못했다는 말 한마디는 해야 되겠는데 이 말을 못합니다.
뭔가 그걸 못할 정도밖에 안됩니다. 아무리 기다려도 그 한마디가
나오지 않으니 그럼 어떡하면 좋겠습니까? 그래서 생각합니다. 용
서란 잘못을 구하는 그러한 조건하에서 하는 것이 아닙니다.

예수님 십자가에서 돌아가실 때 "아버지여 저희를 사하여주옵
소서 자기의 하는 것을 알지 못함이니이다." 이렇게 말씀합니다마는
지금 그 밑의 사람들이 회개했습니까? 죄를 뉘우쳤습니까? 죄를 깨
달았습니까? 아닙니다. 아우성을 치며 십자가에서 내려오라고 소리
를 지르고 있습니다. 그런 사람들을 바라보면서 주님께서는 '하나님
이여, 이들의 죄를 사하소서.' 기도하십니다. 여기에 위대한 용서가
있는 것입니다. 아무것도 묻지 마세요. 적어도 내 편에서는 깨끗하
게 오히려 가해자를 위로하는 마음으로, 불쌍히 여기는 마음으로,
그를 위하여 기도하는 마음으로— 이것이 용서의 본래의 의미입니
다. 오직 은혜로, 내게 주신 은혜가 너무 크기에 이 은혜로 저를 감
싸고 저를 덮고 지난날을 다 용서해버립니다.

여러분, 예수 믿는 사람은 그 누구도 미워할 권리가 없습니다.
그 누구도 심판할 자격이 없습니다. 딱 두 마음뿐입니다. 불쌍히 여
기든지 아니면 사랑하든지, 그것뿐입니다. 어떠한 어두운 그림자도
우리 마음에 있어서는 안됩니다. 이것이 요셉의 마음입니다. 이해할

때에 합동하여 큰 선을 이루시는 상상할 수 없는 일이 이루어지고 있더란 말입니다. 이것이 하나님 앞에 서야 할 하나님의 사람들의 모습입니다.

재미있는 얘기가 있습니다. 정육점을 경영하는 윌리엄 리바인 이라는 아주 가난한 사람이 있었습니다. 그런데 한 달 동안에 어쩌자고 무려 강도를 네 번이나 만났습니다. 총을 들고 와서 돈을 내라 그래서 그때마다 돈을 다 내주었어요. 한 달 동안 네 번이나 강도를 만나고 보니 도대체가 장사할 마음도 없고 떨리고 걱정이 돼서 일을 할 수가 없어요. 그러나 장사는 해야겠고 해서 방탄조끼를 입고 장사하기로 생각을 했습니다. 해서 방탄조끼를 사다가 입고 그 위에 옷을 입고 '혹시 총을 맞더라도 죽지 않고 살아야겠다' 그렇게 생각하고 장사를 시작했는데 이 소문이 나니까 다른 사람들이 와서 말하기를 "그 방탄조끼 나도 하나 사다주구려. 나도 그거 입고 장사할 마음이 있다"고 해서 "그러시죠" 하고 방탄조끼를 사다가 팔다 팔다 보니 방탄조끼 만드는 회사가 됐습니다. 세계에 40여 개 지점을 가진 큰 방탄조끼 회사가 됐다, 그런 얘기입니다. 한 달에 네 번이나 들어왔던 강도들에게 고맙다고 할까요? 말까요?

여러분, 때때로 우리가 정말 억울하고 어려운 일을 많이 당합니다마는 그러나 이제 돌이켜 생각해보세요. 고맙지 않아요? 그런 분이 있어서 내가 있는 거요, 그 사건이 있어서 내가 있는 것입니다. 여러분, 어찌 생각하십니까?

성도 여러분, 우리 주변에는 분개할 일이 많습니다. 원통한 일도 많습니다. 있어서는 안될 일들이 있습니다. 그러나 한에 맺히는 한 우리의 기도는 응답되지 않습니다. 신앙인에게는 한이란 없는 것입니다. 깨끗이 지워버려야 합니다. 마치 요셉처럼 말입니다. 원수도 없습니다. 아니, 없어야 합니다. 하나님의 큰 은혜의 경륜 속에서 한 단 더 높이 더 높이 감사할 수 있어야 합니다. 오늘 내가 나되게 하기 위해서 이 사건이 있었기에 지난날을 오히려 하나님 앞에 감사할 수 있어야 합니다. 그 넓은 마음으로 모든것을 소화해야 합니다. 때로는 우리가 세상을 살아가면서 알게모르게 작은 일 큰 일 조금씩 뜻에 맞지 않는 일들이 있습니다. 분하기도 하고 억울하기도 하고 원망스럽기도 하고 그러나 그리 생각하지 마세요. 이제는 그러지 마세요. 오히려 감사할 수 있는 그런 넓은 마음이 돼야 합니다. 그것을 선으로 바꾸사 오늘의 의를 이루셨습니다.

　제 지극히 개인적인 얘기인데요. 8·15광복이 되자마자 바로 학교 문이 열리지는 않았습니다. 그러나 공부하고 싶어서 40리길을 걸어서 외삼촌댁에 갔습니다. 외삼촌은 세브란스대학의 제2회 졸업생입니다. 또 원래 공부를 많이 하고 책 읽는 것을 좋아해서 그 집에 책이 많아요. 그래서 내가 가서 그랬어요. "삼촌, 나 요즘 놀고 있는데 영어공부를 하고 싶어요. 참고되는 책을 좀 몇권 주세요." 그랬더니 삼촌이 책은 주시지 않고 하시는 말씀이 "농사꾼의 자녀가 농사지으면 되지 뭘 공부하겠다고 하니?" 딱 한마디 했어요. 저는 그때 문을 열고 나와서 40리길을 걸어오면서 내내 엉엉 울었습니다. 그 다음부터 열심히 공부했습니다. 삼촌이 92세에 돌아가실 때 아들들 다 있는데도 오른손으로 제 손을 잡았습니다. 그리고 "네가 우리 가문에 제일이다"하시고 돌아가셨습니다.

　여러분, 때때로 마음에 맺힌 일이 있습니까? 이제 그것이 선을 이룬다는 것을 잊지 마세요. 그런고로 감사할 수밖에요. 감사하는 이 넘치는 은혜에 대한 응답으로 다 소화해버리세요. 그것을 선으로 바꾸시는 하나님— 다시 한 번 그에게 감사하는 그런 귀한 아침이 되시기를 바랍니다.   △

끝까지 사랑하시니라

유월절 전에 예수께서 자기가 세상을 떠나 아버지께로 돌아가실 때가 이른 줄 아시고 세상에 있는 자기 사람들을 사랑하시되 끝까지 사랑하시니라 마귀가 벌써 시몬의 아들 가룟 유다의 마음에 예수를 팔려는 생각을 넣었더니 저녁 먹는 중 예수는 아버지께서 모든 것을 자기 손에 맡기신 것과 또 자기가 하나님께로부터 오셨다가 하나님께로 돌아가실 것을 아시고 저녁 잡수시던 자리에서 일어나 겉옷을 벗고 수건을 가져다가 허리에 두르시고 이에 대야에 물을 담아 제자들의 발을 씻기시고 그 두르신 수건으로 씻기기를 시작하여 시몬 베드로에게 이르시니 가로되 주여 주께서 내 발을 씻기시나이까 예수께서 대답하여 가라사대 나의 하는 것을 네가 이제는 알지 못하나 이후에는 알리라 베드로가 가로되 내 발을 절대로 씻기지 못하시리이다 예수께서 대답하시되 내가 너를 씻기지 아니하면 네가 나와 상관이 없느니라 시몬 베드로가 가로되 주여 내 발뿐 아니라 손과 머리도 씻겨 주옵소서 예수께서 가라사대 이미 목욕한 자는 발밖에 씻을 필요가 없느니라 온몸이 깨끗하니라 너희가 깨끗하나 다는 아니니라 하시니 이는 자기를 팔 자가 누구인지 아심이라 그러므로 다는 깨끗지 아니하다 하시니라

(요한복음 13 : 1 - 11)

끝까지 사랑하시니라

이름이 아브라함인 한 랍비가 있었습니다. 어느날 좀 한가한 시간에 그는 '어디 한번 좋은 일을 해보리라' 생각하여 큰마음을 먹고 부랑아 거리에 사는, 요샛말로 조폭이라고 할 수 있는 좀 불량한 사람을 저녁식사에 초대합니다. 그를 한번 사람으로 만들어보자 싶은 생각이었습니다. 그래 준비를 잘해서 진수성찬을 대접했습니다. 식사도중에 랍비는 하나님의 은총에 대해서 이야기를 했습니다. "이렇게 사나 저렇게 사나 우리는 태어나서부터 한평생 하나님의 은혜로 사는 겁니다. 이것을 잊어서는 안됩니다. 하나님께서 비를 주시고, 하나님께서 바람을 주시고, 햇빛을 주시고, 우리에게 날마다 이렇게 일용할 양식도 주시고, 건강도 주십니다." 이렇게 그는 하나님께서 주시는 은혜에 대해서 줄줄이 설명을 했습니다. 그러자 이 부랑아는 대뜸 하나님께 욕설을 퍼붓습니다. "은총 따위는 없습니다. 당신에게는 그런지 몰라도 나는 태어날 때부터 은총을 모릅니다. 아니, 사랑이고 은총이고 그런 건 나와 상관이 없습니다." 그러면서 은총 따위는 존재하지 않는다고 소리소리 지르는 것입니다. 기껏 잘 대접해놓고 이게 무슨 꼴입니까. 어쨌거나 얻어먹는 신세니까 이 부랑아가 우선 식사 도중에라도 조용했으면 좋겠는데 이렇게 함부로 나오니까 그만 랍비가 화가 났습니다. 그래서 랍비는 이 무신론자를 식사도중에 "너같은 놈에게 정성을 다해서 음식을 대접할 필요가 없는 건데, 내가 실수를 했다. 이놈아, 나가라!" 하고 호통을 치면서 내쫓았습니다. 그러자 밥을 먹다말고 이 부랑아가 벌떡 일어서서 "알았습니다" 하고는 나가버렸습니다. 그날 밤에 랍비가 기도하는 중에 하나님께서 그에게 나타나셨습니다. "나는 지난 50년 동안이나 그 친구가 퍼붓는 욕설을 참으면서 날마다 그에게 먹을 것을 제공했다. 그런데 너는 그에게 한 끼의 식사도 줄 수가 없더냐?" 그래서 아브라함 랍비는 그 자리에 엎드려서 하나님 앞에 회개의 기도를 했다고 합니다. 여러분, 사랑이 무엇입니까? 여러분은 어디까지 사랑해보 았습니까? 무엇을 사랑이라고 할 수 있겠습니까? 한 가지 분명한 것은 참사랑에는 낙심이 없다는 것입니다. 참사랑에는 절망도 없습니다. 아니, 사랑은 위대합니다. 사랑에는 능력이 있습니다.

제가 인천에서 목회할 때 경험한 한 가지 상담 케이스가 있습니다. 어떤 아주머니가 몇 번을 거듭 찾아와서 자기 사정을 털어놓는데, 듣고 보니 아주 힘들겠더라고요. 지금 중고등학교 다니는 딸 둘하고 사는데, 남편이 집을 나갔습니다. 아예 딴살림을 차리고 따로 사는 것입니다. 이 부인은 지금 짜증이 나고, 몸도 약해져서 비쩍 말랐습니다. 너무나 신경질적인 상태입니다. 그래 저를 찾아오기만 하면 남편 욕을 하는데, 그냥 하는 게 아니라 남자들 전부를 싸잡아 욕하는 것입니다. 제가 듣다 못해서 "나도 남자예요" 하면 "아니, 목사님은 말고요" 합니다. 그렇게 남편한테 욕을 퍼붓는 것입니다. 제가 그 소리를 다 듣고 앉아 있자니 참 한심한 것입니다. 그러던 어느날 문제가 생겼습니다. 딸 둘이 그 부인한테 "엄마, 아빠하고 이혼하고 우리 셋이서 살아요. 조용하게 우리 셋이서 사는 게 낫겠어요. 이게 무슨 꼴이에요. 남부끄럽고 창피해요. 이러다가 우리는 커서 시집도 못가겠어요" 하고 하소연하더라는 것입니다. 부인이 그 얘기를 저한테 와서 하는 것입니다. 그래 제가 물었습니다. "아이들 데리고 혼자

살 자신이 있습니까?" 그러자 되묻습니다. "자신 없어요. 그럼 어떡하면 좋겠어요?" 그래 제가 "살 바에는 제대로 살아야 되지 않겠습니까. 이 세상에서 살 날이 별로 길지도 않은데 그래서야 되겠습니까. 하나님 앞에 가서 기도하면서 원인이 어디에 있는지 좀 생각해봅시다. 앞으로 사흘 동안 집중적으로 우리 한번 기도해봅시다" 하고 돌려보냈습니다.

이제 보십시오. 딸들은 아버지를 섭섭하게 생각해서 욕을 하면서 헤어지자고 그랬습니다. 하지만 어머니는 딸들한테 이렇게 말합니다. "아버지하고 어머니 사이가 너희들이 보기에 그저 나쁘게만 보이겠지. 그래서 너희들은 아버지가 나쁜 사람인 줄 알겠지만, 사실 그게 꼭 그렇지만은 않단다. 내가 아버지를 미워하고 있는 것같겠지만, 그것도 실은 내가 너희들 아버지를 사랑하기 때문이다. 부부간의 일은 남이 뭐라고 말할 수가 없는 문제란다. 내가 아무리 부정하려고 해도 내 마음 속에는 너희들 아버지에 대한 사랑이 있단다. 그래서 내가 지금 이렇게 몸부림을 치는 것이란다. 내가 너희 아버지를 지금도 사랑하고 있기 때문에 잊지를 못하고 이렇게 고통스러운 것 아니겠니." 그러자 딸 둘이 바로 아버지한테 가서 엄마의 얘기를 전했습니다. "어머니가 말하는데, 지금 어머니가 짜증을 내고 뭐라고 하지만, 사실은 그것도 다 아버지를 좋아하기 때문이래요. 아버지를 사랑하기 때문이래요." 그러자 아버지가 가만히 그 소리를 듣더니 "그래. 너희 어머니에게는 잘못이 없다. 내가 죽일 놈이지" 하고는 그 길로 딴살림을 청산하고 집으로 돌아왔습니다. 그래서 다시 온 가족이 화합하여 잘 살게 되었습니다. "아직도 나는 너희 아버지를 사랑하고 있다." 이 한마디에 감동이 있었던 것입니다. 사랑이

264

라는 딱 한마디에 인생의 운명이 바뀝니다. 그 중심에 있는 진실한 사랑 하나가 세상을 바꿉니다.

　　오늘본문에는 우리를 감동케 하는 귀한 말씀이 있습니다. "자기 사람들을 사랑하시되 끝까지 사랑하시니라(1절)." 끝까지 사랑하시니라— 여기에는 시간적인 의미도 있지만, 질적인 의미와 속성적인 의미가 있습니다. 끝까지— 얼마나 귀중한 말씀입니까. 여러분은 끝까지 사랑해본 적이 있습니까? 이 사랑을 모른다면 삶의 의미를 모르고 사는 것입니다. 어쨌든 분명한 것은 사랑의 뜻을 모른다면 그 사람은 잘못 살고 있는 것입니다. 어찌 생각하면 우리는 일생동안 사랑공부를 하는 것입니다. 여러분의 사랑공부 과정은 어디까지 왔습니까? 끝까지 사랑하시니라— 클라이맥스입니다. 참 드라마틱하고 상징적인 귀한 의미가 있는 말씀입니다. 예수님께서는 지금 바로 눈앞에 십자가를 두고 계십니다. 며칠 뒤가 아닙니다. 불과 몇 시간 뒤입니다. 오늘저녁에 식사를 끝내시고, 겟세마네 동산에서 기도하시고, 새벽에 체포되시고, 아침에 십자가를 지십니다. 불과 몇 시간 뒤에 십자가 지실 일을 다 알고 계십니다. 제자들이 예수님을 버리고 도망가리라는 것까지도 다 알고 계십니다. 이런 상황을 다 아시면서도 예수님께서는 끝까지 사랑하십니다.

　　사랑할 때는 자기 형편을 다 잊어버려야 됩니다. 다시 말하면 에고이즘을 버려야 합니다. egocentrism, 자기중심적인 생각에서 완전히 벗어나야 그때부터 사랑을 알기도 하고, 사랑을 할 수도 있는 것입니다. 아직도 나를 생각하고, 나를 위하는 마음, 내 생각과 내 형편에 집착하면 사랑은 안됩니다. 사랑은 시작도 못합니다. 아니, 사랑을 알 수도 없습니다. 지금 예수님 앞에는 십자가가 있습니다.

그런데도 예수님께서는 자기가 당하는 수난과 고난에 집착하지 않으셨습니다. 오로지 제자들만 생각하셨습니다. 이들이 지금 여기서부터 많은 어려움을 당하게 될 텐데, 그 제자들을 사랑하십니다. 그리고 초연하셨습니다. 너무나 잘 아는 극적인 이야기가 있지 않습니까. 예수님께서 십자가를 지시고 골고다로 올라가실 때에도 예수님을 뒤따라오면서 많은 사람들이 울었습니다. 그래 예수님께서 말씀하십니다. "예루살렘의 딸들아, 나를 위해 울지 말고 너와 네 자손들을 위해 울어라." 그 시간에도 예수님께서는 자기자신의 십자가 고통에 매이지 않으시고, 뒤에서 자신을 따라오며 우는 사람들의 운명을 생각하셨습니다. 사랑은 자기집착에서 벗어나는 것입니다. 자기중심에서 벗어나야 된다는 말씀입니다.

비근한 예이지만, 제가 가끔 환자들을 방문하면서 병원에 갈 때가 있습니다. 병원에 가면 환자들과 의사들과 간호사들의 다양한 모습을 볼 수 있습니다. 어떤 환자는 주변사람들을 생각해서 아픈 것을 참고 "고맙습니다. 괜찮습니다" 합니다. 또 어떤 환자는 아픈 것을 못참고 욕을 합니다. 미국에서 오랫동안 의사생활을 하다가 그래도 말년에는 한국에 가서 살아야겠다고 마음먹고 모든것을 정리해서 한국으로 들어온 의사가 있었습니다. 그분이 저한테 이런 말을 합니다. 가끔 환자를 치료할 때 '내가 왜 한국에 나왔나' 하는 생각이 들 때가 있다는 것입니다. 미국에서는 하나의 에티켓입니다. 가령 주사를 놓는다든가, 실밥을 뺀다든가 할 때 따끔하게 통증이 있지 않습니까. 그렇다는 것을 다 알고들 있지요. 그래서 그때 의사가 환자한테 "지금 어떻습니까?" 물으면 환자는 "괜찮습니다" 하고 대답하는 것입니다. 그렇게 정해져 있습니다. 그런데 우리나라에서는 사정이 다릅니다. 환자가 주사를 맞거나 딱지를 뗄 때 따끔하고 아프면 다짜고짜 의사한테 "너 가짜 아니야?" 하는 것입니다. 심지어 "너 의사면허 가짜 아니야?" 하고 막말을 하는 환자도 있다는 것입니다. 그때마다 그는 생각한다고 합니다. '내가 이런 사람들을 치료하려고 여기로 다시 들어왔나?' 여러분, 좀 아파도 주변사람 생각을 하십시오. 그 정도 아프다고 죽는 것 아니니까 웬만하면 앓는 소리하지 마십시오. 적어도 믿음의 사람이라면 앓는 소리 하지 말고 죽어야 됩니다. 여러분, 이제부터 절대 앓는 소리 안하기로 결심하십시오. 가는 사람은 가더라도 그 주변사람 마음을 아프게 해서는 안되지 않습니까. 나야 어차피 아프니까 어쩔 수 없지만, 건강한 사람까지 아프게 만드는 것은 죄입니다. 안그렇습니까. 어떤 사람은 옆에서 보기가 민망할 지경입니다. 자식들에게까지 욕을 하고 고래고래 소리지르는 모습을 보면 '내가 이런 사람을 위해서도 기도해야 되나' 싶습니다. 참 무지한 사람들 많습니다.

물론 그것도 하루아침에 되는 것은 아닙니다. 이제부터 기도하고 교양을 쌓아야 됩니다. 웬만큼 아픈 때는 "괜찮습니다. 이만큼이야 괜찮습니다" 하고 꾹 참으면서 옆엣사람을 오히려 위로하고 "나 때문에 수고하십니다" 하면 안되겠습니까. 그런 모습을 보면 심방을 갔다가도 제가 다 은혜가 됩니다. '참 좋은 신앙의 사람이다. 교양이 있는 분이다' 하는 생각이 듭니다. 한데 자꾸만 아프다고 온 주변사람들을 못살게 구는 사람을 보면 '저런 사람도 살아야 되나?' 하는 생각이 들더라고요. 사람이 다르게 보입니다. 내 처지에 집착하면 안됩니다. 예수님께서 지금 십자가를 지시는 판입니다. 하실 말씀이 많습니다. "정신없는 놈들아! 발도 씻지 못하고 성찬에 참여해?" 하

고 호통치고 싶으실 것입니다. 그러나 예수님께서는 십자가의 고통
이 다가오는 것을 다 아시면서도 그 모든것을 불식하시고 제자들을
생각하셨습니다. 오로지 제자들만 생각하시고 그들에게 길고긴 설
교를 하십니다. 그리고 겟세마네 동산에서 기도하시고 십자가를 지
시게 됩니다. 자기가 당한 처지에 집착하면 남을 사랑할 수가 없습
니다. 자기중심적인 생각에서 헤어나지 못하면 사랑은 처음부터 시
작될 수 없는 것입니다. 사랑은 처음부터 나를 생각하는 마음이 아
닙니다. 저쪽을 생각하는 마음입니다.

　또 하나 오늘본문에 우리 마음을 아프게 하는 부분이 있습니다.
그 가운데 가룟 유다가 있다는 것입니다. 예수님께서 제자들의 발을
씻기실 때 가룟 유다의 발을 맨먼저 씻기셨다고 역사가는 말합니다.
열두 제자인데, 그 가운데 가룟 유다가 있습니다. 가룟 유다에게 집
착하면 나머지 열한 제자들을 사랑할 수가 없습니다. 누구에게나 장
점과 단점이 있습니다. 단점을 덮고 장점을 극대화할 줄 알아야 합
니다. 그런데도 하필이면 단점만 생각합니다. 섭섭했던 일, 나에게
잘못한 것에만 집착하면 그 많은 은혜나 사랑이 다 소실되고 맙니
다. 의미가 없어집니다. 오늘 예수님께서 제자들을 사랑하시는데,
가룟 유다까지 포함해서 사랑하십니다. 이것을 잊지 말아야 됩니다.
가룟 유다가 있는 것을 아시고 사랑하셨습니다. 장단점을 다 합해서
사랑하신 것입니다. 장점만 사랑하면 안됩니다. 단점도 사랑해야 합
니다. 받아들여야 합니다. 그럴 때 전체를 다 받아들일 수 있습니다.

　또한 예수님의 사랑에는 특별한 점이 있습니다. 바로 말씀이 없
다는 것입니다. 예수님께서는 지금 하실 말씀이 많습니다. "이 멍청
한 사람들아, 유월절 잔치에 발도 씻지 않고 잔치를 먹겠다고 둘러

앉았느냐? 어째서 시기와 질투에 빠지면서 이렇게 됐느냐?" 비판할 수도 있고, 책망할 수도 있습니다. 심판할 수 있습니다. 그러나 말씀은 없습니다. 여러분, 당장 하고 싶은 말이 많습니까? 해야 될 말이 많습니까? 하지만 잠깐 멈추십시오. 시간을 좀 두고 생각하고 기도하고, 그 다음에 얘기합시다. 당석에서 비판을 하면 비판하는 동안 그 소중한 일들을 다 잃어버리게 됩니다. 말씀이 없으셨다는 것— 꼭 잊지 마십시오. 여러분이 자녀들을 가르칠 때도 할 말이 많을 것입니다. 하고 싶은 잔소리가 많을 것입니다. 그러나 제발 입을 다뭅시다. 그 많은 말들이 절대로 효력을 얻지 못합니다.

또 한 가지, 예수님께서는 인내하셨습니다. 참으셨습니다. 히브리서 12장에는 '십자가를 참으사' 하는 말씀이 나옵니다. 십자가도 인내의 한 면입니다. 그리고 깊이 이해하셨습니다. 참고 기다리는 마음— 당장 평가하지 말고 기다릴 만한 가치가 있습니다. 그것이 사랑입니다. 충분히 기다릴 만한 가치가 있다고 믿는 것이 사랑입니다. 예수님께서는 묵묵히 본을 보이셨습니다. 행동이 먼저입니다. 본을 보이사 제자들의 발을 씻기십니다. 특별히 예수님의 그 사랑, 마음속 깊은 곳에는 믿음이 있습니다. '지금은 모르지만 이후에는 알리라. 언젠가는 충분히 알 때가 올 것이다.' 이것이 교육 아닙니까. 우리가 자녀들을 가르칠 때도 마찬가지입니다. '지금은 모르지만 먼 훗날에 알 것이다. 아니, 어쩌면 내 나이가 되면 알 것이다. 너도 자식을 키워보면 알 것이다. 세상을 살아가다 보면 언젠가는 내 생각이 옳다는 것을 너도 알 때가 올 것이다.' 이 믿음 말입니다. '반드시 제자리에 돌아올 것이다.' 이렇듯 믿은 것이 탕자의 아버지입니다. 그는 집을 나간 아들을 포기하지 않았습니다. 유산을 가지고 먼저 나가버렸다고 그 아들을 저주하지 않았습니다. 기다렸습니다. 오늘이나 내일이나, 아침이나 저녁이나 간절히 기다렸습니다. 꼭 돌아오리라고 믿었습니다. 이 믿음이 필요한 것입니다. 믿는 마음, 바로 그것이 사랑입니다. 예수님께서는 제자들을 믿으셨습니다. 그 사랑은 능력이 있었습니다. 그래서 마침내 제자들이 다 돌아옵니다. 가룟 유다를 뺀 열한 제자가 다 예수님을 위해서 순교합니다. 어떤 분이 글에 이렇게 쓴 것을 보았습니다. '열한 제자가 다 예수님을 위해서 순교했다는 역사적 사실 하나 때문에도 예수님께서는 만민의 구주가 되실 만하다.' 그렇습니다. 얼마나 귀중한 일입니까. 사람을 사람 되게 하는 것, 사람을 변화시키는 것은 오직 사랑 하나 뿐입니다.

아브라함 링컨은 그의 생애를 통틀어 자기경험 속에서 이렇게 말합니다. '적을 파괴하는 최대의 방법은 그 적을 친구로 만드는 것이다.' 그가 대통령에 출마했을 때 많은 사람들이 그를 비난하고 욕합니다. 심지어는 "고릴라 볼 것 없다. 링컨을 보면 고릴라가 뭔지 알 수 있다" 하면서 욕을 하고 다니는 사람도 있었습니다. 하지만 링컨은 대통령이 된 다음 국무장관 자리에 바로 그렇게 욕하고 다녔던 사람을 임명합니다. 나중에 아브라함 링컨이 죽고 난 다음 그 국무장관은 이렇게 말합니다. "이 세상에 가장 훌륭한 분이 여기에 누워 있다." 적을 친구로 만들기 전에는 성공한 것이 아닙니다.

끝까지 사랑하시니라— 여러분, 그 깊은 뜻을 다시 헤아려보십시다. 우리의 사랑은 너무나 이기적이고, 너무나 무능합니다. 참사랑은 기쁨입니다. 참사랑은 능력입니다. '지금은 모르지만 반드시 이후에는 알 것이다.' 믿음입니다. 그리고 하나님께서는 지금도 끝까지 사랑하는 그 사랑으로 우리를 사랑하고 계십니다. 모든 기도의 응답은 딱 한마디로 통합니다. '아직도 내가 너를 사랑하고 있다. 아니, 그것도 저것도 내가 너를 사랑하기 때문이다.' 이렇게 들릴 때, 이렇게 깨달아질 때, 그 하나님의 사랑에 감격하고 응답하는 순간 나도 모르게 나 자신이 변화되는 것을 여러분은 경험하게 될 것입니다. 이것이 창조적 변화입니다. △

한 어머니가 사랑하는 딸

예수께서 거기서 나가사 두로와 시돈 지방으로 들어가시니 가나안 여자 하나가 그 지경에서 나와서 소리 질러 가로되 주 다윗의 자손이여 나를 불쌍히 여기소서 내 딸이 흉악히 귀신들렸나이다 하되 예수는 한 말씀도 대답지 아니하시니 제자들이 와서 청하여 말하되 그 여자가 우리 뒤에서 소리를 지르오니 보내소서 예수께서 대답하여 가라사대 나는 이스라엘 집의 잃어버린 양 외에는 다른 데로 보내심을 받지 아니하였노라 하신대 여자가 와서 예수께 절하며 가로되 주여 저를 도우소서 대답하여 가라사대 자녀의 떡을 취하여 개들에게 던짐이 마땅치 아니하니라 여자가 가로되 주여 옳소이다마는 개들도 제 주인의 상에서 떨어지는 부스러기를 먹나이다 하니 이에 예수께서 대답하여 가라사대 여자야 네 믿음이 크도다 네 소원대로 되리라 하시니 그 시로부터 그의 딸이 나으니라

(마태복음 15 : 21 - 28)

한 어머니가 사랑하는 딸

　　결혼에 실패한 한 여인이 있었습니다. 첫번째 남편과의 사이에서 태어난 아들을 데리고 다시 두 번째 결혼을 했습니다. 원만치 못해서 또 실패했고 세 번째 다시 또 결혼을 했습니다. 그러나 역시 구타당하고 배신당하고…… 말할수없는 멸시를 당하다가 헤어졌습니다. 세 번 결혼에 실패하고 절망하는 중에 이 어머니는 아들에게 이렇게 말했습니다. "사람을 믿거나 사랑하거나 해서는 안된다. 사랑이란 없다. 사랑은 어디에도 없다. 아무도 믿지 마라. 믿을 사람 없다." 이렇게 가르쳤습니다.

　　급기야 이 아들은 공격형 성격으로 변화했습니다. 고등학교에서 퇴학을 당했고 군대에 입대했으나 불명예제대 했습니다. 이 아들은 결국 건물 높은 옥상에 올라가서 1963년 11월 22일 정오에 총성을 울렸습니다. 그래서 존 F. 케네디가 시해됐습니다. 세상에 태어나서 한 번도 사랑을 받아보지 못한 그런 인간 말입니다. 바로 그런 인간이 이같은 큰 비극을 저질렀습니다.

　　여러분, 사랑이 어디에 있습니까? 사랑의 실패가 어디 있는 겁니까? 사랑은 사랑할만한 대상이 있어서 사랑한다고 하면 벌써 그건 사랑이 아닙니다. 사랑의 본질이 그렇지 않습니다. 사랑해서 내게 어떤 이익이 돌아오겠나? 손익계산을 합니다. 이 자식을 키워서 앞으로 어떻게 되겠나? 내가 장차 어떻게 되겠나, 이 자식으로 인해서…… 그런 계산을 미리 따지고 있다면 그건 사랑이 아닙니다.

　　또한 제일 많이 실수하기 쉬운 것이 사랑해서 명예를 얻으려는 것입니다. 이 자식을 키워서 내게 어떤 명예가 돌아오겠나? 어떤 좋은 이름이 돌아오겠나? 무엇인가 명예를 얻고자 하는 마음. 아마도 그래서 공부 잘해라 일류대학에 가라 하는데 이게 다 내게 돌아오는 명예를 지금 계산하고 있는 것입니다. 사실 이것도 사랑이 아닙니다. 특별히 우리 가정에 있는 문제의 하나가 가문의 문제입니다.

제가 소망교회에서 목회를 하면서 직접 상담한 일이 하나 있습니다. 아들이 둘입니다. 그런데 큰아들이 대학시험을 보고 그만하면 성적이 괜찮았는데 일류대학을 못가고 이류대학을 갔습니다. 결국은 대학에 입학하고 다음날 자살했습니다. 너무 황당하니까 저를 불러서 제가 갔어요. 아버지 어머니가 공부를 잘한 사람들이었습니다. 서울대학교를 나온 사람들입니다. 그래서 아이들을 가르치면서 "서울대 못들어가면 내 자식 아니다. 죽어 마땅하다." 그래서 이 아이가 유서를 썼는데 '서울대 못들어가서 죄송합니다. 재수해도 못들어갈 것같아서 저는 갑니다' 그러고 죽었어요. 제가 직접 상담했습니다.

두 번째 아이가 또 시험을 보게 됐는데 아버지 어머니가 "시험 잘 봐라!" 그러니까 이 녀석이 이렇게 말한 것입니다. "한 번 보고 시원치 않으면 형님 따라 갈랍니다." 여기서 아버지 어머니가 기절을 한 것입니다. 얼마나 답답했으면 두 분이 대학교수인데 나를 불렀겠습니까. 그래 가서 이야기를 쭉 듣고 나서 제가 그랬습니다. "내가 당신들의 아들이라도 죽을 수밖에 없겠어요. 어떻게 살겠습니까?" "목사님 살려주세요." "좀더 솔직하세요. 내가 나이를 계산해 보니 당신들 6.25 때 피란가서 부산에서 대학 다닌 것같은데……" 했더니 맞다 그래요 "그것도 서울대요?" 했더니 "그거야 그렇죠. 그때는……" "그런데 뭘 대단한 것처럼 그러시오. 그때 칼도마에 앉아서 공부했는데 그 전쟁 통에 서울대학이고 고려대학이고 그런게 어디에 있어? 당신들 다 엉터리로 다니지 않았어? 내가 아는 이유는 내가 당신하고 같기 때문이야. 그때 다 엉터리야. 그런데 뭘 대단한 것처럼 일류대학 서울대학 해놓고 애를 죽였소?" 했더니 "어떡하면 좋습니까?" "뭘 어떡해? 솔직해야지. '대학을 다녔다마는 그때 공부한 것 없다. 아무것도 아니었다'고 말해야지. 그랬어요. 아들 앞에서 그 얘기를 했어요. "우리 서울대학 나온 것 아무것도 아니다" 하고 얘기했더니 그 둘째아이가 하는 말 보세요. "그 말을 진작 했더라면 형이 안죽었죠." 솔직하세요. 별것도 아닌 것가지고 무슨 대단한 것처럼…… 그래서 자식을 죽이는 것입니다. 가문이 어쩌고…… 가문 간 지가 언젠데 이것 때문에 망조가 드는 것입니다.

여러분, 사랑이란 대상을 물어서는 안됩니다. 유명한 칼 바르트의 말이 있습니다. 'God's love does not find its object but creates it.' 제가 너무 좋아서 이것을 늘 영어로 외웁니다. 'God's love does not find its object but creates it.' '하나님의 사랑은 대상을 찾는 것이 아니라 대상을 창조하신다.' 사랑할 만해서 사랑하는 것이 아닙니다. 사랑할만한 자로 만드는 것이요, 사랑할만한 자로 창조하는 것입니다. 그것이 사랑이란 말입니다.

여러분, 오늘 본문은 참으로 귀한 말씀입니다. 흉악히 귀신들린 딸이 있었어요. 여러분 귀신들린 딸이라는 게 무엇을 의미하는지 아시지요? 저는 귀신들린 딸 부분을 성경에서 읽으면 꼭 생각나는 게 하나 있어요. 제가 어렸을 때 새벽기도회 갔다가 집으로 돌아올 때 보면, 갔다 오는 중간에 긴 다리가 있는데 다리 옆에 목수간이 있어요. 옷장도 만들고 하는 이런 목수집이 있는데 그 집 딸이 귀신들렸어요. 그래서 새벽기도 갔다올 때 그 앞을 지나가다 보면 머리는 풀어 헤치고 벌거벗고 돌아다녀요. 동네아이들이 또 따라다녀요. 그딸을 붙잡아다가 집에 놔두면 그렇게 슬피 울어요. 그 슬피 우는 것을 들으면서 제가 그 문 앞에서 기도했어요. '하나님, 언젠가 내게능력을 주어서 저런 귀신들린 사람 고칠 수 있게 해주세요.'

여러분, 귀신들린 딸 이게 사람입니까 아닙니까? 인간적으로말하면 동물만도 못한 거죠. 귀신들린 딸 소리 지르고 발광을 하고물에 뛰어들고 불에 뛰어들고 이걸 사람이라고 할 것입니까? 그러나 이 어머니에게는 소중한 딸입니다. 미모가 있는 것도 아니고 재능이 있는 것도 아니고 몸매가 있는 게 아닙니다. 장래가 보이는 것도 아닙니다. 이유는 단 하나, 사랑하기 때문입니다. 사랑하는 만큼가치는 형성이 됩니다. 사랑의 질량은 그가 지불한 희생에 정비례하는 것입니다. 얼마나 수고했느냐 얼마나 눈물을 흘렸느냐 얼마나 기도했느냐 얼마나 그를 위해서 고통을 겪었느냐, 그만큼 소중한 것입니다. 소중하기 때문에 사랑하는 것이 아닙니다. 사랑하기 때문에소중한 것입니다. 값이 있어서가 아니고 장래가 보여서가 아닙니다. 뜨거운 마음으로 벌써 사랑했고 사랑하기 때문에 소중한 것입니다.

그래서 이 여인에게는 이 딸이 소중합니다. 귀신들린 딸, 모두가 비난하고 모두가 싫어하고 사람으로 여기지 않지마는 이 어머니에게는 소중한 딸입니다. 이 어머니는 이 딸의 생명을 사랑했습니다. 내적 존재를 사랑했습니다. 그 영혼을 사랑했습니다. 오늘의 참으로 비참한 현상은 병리적으로만 보았습니다. 부자유한 것입니다. 그 속에 깨끗한 영혼이 갇혀 있고 사단에게 매여 있습니다. 요새는지름신이라는 것이 있다고 합니다. 아는 사람은 알고 모르는 사람은 모를 것입니다. 좌우간 뭔가에 씌어서 정신이 없습니다. 이것 부자유한 것입니다. 속에는 깨끗한 영혼이 있는데 귀신에게 붙잡혀서, 더러운 귀신에게 붙잡혀서 자유가 없습니다. 그 감옥에 갇혀 있습니다. 이 병리적 현상을 이 여자는 알고 있습니다. 그래서 이 딸을 사랑했습니다.

더욱더 소중한 말씀이 여기에 있습니다. '내 딸을 고쳐주세요'라고 말하지 않고 예수님 앞에 와서 "나를 불쌍히 여겨주세요"라고 말합니다. "귀신들린 딸을 가진 어머니 나를 불쌍히 여겨 주세요." 다시 말하면 귀신들린 딸과 자기를 동일시하고 있는 것입니다.

여러분, 이것이 중요한 것입니다 .우리는 때때로 공부 잘 못하는 아이하고 나하고를 따로따로 보려고 합니다. 나는 잘했는데 너는 왜 그러냐? 뭔가 유전자가 잘못된 것같다고 합니다. 그러나 공부 못하는 자의 어머니는 저도 공부 못하는 것입니다. 멍청한 자의 어머니면 나도 멍청한 거지 나는 잘났다고 생각하는 데 문제가 있는 것입니다. 자식을 사랑한다면 자식과 나를 하나로 묶어야 합니다. 동일시하는 것입니다. 이것이 사랑입니다. 사랑은 사랑의 대상과 내가 하나가 되는 것입니다. 그런고로 "저 딸을 도와주세요"가 아닙니다. "나를 불쌍히 여겨주세요. 내 딸이 흉악하게 귀신들렸습니다." 참으로 귀중한 기도라고 생각합니다. 그 마음 자체가 얼마나 아름다운지 모릅니다. 귀신들린 딸과 자기를 Identify하는 시간입니다.

그런데 이상하게도 예수님께서는 이 여자에게 간단한 시험을 걸었습니다. 그러나 이 시험을 넘어서기 너무나 어렵습니다. 첫째는 대답을 하지 않았습니다. 여인이 소리질렀으나 무관심한 것처럼 예수님, 대답이 없으십니다. 여러분, 대답 없는 중에 대답이 있습니다.

우리 믿는 자는 대답 없는 중에서 대답을 들어야 합니다. 무엇인가 말씀하고 계십니다. 이 여자는 더 소리를 지르고 따라옵니다.

다음에는 제자들이 만류합니다. 예수님의 주변에 있는 제자들이 걸림돌이 됩니다. 예수님께 가까이 가도록 돕는 게 아니라 못가도록 말리고 있더란 말입니다. 이처럼 먼저 믿는 자가 뒤에 믿는 자에게 걸림돌이 될 때가 종종 있습니다.

그 다음에는 예수님께서 모처럼 입을 열어 말씀하시는데 그 말씀이 참 기가 막힙니다. "나는 이스라엘집의 잃어버린 양 외에는 다른 데로 보내심을 받지 아니하였노라." 바꿔 말하면 "너는 이방여자다 너는 우상 섬기는 이방여자요, 축복받지 못한 버림받은 사람이다" 하는 것입니다. 선택받은 민족이 아니라 버림받은 민족, 더러운 윤리생활과 도덕생활, 더러운 종교생활에 빠진 이방여자다, 축복권 밖에 있다고 말씀하십니다. 여인은 이런 멸시를 당합니다. 그러나 이 여인, 참으로 훌륭합니다. "자녀의 떡을 취하여 개들에게 던짐이 마땅치 아니하니라" 하시니 참 어려운 시간입니다. 아마도 그럴 것 같아요. 이 사람이 자기 병 때문에 왔더라면 그만 물러갔을 것입니다. 그대로 죽으면 되지 않겠습니까? 개취급까지 하실 것 없지 않습니까. 하지만 어머니는 이 딸을 사랑합니다. 딸을 사랑하는 그 사랑 때문에 이 어려운 시련을 극복합니다. 참 귀한 말입니다. "개도……" 하고 말씀드립니다. 개 아니라는 게 아닙니다. 유대사람들이 볼 때 이 부도덕한 이방사람들은 개나 다름없거든요. 여인은 그걸 그대로 인정합니다. "개들도 제 주인의 상에서 떨어지는 부스러기를 먹나이다." 나는 개같은 여자입니다, 그러나 개도 은총을 입어야 합니다― 이 말이지요.

여인이 이렇게 말할 때 가만히 본문을 보니 예수님께서 감동을 하신 것같습니다. 크게 감동하시고 말씀하십니다. '여자야 네 믿음이 크도다 네 믿음이 위대하다. 메가톤급이다.' 칭찬하시고나서 "네 소원대로 되리라" 하십니다. 마침내 딸이 깨끗해졌다 하는 것이 오늘본문의 내용입니다. 이 모성애, 여기서 모성애와 믿음이 같이 가고 있는 것을 볼 수 있습니다. 믿음이 있고 모성애가 있고 모성애에서 믿음이 나오는 아름다운 장면을 볼 수 있습니다.

어려운 환경에서 태어나 독학으로 변호사가 되고 하원의원이 되고 대통령까지 된 아브라함 링컨의 이야기입니다. 그가 선거운동에 나설 때마다 그는 어려웠습니다. 경쟁자들과 함께 청중 앞에 섰을 때 어떤 후보는 "내 아버지는 주지사입니다" 하고 어떤 후보는 "내 삼촌이 상원의원입니다" 하고 어떤 사람은 "할아버지가 장군이었습니다"라고 말합니다. 아브라함 링컨은 아무것도 자랑할만한 게 없었습니다. 그때 그는 이렇게 말합니다. "제 집안도 훌륭합니다. 나는 행복한 결혼생활을 꾸려간 조상들의 후손입니다." 이렇게 말하며 선거운동을 했다고 합니다.

여러분 「백악관을 기도실로 만든 대통령」이라고 하는 책이 있습니다. 한 번쯤 꼭 읽어볼만한 책입니다. 이 책에 보면 이런 말이 있습니다. 하나님께서는 아브라함 링컨에게 위대한 사람이 될만한 조건을 한 가지도 주지 않으셨습니다. 다만 그에게 가난과 훌륭한 어머니만을 주셨습니다. 어머니만을 주셨습니다. 그 어머니는 계모였습니다. 그 어머니마저 링컨이 열 살 때에 세상을 떠납니다. 세상을 떠날 때에 이렇게 말합니다. "사랑하는 에이브야. 이 성경은 내 부모로부터 물려받은 것이다. 내가 여러 번 읽어서 많이 낡았지만 우리

집안의 소중한 값진 보물이란다. 내가 이 성경을 네게 주니 읽고 또 읽고 그래서 하나님을 사랑하고 사람을 사랑하는, 이웃을 사랑하는 사람이 되어라. 약속할 수 있겠니?" 약속을 하고 이 성경을 손에 받아 쥐었습니다. 아브라함 링컨이 대통령이 됐을 때 취임식날 그 낡은 성경책을 손에 들고 "어머니가 준 이 성경책으로 인해서 오늘 내가 있습니다" 하고 말했습니다.

여러분, 환경을 믿지 맙시다. 세상이 어쩌니 그런 얘기 안해도 됩니다. 죄송합니다. 어머니의 사랑 하나만으로 충분합니다. 한 사람의 사랑, 진실한 사랑이 있다면 거기에 창조적 능력이 있는 것입니다. 문제는 사랑의 타락입니다. 사랑의 세속화가 문제입니다. 오직 참사랑 거기에 하나님의 축복과 창조적 능력이 함께하는 것입니다.   △

네 아비에게 물으라

우매 무지한 백성아 여호와께 이같이 보답하느냐
그는 너를 얻으신 너의 아버지가 아니시냐 너를 지으
시고 세우셨도다 옛날을 기억하라 역대의 연대를 생
각하라 네 아비에게 물으라 그가 네게 설명할 것이요
네 어른들에게 물으라 그들이 네게 이르리로다 지극
히 높으신 자가 열국의 기업을 주실 때, 인종을 분정
하실 때에 이스라엘 자손의 수효대로 민족들의 경계
를 정하셨도다 여호와의 분깃은 자기 백성이라 야곱
은 그 택하신 기업이로다 여호와께서 그를 황무지에
서, 짐승의 부르짖는 광야에서 만나시고 호위하시며
보호하시며 자기 눈동자같이 지키셨도다 마치 독수
리가 그 보금자리를 어지럽게 하며 그 새끼 위에 너
풀거리며 그 날개를 펴서 새끼를 받으며 그 날개 위
에 그것을 업는 것 같이 여호와께서 홀로 그들을 인
도하셨고 함께 한 다른 신이 없었도다
(신명기 32 : 6 - 12)

네 아비에게 물으라

　어떤 한 아버지가 있었습니다. 그는 어느 날 아들을 불러서 날이 추워지니까 땔감으로 쓸 나무를 구해오라고 일을 시켰습니다. 그리고 말했습니다. "집에서 백 걸음만 걸어도 나무를 할 수 있는 산이 바로 앞에 있지만 백 리를 가야 하는 먼 산에도 나무가 있는데 너는 백 걸음 되는 앞에서 나무를 해올 것이냐, 아니면 백 리가 되는 먼 곳에 가서 나무를 해올 것이냐? 어느 쪽이 좋을 것같으냐?" 하고 물으시고나서 아버지는 스스로 대답했습니다. "가까운 곳에 있는 나무는 언제 가도 가져올 수가 있지만 먼 산에 있는 나무는 가져오기 어려우므로 이것을 먼저 가져다가 떼고 그리고 형편이 될 때 가까운 곳에 있는 나무를 가져다가 떼는 것이 옳으니라." 아들은 이 말을 듣고 크게 깨달은 바가 있었다고 합니다.

　간단한 이야기지만 이 속에 엄청난 진리가 있습니다. 당나라 임신사가 지은 「속맹자」라고 하는 책에 나오는 글입니다. 다시 말해서 언제나 긴 안목으로 자식을 가르치는 것입니다. '교자채신'이라고 하는 교훈입니다. '멀리 보면서 가르쳐라. 쉬운 일 가까운 일, 이렇게 해서는 안되고 더 먼 일, 더 중요한 일을 하고 쉬운 일 가까운 일은 뒤에 하는 그런 사람으로 가르쳐야 한다'는 중요한 교훈입니다.

　예수님께서 하신 말씀 중에 간접적으로 시사한 말씀이 있습니다. '너희가 기도하라 구하라 하나님께서 들어주시리라'라고 말씀하시면서 이렇게 말씀하십니다. "너희가 악한 자라도 좋은 것으로 자식에게 줄 줄 알거든 하물며 하늘에 계신 너희 아버지께서 구하는 자에게 좋은 것으로 주시지 않겠느냐." 이게 무슨 말씀입니까? 스스로 악하더라도 자식에게는 좋은 것으로…… 적어도 자기는 악하더라도 자식은 선하길 바랍니다. 자식에게만은 선을 물려주기를 바라는 것입니다. 그 아버지의 마음속에 깊은 본성이 있다는 말씀입니다.

토마스 울프라고 하는 미국의 유명한 저술가가 있습니다. 그의 수필에 나오는 말입니다. '인생의 생명을 깊이 탐구해보면 결국 아버지를 탐색하는 것이다. 아버지의 이미지를 연구하고 아버지의 이미지를 추구하고 아버지의 이미지를 따라가며 사는 것이 인간의 모습이다.' 아닌 것같지만 사실입니다. 결국은 아버지 만큼 사는 것입니다. 아버지의 이미지를 추구하며 그렇게 살아가는 것입니다.

철학자 시세로는 그래서 「노년에 관하여」라고 하는 그의 저서에서 말합니다. '노년기에는 체력이 떨어지는 것이 사실이나 청년기에는 격렬함이 있고 중년에는 장중함이 있으며 노년기에는 원숙함이 있다.'

여러분, 부모에게 순종하고 귀를 기울이는 동안 원숙한 인격이 되는 것입니다. 젊어서 부모님께 효를 하면 벌써 그는 원숙한 인격에 도달하는 것입니다. 이게 얼마나 중요한 얘기입니까?

이스라엘 사람들의 지혜를 모아놓은 「탈무드」에 나오는 얘기입니다. 너무 절절해서 제가 이 말씀을 늘 읽고 깊이 기억합니다. '아들은 아버지를 공경해야 한다. 아버지의 의자에 아들은 앉아서는 안된다.' 저희 아버지는 제게 그렇게 가르쳤습니다. '효자는 아버지가 죽은 다음 3년 안에 외양간을 수리하지 않는다.' 깊은 의미가 있는 말씀입니다. '아버지의 의자에 아들은 앉으면 안된다.' 이게 「탈무드」의 교훈입니다. '아버지의 말에 대꾸를 달지 말고 토를 달지 마라. 설명하려고 들지도 마라.' 어쩌면 저희 아버지가 제게 꼭 그랬습니다. 뭐라고 한마디 했다간 벼락이 떨어졌습니다. 그냥 "네" 해야지 딴 소리는 용납하지 않으셨습니다. '대꾸를 달지 마라.' 일점일획도 가감 없이 그대로 따라야 합니다. '그것이 효도다.' 또한 '아버지가 다른 사람과 쟁론할 때 다른 사람 편을 들어서는 안된다.' 역시 「탈무드」다운 특별한 지혜를 우리에게 말해주고 있습니다.

여러분, 오늘 본문에 보면 귀한 말씀을 합니다. '네 아버지에게 물으라. 네 아버지에게 물으라. 그가 설명할 것이다. 그는 너를 지으신 아버지가 아니냐?' 하나님께서 우리들의 아버지 되심을 말씀하십니다. 그래서 예수님의 신관(神觀), 하나님관은 간단합니다. '아버지 하나님'입니다. 우리가 잘 아는 주기도문 가운데 '하늘에 계신 우리 아버지'라고 돼 있고 '하나님'이라는 말이 없습니다. '하늘에 계신 우리 아버지'— 그 아버지 이미지가 굉장히 중요한 것입니다. 탕자의 아버지, 집을 나가는 아들을 나가도록 허락하고 돌아오기를 기다리는 아버지, 돌아온 다음에 아무 과거를 묻지 않습니다. 기뻐하며 영접하는 그 아버지, 그 아버지로 예수님께서는 하나님을 우리에게 소개하고 있습니다.

우리에게 부모는 특별한 관계입니다. 왜냐하면 숙명적이기 때문입니다. 모든 사람들은 내가 만날 수도 있고 안만날 수도 있습니다. 우리가 가장 귀하다고 하는 부부관계도 결혼할 수도 있고 안할 수도 있습니다. 그러나 부모와 나와의 관계는 그대로가 운명적입니다. 내가 부모를 선택한 것이 아닙니다. 부모가 낳아주어서 태어났기 때문에 이 DNA의 관계는 숙명적입니다. 제2의 창조자로 생명의 뿌리로 부모는 엄연히 존재하고 있고 어쩌면 한평생 나의 생각과 나의 모든 것을 지배하고 있고 한평생 우리는 그 아버지 이미지를 따라가며 사는 것입니다.

그리고 특별한 이웃이기도 합니다. 세계관과 생의 모델이 되기 때문입니다. 원하건 원하지 않건 아버지를 닮습니다. 배웁니다. 똑같이 살아갑니다. 어쩌면 그럴 수 있습니까? 저는 인천에서 목회할 때 특별한 경험을 한번 했습니다. 어느 가정에 심방을 갔더니 방안 벽에 큰 캘린더를 붙여놨는데 캘린더에 빨간 펜으로 날짜에다가 동그랗게 칠해놓았어요. 그 빨갛게 칠한 게 많아서 "저게 뭐냐?"고 물어봤더니 "아버지가 술 마시고 들어온 날 동그랗게, 아버지가 술 취해서 들어온 날은 동그랗게……" 그런 거래요. 아이들이 그렇게 해놓았대요. 정말 그분은 좋은 사람인데 술이 너무 심해서 아주 힘들었어요. 온가정이 힘들었어요. 아이들이 그런고로 아버지 술 마시지 말라고 그래도 이것만은 못고쳤어요. 공교롭게 제가 그분이 운명할 때 옆에서 운명기도를 하게 됐는데요, "마지막 유언이 뭡니까?" 물으니 딱 한마디 "술 먹지 마라" 그러고 죽었어요. 술 먹지 마라, 그게 유언입니다.

그런데 웬일입니까? 그렇게 아이들이 아버지 술 마시는 게 싫어서 철저하게 술 안먹는다고 하더니 대학교 2학년 때 비가 많이 오는 날 바로 그 아들 하나가 밤중에 저희집 문을 두드려요. 잔뜩 취해가지고. 그리고 "피는 못속입니다." 소리를 질러요. 술이 만취돼가지고 목사네집에 와서 밤중에 이렇게 소리를 지르는 사람은 그 아들 하나밖에 없어요. '저거 어떡할라나?' 했더니요 웬일입니까. 지금 목사가 됐습니다. 내가 회답도 안하는데 계속해서 교회주보를 보내줍니다. 목사 됐다고 주보를 보내주는 그런 목사가 되었어요.

여러분, 생각해보세요. 아버지, 한평생 그렇게 살았어요. 그러나 아버지는 착해요. 술 먹지 마라— 그게 유언이더라고요. 여러분, 그래서 아버지는 귀합니다. 아버지의 깊은 속에는 하나님의 음성이 있습니다.

그래서 루터의 견해는 이렇습니다. '아버지는 하나님의 대리자다.' 그랬습니다. 하나님의 대리자가 몇이 있는데 하나가 부모요 하나가 선생이요 하나가 목사입니다. '이 세상에서 하나님의 대리자로 우리 앞에 나타나는 것이다.' 그렇습니다.

그리고 사랑의 원천입니다. 우리는 아버지를 통해 사랑을 알고 사랑의 모형을 알고 특별히 진노적 사랑, 공의로운 사랑을 그로부터 배웁니다. 마르틴 루터는 그 아버지가 썩 좋지 못했습니다. 광부였는데 좀 험한 일을 해서 그런지 아들한테 잘 못했습니다. 그리고 아들을 자주 때렸습니다. 무섭게 징계했습니다. 그래서 아버지로부터 매를 많이 맞은 루터는 기도할 때 '하나님 아버지……' 하면 그 아버지가 자꾸 생각나서 심지어는 이런 말도 했습니다. "하나님 아버지라고 하지 말고 하나님 어머니라고 하면 안되겠나?" 그 정도로 아버지의 이미지가 나빴어요. 그렇게 그의 글 가운데 종종 아버지의 이야기가 나오는데 그러나 훗날에 그는 이렇게 말합니다. '나의 아버지는 무서운 아버지였지만 아버지는 내 마음속에 예수님의 초상을 그려주었다. 그 예수님의 초상이 종교개혁으로 이어졌다."

제가 루터의 신학을 한 학기 본격적으로 연구해본 일이 있었습니다. 루터의 신학에서 가장 중요한 것은 율법과 진노입니다. 그래서 율법과 은혜의 관계, 그의 갈라디아서 주석은 유명합니다. 두 번을 썼는데요. 내려가면서 하나님의 율법, 진노, 그리고 하나님의 은혜, 율법과 은혜의 긴장관계를 설명하는데 가만히 보면 아버지 생각을 하고 있는 것같습니다. 진노적 사랑, 하나님의 사랑은 자애로운 사랑만이 아닙니다. 진노적 사랑(wrathful love) 이걸 설명하는 데서는 루터가 결정적입니다. 그 루터의 신학구조는 아버지로부터 온 것입니다. 여기서 벗어나지 못했습니다. 아버지 이미지 참으로 중요합니다.

성경은 말씀합니다. 계명으로서 말씀합니다. '부모를 공경하라. 첫계명이다. 복의 근원이다.' 공경하라는 말은 불쌍히 여기라는 말이 아닙니다. 이것은 '높인다'라는 말입니다. 평상 관계보다 어떤 관계보다 높이 수직적으로 그렇게 사랑하라는 것입니다. 그러기에 가장 기본적인 자세는 듣는 자세입니다. 공경의 최고는 듣는 자세입니다. 그의 교훈은 그 깊은 속에 귀한 은혜가 있음을 알고 귀담아듣는 것입니다. 엄청난 지혜를 듣는 것입니다. 깊은 신앙세계를 듣는 것입니다. 듣는 마음 그것이 바로 지혜자입니다. 그 긴 경륜과 역사 속에서 그는 마지막말을 합니다. 그 속에서 우리는 주의 음성을 들어야 됩니다.

여러분은 유명한 음악가 베토벤을 압니다. 베토벤이 17살 때 어머니가 세상을 떠나고 그 후 11년 후에 그는 청각장애인이 됩니다. 음악의 천재가 귀가 어두워졌다면 어떻게 음악을 할 수 있겠습니까? 너무 기가 막혀서 자살을 하려고 유서를 썼습니다. 유서를 쓰는 중에 어머니의 얼굴이 보였습니다. 그 자애로운 얼굴이 환하게 보이는 순간 유서를 찢고 다시 일어나서 음악활동을 해서 오늘의 베토벤이 된 것입니다.

　죄송합니다마는 제 할머니가 저에게 한 말입니다. 일반 서적에
도 자주 소개되는 내용입니다. 옛날에는 고려장이라는 것이 있었다
고 합니다. 식량도 없고 다 어려우니까 나이많으면 노인들을 깊은
산속에 내다버렸다고 합니다. 그리고 돌아와요. 그것을 고려장이라
고 했는데 어느 날 나이많은 어머니가 노망에 걸려서 버리려고 지게
에 지고 깊은 산속으로 들어갑니다. 다시 못들어올 깊은 산으로 들
어가는데 가만히 보니까 어머니가 계속해서 나뭇가지를 꺾어요. 뚝
하고 소리나고 뚝하고 소리나고…… 한참을 가다가 지게를 내려놓
고 어머니한테 물었어요. "어머니 지금 뭘 하고 계십니까?" "나뭇가
지를 가면서 꺾고 있다." "왜요?" "산이 너무 깊어서 네가 돌아갈 때
길 잃어버릴까봐 표시하느라고 내가 나뭇가지를 꺾고 있다." 그래서
다시 어머니를 모시고 돌아왔다고 합니다. 그때부터 고려장이 없어
졌다고 합니다.

　이것이 어머니의 사랑입니다. 복의 근본이 효입니다. 효가 없는
자는 어리석어질 수밖에 없고 미련해질 수밖에 없습니다. '네 아버
지에게 물으라. 아버지로부터 들으라. 무궁무진한 지혜를 들어라.'
그래야 지혜의 사람이 됩니다. 효의 근본은 듣는 마음입니다. 아버
지의 깊은 곳에 사랑이 있고 또 깊은 곳에는 하나님의 음성이 있습
니다. '그의 경륜 속에, 그의 신앙세계 속에, 거기서 들으라. 지혜자
가 되고 용기의 사람이 되고 생명의 사람이 될 것이다. 지도자가 될
것이다.' "네 아버지에게 물으라."　△

참자녀됨의 증거

또 아들들에게 권하는 것같이 너희에게 권면하신
말씀을 잊었도다 일렀으되 내 아들아 주의 징계하심
을 경히 여기지 말며 그에게 꾸지람을 받을 때에 낙
심하지 말라 주께서 그 사랑하시는 자를 징계하시고
그의 받으시는 아들마다 채찍질하심이니라 하였으니
너희가 참음은 징계를 받기 위함이라 하나님이 아들
과 같이 너희를 대우하시나니 어찌 아비가 징계하지
않는 아들이 있으리요 징계는 다 받는 것이거늘 너희
에게 없으면 사생자요 참아들이 아니니라 또 우리 육
체의 아버지가 우리를 징계하여도 공경하였거든 하
물며 모든 영의 아버지께 더욱 복종하여 살려 하지
않겠느냐 저희는 잠시 자기의 뜻대로 우리를 징계하
였거니와 오직 하나님은 우리의 유익을 위하여 그의
거룩하심에 참예케 하시느니라 무릇 징계가 당시에
는 즐거워 보이지 않고 슬퍼 보이나 후에 그로 말미
암아 연달한 자에게는 의의 평강한 열매를 맺나니 그
러므로 피곤한 손과 연약한 무릎을 일으켜 세우고 너
희 발을 위하여 곧은 길을 만들어 저는 다리로 하여
금 어그러지지 않고 고침을 받게 하라
(히브리서 12 : 5 - 13)

참자녀됨의 증거

「좋은 생각」이라고 하는 월간지에 나오는 이야기입니다. 직장 생활을 하던 여자가 퇴근하려는데 갑자기 검은 구름이 온하늘을 뒤 덮더니 금세 굵은 빗줄기가 후드득 쏟아지고 있었습니다. 우산이 없 던 그녀는 '걸음을 재촉해서 어쨌든 빨리 집으로 가야겠다' 하고 그 렇게 비를 맞으며 달려가는데 저쪽에 고목처럼 서서 여윈 팔을 흔들 며 서 계시는 아버지를 보게 됩니다. 아버지는 말이 없이 우산을 내 밀었습니다. "고맙습니다." 한마디 하고 그 우산을 받아들고 집으로 갔습니다. 이상하게도 비가 올 때마다 아버지는 우산을 들고 그 골 목에 서 있었습니다. 그래서 당연한 줄 알았고 그러해야 되는 줄 알 았습니다.

어느 날 또 비가 왔는데 아버지가 나타나질 않습니다. 딸은 짜 증이 났습니다. '왜 오늘은 아버지가 우산을 가지고 오시지 않나?' 원망을 했습니다. 그리고 비를 흠뻑 맞으며 집에 도착했을 때 아버 지가 손에 우산을 든 채 골목에 쓰러져 있는 것을 보았습니다. 어머 니가 "오늘은 몸이 좋지 않아서 안된다"고 했는데도 "아니야. 기다 리고 있으니까 가야 한다"고 나섰다는 것입니다. 결국은 집을 나서 다가 우산을 손에 든 채 골목에 쓰러져서 그대로 세상을 떠났습니 다. 20년이 지난 오늘도 비가 오면 딸의 마음은 아픕니다.

현대의 아버지를 이렇게 설명하기도 합니다. 다섯 가지 유형이 있다고 합니다. 하나는 'Mr. Mom'형입니다. 아버지는 분명히 아버 지인데 꼭 어머니같은 아버지입니다. 둘째는 'Mr. Money Bags(돈주머니)'같은 아버지입니다. 돈 외에 더 바랄 것도 기대할 것도 없는 그런 돈주머니같은 아버지도 있습니다. 세 번째는 '방관형' 아버지입니다. 있는데 없는 듯, 있으나 없으나 그렇게 보이는 아버지입니다. 네 번째는 '건축가 형' 아버지입니다. 건축가이기에 아버지의 손에는 설계도가 있습니다. 그 설계도에 의해서 집을 지어나가는 것처럼 아들을 그렇게 가르쳐보고 싶은 것입니다. 그래서 좋은 집을 하나 지어 보이는 것처럼 아들을 내세우고 싶은 그런 아버지가 있습니다. 다섯 번째 아버지는 '농부 형'입니다. 아마도 가장 이상적인 것같습니다. 씨를 뿌리고 물을 주고 가꾸고 그리고 조용히 먼 훗날을, 가을을 기다립니다. 수고하고 기다릴 줄 아는 그런 아버지. 이렇게 다섯 유형의 아버지가 있다고 합니다.

마르틴 루터는 그 아버지가 좀 엄해서 아버지로부터 좋은 인상을 받지는 못했다고 말했습니다. 아버지를 무서워했다고 했습니다. 종종 아버지가 자기를 때리고 또 때리려고 쫓아오는 그 아버지가 눈에 보이는 듯해서 아버지의 인상이 별로 좋지 않았다고 합니다. 그러나 그는 훗날에 말합니다. '아버지는 내 속에 예수 그리스도의 초상화를 그려주었다.' 루터는 훗날에 아버지의 마음을 읽었습니다. 때리고 아파하시는 아버지의 마음을 읽었습니다. 때로 아버지가 아들을 때리고 밤에 아이들이 잘 때 그 멍든 상처를 어루만지면서 웁니다. 그 아버지를 이해했던 것입니다. 때리고 아파하시는 아버지의 마음을 뒤늦게 깨닫고 바로 그 아버지의 아픈 마음 속에서 그리스도의 초상화 즉 예수 그리스도의 십자가를 읽을 수 있었던 것입니다. 그때부터 루터는 그 아버지의 아들입니다. 그때부터 친아들입니다.

오늘본문을 자세히 읽어보면 아주 고맙게도 아버지와 우리와의 관계에 대한 단어가 여러 개 나타나는데 이 중 다섯 가지 단어를 살펴보려 합니다. 첫째가 '아버지는 권한다'그랬습니다. 이건 헬라어로 '파라클레데오스'인데 '달래다, 위로한다'하는 뜻입니다. 그 다음에는 '권면한다'고 되어 있습니다. '디아레게타'라고 하는 이 말은 '논리적으로 설명을 하고 토론을 하고 강화한다'는 뜻입니다. 아주 논리적으로 권면을 합니다. 또 '꾸지람을 한다'그랬습니다. '엘레그코메노스'라는 헬라어인데요. 이것은 꾸짖는다, 증거를 들이대고 "이렇지 않느냐"하고 몰아붙이면서 긍정을 요구합니다. 그 다음에는 '징계한다'고 되어 있습니다. '파이데이아스'라고 하는 이 말은 하나의 훈련과정을 말합니다. 긴 과정을 통해서 계속 자녀를 훈련시키는 것입니다. 마지막말이 '채찍질한다'입니다. 오늘본문에 그렇게 되어 있습니다. '마스티고이'라고 하는 이 말은 정말로 때리는 것입니다. 이것이 아버지와 우리와의 관계입니다.

그런데 성경에는 아들이라는 말에 두 단어가 있습니다. 헬라어에서는 '휘오스'라고하는 단어가 있고 '테카'라는 말이 있습니다. 전혀 다른 말입니다. '테카'라는 것은 일반적으로 아들이요, 자식이요, 심지어는 동물의 새끼도 '테카'입니다. 그러나 '휘오스'라는 말은 그 아버지를 닮은 언약의 자녀를 말합니다. 이것이 '휘오스'입니다. 이스마엘은 아닙니다. 이삭이어야 합니다. 언약의 자녀 이것이 '휘오스'입니다. '휘오스'에 대해서는 어떻게 대할 것인가? 하는 것입니다.

제가 잘 아는 전도사님이 한 분 계십니다. 한평생 전도사님으로 일하시다가 전도사님으로 은퇴하신 참 충실한 분입니다. 그분에게 아들 넷이 있습니다. 그런데 그 아이들이 잘 자라서 지금 목사님들이 되고 장로님들이 되고 그랬습니다마는 그들이 자랄 때 제가 자세히 보았습니다. 그 아이들이 불평이 많아요. 그게 뭐냐 하면 아버지는 착한데 어머니가 엄해서 다들 어머니한테 매를 맞았다고 합니다. 어머니가 때리면서 자녀들을 가르쳤는데 불평이 뭐냐 하면 우리는 다 때리면서 형은 안때린다는 것입니다. 왜 안때리느냐고 그러면 "형이니까 안때린다"그랬다는 것입니다. 형이니까 안때린다— 그건 동생들이 몰랐습니다. 나이많아서야 알았습니다. 형은 친아들이 아니었습니다. 그 전도사님이 결혼하고 아이를 낳자마자 그 부인이 세상을 떠나서 이 핏덩이를 어떡할까 할 때에 한 처녀가 나타나서 "내가 기르겠습니다" 하여 결혼을 해서 빈 젖을 물려가며 이 아이를 키웠습니다. 똑같이 키웠습니다. 그러나 그 어머니의 말입니다. 직접 들었습니다. "저 놈은 내가 때릴 수 없습니다. 내가 낳은 세 자녀는 마음대로 때리지만 내가 낳지 않았다는 이유로 내가 빈 젖을 물려가면서 키웠지마는 아직도 저 자식은 내가 매질을 못합니다."

여러분, 어찌해야 되겠습니까? 어떻게 이해해야 되겠습니까? 참사랑이라는 것은 감상적인 애정만이 아닙니다. 신학적 용어를 빌리면 창조적 사랑이어야 합니다. 그런고로 행동이 있습니다. 아니, 결과를 책임집니다. 운명을 책임지는 그런 의미의 사랑입니다. 그래서 이 사랑은 기다립니다. 인내합니다. 믿어줍니다. 또는 찾아옵니다. 위로합니다. 그러나 행동이 있습니다. 마지막에는 자기희생이 있습니다. 여러분, 자기희생의 아픔이 있습니다. 울고 돌아서는 감상이 아니라 자기희생이라고 하는 사건이 있습니다. 이것이 아버지의 사랑입니다.

그렇다면 이 사랑에 대한 자녀의 자세 그 응답은 어떠해야 되겠습니까? 참자녀는 친자녀라면 아버지의 마음을 이해해야 합니다. 아버지의 마음속에 있는 그 깊은 뜻을, 그 사랑을 믿어야 합니다. 그리고 아버지를 공경해야 됩니다. 그리고 아버지의 나에게 향한 것은 모두 나를 유익케 하는 것이다, 내게 유익한 것이다, 꾸지람을 하든 매질을 하든 어떤 일이 있든 다 나를 위한 것이다, 당연한 것이다, 라고 받아들여야 됩니다.

아버지의 희생! 여러분, 여러분은 어찌 생각하십니까? 때리는 아버지가 아픕니까? 맞는 아들이 아픕니까? 어느 쪽입니까? 참아들은 맞는 내 아픔이 아니고 때리는 아버지의 마음이 얼마나 아픈가를 알고 있더라는 것입니다. 그때부터 친아들입니다. 친자녀가 되는 것입니다. 아버지의 자기희생 그 진노 속에서 그 큰 사건 속에서 참사랑을 느껴야 합니다. 이 속에 권능이 있고 지혜가 있고 엄청난, 초연한 하나님의 사랑이 있습니다. 아버지의 아픔에 동참해야 합니다. 오늘 성경 10절에서는 참여한다고 했습니다. 아버지의 아픈 마음에 참여한다, 그때부터 아들이고요 그때부터 아버지의 교훈이 그 자식에게 효력이 있고 아버지의 사랑이 그 마음에 스며들며 참자녀가 되는 것입니다. 이로써 아버지의 자기희생을 통해서, 그 큰 자기희생을 보면서 자기의 존재를 소중히 여기는 사람으로 다시 태어나는 것입니다. 참자녀는 진노 속에 있는 큰 사랑을 날마다 확인하며 사는 것입니다. 그리고 사랑으로 응답하게 되는 것입니다. 참자녀, 그래서 즐거운 마음으로 순종하는 것입니다.

여러분, 저는 아버지가 너무 엄해서 매도 많이 맞았지마는 때때로 좀 불만이 많았습니다. 분명히 열일곱 살 때 마지막으로 맞았습니다. 그게 마지막인 것같습니다. 제가 매를 맞을 때에 어머니가 옆에서 무슨 말을 했다간 벼락이 떨어지니까 문 밖에 서 계셨습니다. 저를 때리고 나갈 때 문 앞에서 아버지가 딱 어머니를 만나게 됩니다. 제가 문 안에서 들으니까 어머니가 그때 한마디를 하시데요. "여보, 당신 아들을 사랑하는 거요, 안하는 거요? 오늘은 분명히 당신의 잘못도 큰 것같은데 왜 다 큰 애를 말로 하면 될 텐데, 그래도 충분히 이해가 될 텐데 어째서 오늘도 저렇게 매질을 한 거요?" 그랬더니 제가 문 안에서 자세히 들으니까 아버지가 그러시데요. "자식은 속으로 사랑하는 것이지 겉으로 사랑하는 게 아니야." 내가 안에서 생각했어요. '그래도 사랑하긴 하는가보다.' 그때부터 생각을 돌립니다.

제가 광산에 끌려갔다가 도망해 나와서 산에 숨어 있을 때 먹을 것이 없지요. 그런데 아버지가 제게 식량을 공급했습니다. 이것 가지고 오다가 들키면 현장에서 총살당합니다. 그 위험한 길을…… 그래서 오늘은 이쪽 숲에서 또 며칠 후에는 이쪽 굴에서 또 이쪽 골짜기에서 이렇게 장소를 옮겨가면서 약속을 합니다. 그 식량을 가져다가 놓고 기도하고 가만히 앉아 있습니다. 아무 말씀도 안하십니다. 아버지는 "몸조심해라" 딱 한마디 하고 일어서서 가십니다. 가시는 뒷모습을 보면서 저는 맹세했습니다. 이 산에서 내려가면 효도할 것이라고…… 그런데 제가 산에서 내려왔을 때 어쩌면 아버지를 처음 보는데 그 순간이 아버지가 총살당하는 순간이었습니다.

여러분, 아버지의 사랑은 진노적인 것입니다. 그래야 하니까. 그에 대한 우리의 응답은 정말로 깊은 아픔을 이해하고 그 아픔 때문에 내가 소중해지는 것입니다. 루터는 이것을 본 것입니다. 십자가는 하나님 자신의 희생입니다. 하나님 아버지의 고난이라는 것입니다. 그는 로마서 1장을 해석할 때 이렇게 말합니다. '하나님의 진노가 예수님의 십자가 위에 '꽝'하고 떨어져서 감당할 수 없을 때 어찌하여 나를 버리시나이까? 라고 부르짖었다고. 따라서 우리는 하나님의 진노적 사랑 십자가 안에서 진정 참사랑을 느끼고 깨닫고 감사하고 즐겁게 순종해야 하는 것입니다.

예수 그리스도를 한번 보세요. 그는 열두 살 때 성전에 올라갔을 때 성전에 있는 모든 것을 보면서 아마 도취되었던 것같습니다. 아버지와 어머니가 고향으로 돌아가는 것도 모르고 성전 안에 있었습니다. 사흘길을 찾다가 되돌아와서 어머니가 그 아들을 보자 "어찌하여 이렇게 했느냐? 왜 우리와 같이 가지 않고 떨어져서 우리를 고생시키느냐?" 하는데 그때의 열두 살 예수님 보세요. "내가 내 아버지 집에 있어야 할 줄 몰랐습니까?" 합니다. 성전을 생각할 때 아버지 집, 이 집이 아버지 집, 그런 느낌 그런 행복이 있었어요.

요한복음 18장 11절에 보면 예수님 십자가 지시기 직전 체포당하시는 그 순간입니다. "아버지께서 내게 주신 잔을 내가 마시지 않겠느냐?" 하십니다. 사랑하는 아버지가 사랑하는 아들에게 내리는 십자가, 내가 그 잔을 마시지 않겠느냐? 예수님께서는 이렇게 십자가를 지셨습니다. 사랑하는 아버지가 사랑하는 아들에게 주시는 것으로 받아들이셨습니다. 누가복음 23장 46절에 보면 "내 영혼을 아버지 손에 부탁하나이다" 하시고 그것으로 생을 마치십니다.

에머슨이라는 유명한 분의 기도문이 있습니다. '나의 하나님! 나는 나의 가시에 대하여 결코 감사하지 못했습니다. 나의 장미꽃에 대해서는 수천 번 감사하였지만 주님께서 내게 지워주신 십자가에 대해서는 한 번도 감사하다고 생각하지 못했었습니다. 고난을 통하여 나의 인생의 항로를 완성하신 사랑의 주님이시여, 이제 저에게 이 가시의 가치를 가르쳐주옵소서. 그리하시면 나의 눈물이 무지개 됨을 알겠나이다. 그러고나서 나에게 고난당하는 것이 나에게 유익하다고 말할 수 있게 하여주시옵소서."

　　내가 하나님의 자녀 됨은 여기에 있습니다. 어찌 믿을 수 있겠습니까? 내게 내리시는 사랑을 통해서 내게 내리시는 진노를 통해서 내게 가해지는 실패를 통해서 때로는 나의 길을 가로막는 섭리를 통해서 때로는 나의 병든 사건을 통해서 과연 하나님께서 살아계시고 과연 하나님께서 나를 사랑하신다고 소중하게 여기고 그 하나님이 소중하고 그 사랑받는 내가 소중합니다. 그리고 내가 처한 현실도 소중합니다. 이것이 하나님의 사랑이니까 말입니다.　△

성령 충만한 자의 얼굴

저희가 이 말을 듣고 마음에 찔려 저를 향하여 이를 갈거늘 스데반이 성령이 충만하여 하늘을 우러러 주목하여 하나님의 영광과 및 예수께서 하나님 우편에 서신 것을 보고 말하되 보라 하늘이 열리고 인자가 하나님 우편에 서신 것을 보노라 한대 저희가 큰 소리를 지르며 귀를 막고 일심으로 그에게 달려들어 성 밖에 내치고 돌로 칠새 증인들이 옷을 벗어 사울이라 하는 청년의 발 앞에 두니라 저희가 돌로 스데반을 치니 스데반이 부르짖어 가로되 주 예수여 내 영혼을 받으시옵소서 하고 무릎을 꿇고 크게 불러 가로되 주여 이 죄를 저들에게 돌리지 마옵소서 이 말을 하고 자니라

(사도행전 7 : 54 - 60)

성령 충만한 자의 얼굴

아브라함 링컨의 말입니다. '사람이 나이 사십이면 자기 표정에
책임을 져야 한다. 사람의 얼굴은 자신의 마음과 삶의 내용에 따라
다시 만들어지기 때문이다.' 링컨이 대통령이 된 후에 어떤 친구가
한 사람을 추천했더랍니다. 그런데 링컨은 그 사람을 딱 한 번 만나
보고 거절했습니다. 왜냐고 물었더니 대답은 간단합니다. "그 얼굴
에 진실성이 없어." 끝입니다.

사람은 부모가 물려준 얼굴을 가지고 태어납니다. 그러나 살아
가며 얼굴은 새로 만들어집니다. 자기 얼굴은 자기가 만드는 것입니
다. 여인들은 말합니다. 하룻밤 고민하면 아침에 화장발이 안먹는다
고요. 밤 사이에 벌써 얼굴이 변했습니다. 의학적으로는 4년마다 새
로운 피부라고 합니다. 피부가 계속 바뀌는 것입니다.

제가 삼십대 초반에 대구의 어느 교회에 부흥회를 인도하러 갔
는데 굳이 저를 호텔로 모시지 않고 장로님 가정에서 유숙하게 하셔
서 장로님댁에 지내면서 집회를 인도하게 되었습니다. 그 장로님에
게 있는 중요한 간증거리를 하나 나에게 들려주기 위함이었습니다.
고등학교 교장선생님이었는데 학교 재단을 좀더 불릴 생각에서 있
는 돈을 다 모아가지고 어느 광산에다 투자했는데 이게 잘못됐습니
다. 완전히 사기당한 것이었습니다. 학교 재단을 몽땅 날렸습니다.
교장으로서 말입니다. 얼마나 고민이 됐던지 일주일 동안 식음을 폐
하고 그렇게 괴로워하며 지냈는데 깜작 놀란 것은 일주일만에 머리
가 하얗게 센 것입니다. 그 모습을 제가 본 것입니다.

여러분, 정말 그렇습니다. 사람의 얼굴은 삶의 내용과 그 마음 가짐에 따라서 변화하는 것입니다. 잘생겼나 못생겼나는 중요하지 않습니다. 풍기는 인상은 내 마음이 만드는 것입니다. 제가 공부하던 미국 풀러신학교에 있는 LA의 파사디나라는 곳이 있습니다. 거기에 헌팅턴 라이브러리라고 하는 유명한 도서관이 있고 미술관이 있는데 이곳의 설립자는 헌팅턴이라는 개인이요, 부자입니다. 큰 부자가 당대에 돈을 자신도 얼만지 모를 만큼 많이 모았습니다. 그리고 자기 개인의 미술관을 만들어놓고 모든 세상의 보화들을 다 수집을 한 것입니다. 이런 골동품, 저런 것, 그런 것……

그런데 한쪽에 가면 특별한 데가 있습니다. 예수님께서 성만찬을 행하시던 그 성만찬예식 그 장면을 그린 그림이 있습니다. 여러분도 아시는대로 레오나르도 다빈치부터 시작해서 많은 사람들이 성만찬의 그림을 그렸고, 나는 몇 사람만 그린 줄 알았는데 거기 가니까 그렇지 않아요. 화가들마다 다 시도했더라고요. 그래서 유명한 화가들의 그림이, 성만찬예식 그 장면만 그린 그림이 백 점이 넘어요. 그걸 따로 저장해놓고 특별히 한 번씩 보여주는데 많은 생각을 했습니다. 수많은 화가들이 한평생 저 그림을 한번 그리고 싶었던 것입니다.

그 속에 있는 유명한 에피소드가 하나 있습니다. 어떤 화가가 역시 성만찬 그림을 그리려고 시작을 했습니다. 잘 그려나가다가 문제는 예수님을 그려야 되겠는데 이게 잘 떠오르질 않아요. 아무래도 안떠올라서 모델을 구해야겠다, 쉽게 말하면 예수님 닮은 사람을 찾아야겠다 하고 일 년 동안을 헤맸다고 합니다. 여러 곳을 다녀봤지만 찾을 수 없어서 낙심하며 돌아왔는데 어느 날 수요일 저녁에 교회에 나갔더니 (교인도 많이 오지 않은 조그마한 교회입니다) 성가대원 몇 사람만 앉아서 성가를 부르는데 그 성가대원 중에 테너를 하고 있는 청년 하나가 눈에 띕니다. 딱 보니 꼭 예수님을 닮았어요. 그래서 예배 끝난 다음에 "미안하지만 제가 그림을 좀 그려도 되겠습니까?" 묻자 청년이 "왜 그러세요?" 의아해합니다. 그러자 "예수님 모델로 당신을 선택했어요." 부탁했습니다. 당자는 기분이 좋지요. 의자에 앉아 있고 빨리 스케치를 해서 그림을 그렸어요. 그런 일이 있고나서 이 화가는 사업에 실패하고 어찌어찌하는 가운데 몇 년 동안 그림을 손놓았어요. 다시 사업을 일으킨 다음에 이제 그림을 완성하기 위해서 다시 시작을 합니다. 열두 명을 다 그렸는데 마지막 가룟 유다의 얼굴이 잡히지 않아요. 가룟 유다 어떻게 생겼을까? 하다가 아무래도 안되겠다, 모델을 찾기 위해 거리로 교회로 다니는데 어느 날 술이 만취돼서 비틀거리는 청년 한 명을 봤어요. 그래서 붙들고 "미안합니다. 당신을 모델로 내가 그림을 그리고 싶은데 괜찮겠소?" 하고 청했습니다. 그러자 그 청년, 술취한 김에 "그러세요. 얼마든지 그러세요"하고 의자에 앉았습니다. 그림을 다 그렸습니다. 그러는 동안 술이 깼습니다. 술이 깨고나서 묻습니다. "여보시오. 당신 왜 내 얼굴을 그렸소?" 이게 어떤 일인데 거짓말을 하겠습니까. "사실은 가룟 유다의 모델로 당신을 그렸소." 그러자 그 사람이 대성통곡을 하더랍니다. "몇 년 전에 당신이 나를 예수님의 모델로 그렸습니다. 그런데 내가 그동안 타락을 해서 이렇게 됐더니 오늘와서 가룟 유다의 얼굴로 내 얼굴을 그린다니 기가 막히네요." 그런 이야기가 헌팅턴 라이브러리에 전해지고 있습니다.

여러분, 깊이 생각해봅시다. 그만큼, 사람이 어느 사이에 나도 모르게 자꾸 변화를 일으키고 있습니다. 성경을 봅시다. 사도행전 6장 15절에 우리에게 큰 감동을 주는 요절이 나옵니다. "스데반의 얼굴이 천사와 같더라." 천사의 얼굴을 본 사람은 없습니다. 그러나 천사와 같더라는 말은 압니다. 그만큼 빛이 나고 그만큼 평화롭고 그만큼 아름답고 성스러웠다는 얘기가 아니겠습니까? 그는 지금 순교 직전에 있습니다. 그를 핍박하는 많은 사람들, 당장 돌로 치려고 하는 이 무서운 사람들 앞에 섰는데 그 얼굴이 천사의 얼굴 같더라—얼마나 아름답고 귀한 시간입니까? 이 장면을 성경은 이렇게 말씀합니다. 성령 충만, 성령 충만…… 성령 충만이란 바로 사랑이 넘치고 자유롭고 평화롭고 빛이 나는 그것입니다.

마태복음 10장 19절에 보면 이런 귀한 말씀이 있습니다. 예수님께서 친히 제자들을 임명하시고 파송하시면서 하신 말씀입니다. '너희가 공회에 끌려갈 때……' 이 공회라는 것은 끌려가서 살아오기 어려운 것입니다. 끌려가서 죽는다고 보면 되겠지요. '그런 위험한 길에 끌려갈 때 가서 무슨 말을 할까? 미리 걱정하지 마라. 그냥 끌려가라. 그냥 가라. 현장에 서면 무슨 말을 할지 현장에서 내가 가르쳐주겠다. 말하는 이는 너희가 아니라 너희 속에서 말씀하시는 이 곧 너희 아버지의 성령이시니라. 현장에 서면 너희 마음 가운데 내가 역사해서 분명 성령이 할 말을 하게 하실 것이다.' 현장의 역사요, 현장의 경험입니다.

여러분, 성령의 충만이란 바로 현장에 있는 것입니다. 엄격히 말하면 골방에 있는 것도 아닙니다. 환난과 핍박 속에서 담대할 때 있는 것입니다. 사도행전을 한평생 연구한 머린이라는 학자는 이렇게 말합니다. '성령 충만 자체를 위해 기도한 흔적은 없다.' 그런데 반대로 환난과 핍박 속에서 담대하게 말씀을 증거하게 하여주옵소서, 이렇게 적극적인 기도를 할 때 성경은 말씀합니다. '성령 충만하더라.' 환난에서 피하기 위한 것도 아니고 환난을 면하게 해달라는 게 아닙니다. '환난 속에서 담대하게 하나님의 말씀을 전하게 하여 주십시오'라고 기도했더니 성령이 충만하더라 합니다. 충만의 의미는 그렇습니다. 적극적이고, 현장 거기에 충만함이 있다는 말씀입니다.

오늘본문에 스데반이 순교하는 장면이 나옵니다. 역시 "성령 충만하여"라고 말씀하고 있습니다. 특별한 말씀입니다. "스데반이 성령이 충만하여 하늘을 우러러" 보았다고 합니다. 위를 보았다는 말씀입니다. 이스라엘 사람들의 격언에 이런 말이 있습니다. '앞이 안보이면 뒤를 보라. 뒤도 안보이거든 옆을 보라. 앞뒤 옆이 다 안보이거든 위를 보라.' 위를 보라─ 우러러본다는 것은 중요한 의미를 가졌습니다. 골로새서 3장 1절에 말씀합니다. '너희가 그리스도와 함께 다시 살리심을 받았으면 위엣것을 찾으라 거기는 그리스도께서 하나님 우편에 앉아 계시느니라." 위엣것을 생각하고 땅엣것을 생각지 마라─ 성령의 역사의 특징이 이것입니다. 위엣것을 생각합니다. 땅을 보지 않습니다. 위를 봅니다. 나를 향하여 이를 가는 저 사람들을 보지 않습니다. 하나님을 봅니다. 위를 봅니다. 아주 중요한 것입니다. 나를 위하여 저렇게 저주하고 핍박하는 자에 대하여 초연합니다. 아니, 그들이 보이지 않는 것입니다.

죄송합니다. 목회경험 중에 이런 일도 있답니다. 제가 현장에서 목회하고 있을 때 가끔 저를 괴롭히는 분들이 있었습니다. 개인적으로 저를 많이 좀 괴롭힙니다. 여러 가지로 위하여 기도하기도 하고 애쓰지만 마지막 기도한 게 뭔지 아십니까? '하나님, 오늘 설교할 때 저 사람 얼굴 안보이게 해주세요. 보이면 힘이 듭니다.' 그리 기도했더니 정말 안보이더라고요. 그래서 제가 '그 자가 오늘 교회 안나왔구먼. 잘됐구먼.' 그리고 설교를 힘있게 했어요. 그런데 나갈 때, 악수할 때 보니 왔더라고요.

여러분 생각해보세요. 안보여야 됩니다. 별것 없습니다. 성령 충만한 사람은 위만 보입니다. 땅이 안보입니다. 위를 보는 마음, 이게 충만함입니다. 충만함의 역사입니다. 위를 보았더니 거기 인자가 하나님 우편에 서 계시더라 합니다. 여기 '인자'라는 말이 나옵니다. 예수님께서 제자들을 가르치실 때 "인자가" "인자가" 하는 말씀을 계속 하십니다. "인자가……" 이렇게 말씀하십니다. 자기를 가리킬 때마다 "인자가……" 하십니다. 그런데 제자들은 예수님을 향해서 인자라는 말을 한마디도 안했습니다. "랍비여" 그랬습니다. 선생님이여, 선생님이여…… 이렇게 말했지 '인자'라는 말은 안했습니다. 베드로는 "주는 그리스도시요 살아계신 하나님의 아들이시니이다"라고 고백을 합니다. 인자라는 말이 없습니다.

오로지 스데반이 이렇게 순교 직전에 하늘을 우러러봅니다. "인자가 하나님 우편에 서신 것을 보노라." 여기에 인자라는 말이 딱 한 번 나옵니다. 인자라는 개념은 가장 중요한 것입니다. 말세에 나타난 하나님 자신의 모습을 말하는 것입니다. 그리스도다, 메시야다 하는 모든 말보다 더 높은 수준에 있는 말입니다. '인자'— 스데반이 바로 이 시간에 인자를 바라보게 됩니다. 그리고 그 인자를 향해서 "주 예수여 내 영혼을 받으시옵소서" 하고 위탁합니다. 생명을 위탁합니다. 예수님께서는 십자가에 돌아가실 때 "아버지여 내 영혼을 아버지 손에 부탁하나이다" 하십니다. "아버지여"라고 말씀하십니다.

그런데 오늘본문에 보면 스데반은 "주 예수여"라고 외친 후 내 영혼을 전적으로 하나님께 위탁하고, 전적으로 현실을 위탁하고, 전적으로 상황을 위탁하고 운명을 깨끗하게 주께 위탁합니다. 이게 충만한 사람입니다. 충만한 사람은 항상 전적으로 하나님께 위탁하고 나머지 문제를 전혀 생각하지 않습니다. 이것이 충만한 사람입니다. 세상 근심에 매이지 않습니다. 이러한 일 저러한 일 신경쓰지 않습니다.

그러고나니 본문에 원수를 위한 기도가 있습니다. 원수를 위한 기도, 이제 그에게는 원수가 없습니다. 미움도 없습니다. 전적으로 용서하는 마음입니다. 충만한 자에게는 절망이 없습니다. 소망으로 충만하기에 넉넉하게 자기를 향하여 돌을 던지는 자를 용서할 수 있었습니다. 얼마나 귀한 시간입니까! "이 죄를 저들에게 돌리지 마옵소서." 저는 이게 궁금합니다. 이 죄를 저들에게 돌리지 말아주세요 – 그럼 누구에게 돌려야 됩니까? 정말 심리학적으로 생각할 문제입니다. 예수님께서는 "저들의 죄를 사하시옵소서" 하십니다. 그러나 스데반은 그런 기도가 아닙니다. "이 죄를 저들에게 돌리지 말아주세요." 글쎄요, 지나친 해석인지 몰라도 '주여, 내가 좀 거칠게 말했나요? 내가 저들의 양심을 너무 강하게 찔렀던가요? 그래서 저 사람들이 발악을 하는 게 아닌가요? 내게 잘못이 있는 게 아니겠습니까?' 저들에게 돌리지 않으면 누구에게 돌리라는 말입니까?

오늘 이 시간에도 그렇습니다. 우리가 본문을 보면 그렇습니다. 저들이 '마음에 찔려' 그랬습니다. 너무 아프게 찔렀습니다. 그래서

발광을 하는 것입니다. 그런고로 이 사건의 일말의 책임은 내게도
있습니다. '그러한 거 아니겠는가?' 그렇게 한번 추리해봅니다. 어쨌
든 그는 용서합니다. 깨끗이 용서합니다. "하나님이여, 이 죄를 저들
에게 돌리지 말아주세요." 원수를 위하여 기도합니다. 그랬더니 얼
굴이 변화합니다. 천사의 얼굴이 됐습니다.

　　구약성경에 보면 야곱이 형에게 쫓겨서 이십 년 동안 하란에 가
서 방황하는 생활을 하다가 돌아와서 형님을 만납니다. 형님을 만나
는 순간 그는 감격합니다. '내가 형의 얼굴을 보니 하나님의 얼굴을
보는 것 같습니다' 하는 그런 간증을 하게 됩니다. 화목하는 자, 용
서하는 자, 하나님의 얼굴을 보는 것같고 하나님의 얼굴을 보는 것
같은 체험을 하는 자가 천사의 얼굴이 됩니다. 이 얼마나 아름다운
얘기입니까?

　　그렇습니다. 더 놀라운 것은 이 아름다운 얼굴에 능력이 있습니
다. 이것은 신학적 추리입니다. 많은 사람이 사도 바울이 어떻게 회
심을 했을까 합니다. 그 회심에 대한 박사논문이 수없이 많습니다.
그 중에 대표적인 몇 가지를 제가 즐겨 읽는 중에 이런 논문을 보았
습니다. 사도 바울이 왜 그렇게 바락바락했을까? 예수믿는 사람을
몽땅 죽이려고 다메섹까지 갔어요. 다메섹까지 가려면 일주일을 가
야 합니다. 사람을 살리기 위해서도 아니고 다메섹까지 도망간 기독
교인들을 추적해서 잡아오겠다고 따라가는 그 극악한 마음이 어디
서 왔나? 발악하는 마음. 이것은 스데반을 죽일 때 그 얼굴이 천사
와 같은 걸 보고 이런 마음이 생겼다는 것입니다. '어떻게 저렇게 죽
을 수 있나? 어떻게 저렇게 아름답게 죽을 수 있나? 아니야. 마땅히
죽어야 할 사람이라고 생각해서 돌을 던졌는데 이게 아니야. 마땅히

죽어야 할 자가 어떻게 저렇게 죽을 수 있나?' 거기서 갈등이 생겼습니다. 이 갈등이 바울을 이렇게 강한, 완악한 사람이 되게 했고 마침내 다메섹 도상에서 예수님을 만날 때 아주 한 번에 넘어지게 됩니다.

그 마음속에 큰 갈등이 있었다— 제가 그걸 그렇게 시인하고 싶습니다. 결국 스데반은 죽었습니다. 그러나 바울을 얻었습니다. 바울의 마음속에 깊은 인상을 주었습니다. 엄격히 말하면 학자들이 말하는대로 스데반은 죽었으나 사울이라고 하는 제자를 만들었습니다.

오래전 미국 몬태나 주에 배노크라고 하는 곳이 있는데 여기에 살던 몇 사람이 금광을 찾아서 서부를 헤매게 됩니다. 너무 어려운 길을 다니다가 지쳐서 한 사람은 죽었습니다. 그리고 또한 인디언들에게 붙잡혀서 협박을 받고 말도 뺏기고 양도 뺏기고 다 빼앗기고 알몸으로 간신히 살아서 집으로 돌아오고 있었습니다. 돌아오다가 돌에 걸려서 넘어졌습니다. 돌에 걸려서 넘어지면서 보니까 이 돌이 금덩이더란 말입니다. 그래서 그 주변을 보니 전부 금 투성이입니다. 금광을 발견하고 너무 좋아서 세 사람이 앉아서 이제 우리는 팔자가 폈다 부자가 됐다, 그런데 이걸 만일에 다른 사람들이 알게 되면 우리가 죽는다, 그러니까 절대 비밀이다— 아주 맹세를 했습니다. 절대 비밀 절대 비밀…… 그리고 돌아가서 있는 것을 주섬주섬 해서 다시 돌아와서 여기서 광산을 열자 약속을 하고 집에 돌아갔습니다. 절대 비밀이 지켜졌습니다. 그런데 며칠 후에 이 사람들이 준비해서 이쪽에 모일 때 보니 뒤에 수백 명이 따라왔습니다. 왜 그랬을 것같습니까? 금광을 발굴한 사람들이 얼굴이 다르잖아요. 얼굴

빛이 달라요. '저 사람들이 분명히 금광을 봤구나!' 그리고 다 뒤따라왔습니다. 그랬더랍니다. 좋은 일이 있는데 어떻게 얼굴이 변하지 않을 수가 있어요? 금덩이 하나 가지고도 이렇게 사람이 변하는데 성령 충만한 자의 얼굴이 어찌 안변하겠습니까? "천사의 얼굴"— 얼마나 귀한 말씀입니까? 이건 우리 그리스도인의 라이프 스타일의 이미지에 최고 표상이라고 생각합니다. "천사의 얼굴." △

나는 여호와인 줄 알리라

여호와께서 모세에게 이르시되 볼지어다 내가 너로 바로에게 신이 되게 하였은즉 네 형 아론은 네 대언자가 되리니 내가 네게 명한 바를 너는 네 형 아론에게 말하고 그는 바로에게 말하여 그로 이스라엘 자손을 그 땅에서 보내게 할지니라 내가 바로의 마음을 강퍅케 하고 나의 표징과 나의 이적을 애굽 땅에 많이 행하리라마는 바로가 너희를 듣지 아니할 터인즉 내가 내 손을 애굽에 더하여 여러 큰 재앙을 내리고 내 군대 내 백성 이스라엘 자손을 그 땅에서 인도하여 낼지라 내가 내 손을 애굽 위에 펴서 이스라엘 자손을 그 땅에서 인도하여 낼 때에야 애굽 사람이 나를 여호와인줄 알리라 하시매 모세와 아론이 여호와께서 자기들에게 명하신 대로 곧 그대로 행하였더라 그들이 바로에게 말할 때에 모세는 팔십 세이었고 아론은 팔십 삼 세이었더라

(출애굽기 7 : 1 - 7)

나는 여호와인 줄 알리라

　알렉스 헤일리라고 하는 이름을 기억하실 것입니다. 혹 그를 모르시더라도 「뿌리(Roots)」라고 하는 소설은 아마 누구나 다 잘 알고 있을 것입니다. 미국 흑인들의 애환과 눈물을 그린, 미국 문학사에 있어서 위대한 작품입니다. 이 알렉스 헤일리의 사무실 한복판에 가장 잘 보이는 그곳에 커다란 그림이 하나 걸려 있었습니다. 이 방에 들어오는 사람마다 이 그림에 대해서 꼭 한 번씩 물어보곤 했습니다. 왜냐하면 그 그림이 좀 별나기 때문입니다. 한 거북이가 높은 담장 위에 올라가 있습니다. 그런 그림입니다. 다른 사람들에게는 별 의미가 없겠지만 헤일리에게는 이 그림이 아주 중요합니다. 하루에도 수십 번씩 이 그림을 쳐다보면서 새롭게 각오를 다지곤 하는 귀중한 그림입니다. 높은 담장 위에 거북이 한 마리가 올라가 있습니다.

　여러분 아시는대로 해변을 엉금엉금 기어다니는 거북이가 어떻게 담장에 올라갈 수 있습니까? 그건 있을 수 없는 일입니다. 그런데 있습니다. 그는 물어보는 사람들에게 이렇게 솔직하게 성실하게 대답하곤 했다고 합니다. "저 그림이 무엇을 의미합니까?" 그는 말합니다. "나는 내가 쓴 작품을 보다가 내가 어찌 이런 위대한 글을 썼을까? 내가 어떻게 이렇듯 귀중한 영감을 받을 수 있었을까? 내가 쓴 작품에 대해서 내가 만족할 뿐만 아니라 넘치고 때로는 교만해지기도 합니다. 교만해지려고 합니다. 그럴 때마다 나는 생각합니다. 저 거북이가 제 힘으로 저 담장에 올라갈 수는 없습니다. 절대로 없습니다. 누군가의 도움으로 저 높은 곳에 올라갔고 심지어는 내려오지도 못하고 있습니다. 그것이 저 거북이입니다. 나는 생각합니다. 오직 하나님의 은혜로 살아왔고 오늘도 내일도 그렇게 살 수밖에 없습니다. 하나님의 그 큰 은혜를 생각하면서, 나를 높여주신 하나님, 나와 함께하신 하나님을 생각하며 나는 겸손한 마음을 가지게 됩니다." 그렇게 그는 늘 물어보는 사람에게 대답했다고 합니다.

여러분, 한번 생각해봅시다. 우리가 우리 힘으로 사는 것입니까? 김화영씨가 쓴 「촛불」이라고 하는 시가 있습니다. 아주 간단한 시같지만 굉장한 신앙의 간증입니다. '저 혼자 타오르는 줄 알았습니다 / 공기와 바람도 필요하군요 / 모든 것이 적당하구요 / 우주의 영이신 그분 안에서 타오르는 공동체의 노래군요 / 사랑의 불꽃을 드립니다 / 세상이 조금 밝아질까요.'

여러분, 촛불이 초만 타면 되는 줄 알지만 그런 게 아니더랍니다. 촛불 하나가 타기 위해서도 공기가 있어야 하고 또 적당한 바람이 있어야 됩니다. 바람이 조금 심하게 불어도 꺼지는 것이고 공기가 없어도 안되는 것입니다. 촛불 하나가 타오르는 데도 하나님의 큰 은총이 있어서 그 촛불 하나가 빛을 발할 수 있더라는 얘기입니다.

하나님께서는 창조주이십니다. 동시에 주관자이시기도 합니다. 그 능력과 지혜로 우리를 보살펴주고 계십니다. 하나님께서는 자기 자신에 대해서 이렇게 말씀하십니다. 모세에게 말씀하신 것입니다. "나는 스스로 있는 자다." 예히에 아셀 예히에 — 원문대로 말하면 'I am that I am. 내가 있으니 내가 있다. 내게는 따로 원인이 없다, 나 자신이 원인이다. I am that I am. 여호와. 나는 여호와 하나님이다'

라고 모세에게 계시하셨습니다. 확실히 그는 살아계시고 역사를 주관하고 계십니다.

그리고 하나님께서는 말씀하시는 하나님입니다. 다시 말하면 우리 온 인간을 말씀의 대상으로 삼고 계시다는 것입니다. 여기에 소중한 의미가 있습니다. 하나님께서는 우리 사람에게 말씀하십니다. 하나님께서는 사람을 선택해서 그 선택한 사람을 통해서 말씀하십니다.

동시에 하나님께서는 구원의 하나님이십니다. 하나님의 큰 섭리와 경륜과 모든 역사 속에 목적이 있습니다. 의미 없는 사건이 없습니다. 의미 없이 태어난 사람이 없습니다. 우리 앞에 있는 하찮은 조그마한 일들도 잘 생각해보면, 뒤늦게 생각해보면 큰 의미가 있습니다. 아니, 그 속에 말씀이 있습니다. 나를 세밀하게 인도하시는 하나님의 섭리와 은혜로운 경륜이 그 속에 있습니다.

그런데 하나님의 구원의 현장이 어떻게 이루어지는지 그것을 단적으로 말씀해주는 중요한 사건이 오늘 본문에 나타나 있습니다. 몇 절밖에 안되는 말씀이지만 이것은 우주의 진리요 역사의 섭리요 하나님의 구원의 경륜을 단적으로 말해주는 중요한 사건입니다. 하나님의 자기계시의 현장이요 구원의 현장이기도 합니다. 그것이 잘 나타나 있습니다. 여기서 신앙적 역사의식 아니, 오늘 우리가 당한 모든 문제에 대해서도 실은 이 속에서 해답을 들어야 하고 하나님의 음성을 들어야 할 것입니다. 개인적으로건 민족적으로건 정치적으로건 경제적으로건 깊이 생각해야 합니다.

하나님께서는 이스라엘을 구원하고자 하십니다. 모세와 아론을 먼저 선택하셨습니다. 이 점이 중요합니다. 하나님께서는 하나님 스스로 천지개벽같은 사건을 "꽝" 해서 모든 것에 큰 변화를 이루는 그러한 하나님이 아니시더라고요. 지금 우리가 생각할 때는 조금 지루하고 좀 마음에 안듭니다. '왜 그렇게 오래 기다리시나.' 이스라엘이 애굽에서 430년 동안 노예생활을 합니다. 너무 길어요. 그래도 이 모든 일을 주관하시는 분은 하나님이십니다.

하나님께서 모세와 아론을 택하십니다. 모세를 부르시는 장면만 해도 그렇습니다. 좀더 급하게 했으면 좋겠는데 모세라는 사람을 세상에 태어나게 하시고 바로 궁전에서 사십 년을 지내고 다시 광야로 나와서 장인의 양을 치면서 사십 년을 오늘본문에 있는대로 80세, 어떻게 생각하면 인생 다 보낸 것 아닙니까? 80세에 그를 불러서 이스라엘을 구원하고자 하십니다. 성미 급한 사람은 이해하기가 좀 힘듭니다. 하나님 너무 길게 하시는데, 좀 마음에 안듭니다. 좀 급하게 했으면 좋겠는데 왜 이렇게 하실까? 그런데도 하나님께서 이스라엘을 구원하시는 데 모세와 아론을 보내서 역사하십니다.

그런데 오늘 본문말씀을 자세히 보면 무슨 말씀인고 하니 '너희가 가서 이스라엘을 구원하라. 바로 앞에 가서 외쳐라. 그리고 권능을 나타내라. 열 가지 재앙으로 그들 앞에서 하나님께서 너와 함께하셨다는 것을 보여줘라. 하나님께서 우리 민족과 함께 하신다는 것을 확실하게 보여주고 내가 너와 함께한다는 것을 이적을 통해서 큰 표적을 통해서 보여주어라.' 결국 열 가지 재앙이 차례차례 나타나게 됩니다.

그러면서 하시는 말씀이 우리가 잠깐 이해하기가 어려운 부분입니다. 이렇게 이적을 행함으로 해서 이스라엘 백성은 하나님께서 우리와 함께하셨다는 것을 믿고 하나님께서 모세와 함께하셨다는 것을 믿고 하나님께서 오늘 우리를 구원하신다는 것을 믿고 순종하고 따라오게 하고 또 기뻐하고 찬송하게 만듭니다. 그런가하면 똑같은 이적인데, 똑같은 이적기사가 나타나는데 바로 왕은 아닙니다. 바로 왕은 이 이적과 기사 앞에서 무릎을 꿇어야 하겠는데 이스라엘을 내보내야 되겠는데, 아니그렇습니다.

하나님 미리 말씀하십니다. '완강하게 되리라. 강퍅하게 되리라. 이적을 보면서 점점 더 악해질 것이다. 악해지고 악해질 것이다. 그 다음에 가서 '꽝' 하고 끝날 것이다.' 이것이 하나님의 말씀입니다. 모세를 보내면서 어찌 이렇게 말씀하십니까? 똑같은 사건 속에서 구원받는 이스라엘을 위해서는 점점 더 하나님께 대한 믿음, 하나님의 사람에 대한 신뢰가 확실해질 것이고 같은 이적 속에서 구원받지 못하는 애굽사람들은 강퍅해질 것이다. 점점 더 완악해질 것이다─ 바로 이것입니다. 이것이 하나님의 구원의 역사의 현장이었다는 말입니다. 어찌 생각하십니까?

우리는 종종 무엇인가가 조금 나아지나 조금 달라지나 조금 더 조금 더 점진적으로 변화가 있어지기를 바랍니다마는 이게 그렇지 않습니다. 오히려 사건이 더 크게 되고 더 어려워짐으로 해서 종말이 가까워옵니다. 문제의 해결이 눈앞에 온다는 것입니다. 우리가 생각하는 방법과 다릅니다. 하나님의 방법입니다. 하나님의 구원의 역사는 구원과 심판, 동시에 이루어집니다. 한 사건 속에서 이루어집니다. 구원과 심판이 똑같은 일입니다.

내 아들은 때리면 내게로 돌아오고 내 아들이 아닌 사람은 때리면 원수 됩니다. 그게 다르다는 것입니다. 똑같은 사건인데 하나님의 사람에게는 이것이 구원의 은혜요 하나님의 사랑으로 받아들이고, 똑같은 사건인데 한 사람에게는 심판이요 저주요 원망입니다. 이렇게 된다는 말입니다. 이걸 잊지 말아야 합니다.

특별히 병원을 가서 방문할 때마다 그걸 느낍니다. 같은 병에 걸렸는데 어떤 사람은 겸손해집니다. 모처럼 아내와도 화해가 되고 일반사람들을 돌아보며 미안하다 하고 그렇게 은혜로울 수가 없어요. 부흥회가 따로 없어요. 병실에 들어가 보면 거기가 부흥회입니다. '미안하다, 고맙다.' 이렇게 되고 이런 장면에 가서 같이 찬송 부르고 예배드릴 때는 은혜롭고 좋아요. 병에 걸려서 조금 고생은 했지만 이 가정에 큰 부흥이 일어났고 하나님의 큰 구원의 역사가 일어났구나, 감사합니다마는 또 어떤 사람은 똑같은 병이 들었는데 병문안 갔다가 문 열고 나오고 싶은 생각이 있어요. 왜요? 원망하니까요. 아들 원망 딸 원망, 누구 때문이고 어느 놈 때문이고…… 거기서 이를 갈고 있는 것입니다. 그래서 내가 속으로 무슨 생각을 하겠어요. '아직도 설익었다.' 아직도, 이렇게 병원에 입원해서까지도 정신을 못차려. 아직도 저렇게 남만 원망하고 있어요.

어떡하면 좋겠습니까? 이건 우리가 매일같이 겪고 있는 사건입니다. 이걸 잊지 말아야 합니다. 구원의 현장은 구원과 심판 동시적으로 한 사건 속에서 이루어지고 있습니다. 큰 권능 앞에서 모세의 말을 듣는 사람들은 점점 더 모세에 대한 신뢰를 가지고 모세를 따라나섭니다. 막막한 광야를 향해서 나섭니다. 모세 한 사람을 믿고, 하나님께서 함께하시는 모세를 믿고 이렇게 구원의 역사가 이루어집니다마는 똑같은 사건 앞에서 바로 왕과 그 무리는 점점 더 강퍅해집니다. 이적을 행할수록 더 큰 이적이 나타날수록 더 강퍅, 강퍅해지고 장자가 죽는 그 무서운 사건 속에서 또 강퍅해져서 이스라엘 백성이 나간 다음에도 참지 못해서 바로 왕과 그 많은 군사들이 이스라엘 무리를 쫓아가지 않습니까? 쫓아가서 결국은 홍해에 수장되고 말았습니다. 그래야만 되더랍니다.

하나님의 구원과 심판 동시에 이루어지고 있더라— 이것이 하나님의 구원의 현장입니다. 결국 완악함과 불신앙과 강퍅함은 이적으로 꺾지 못합니다. 큰 사건이 그 강퍅한 마음을 절대로 무릎꿇게 하지 못합니다. 결국은 이스라엘을 향한 구원의 역사는 이렇게 이루어질 것이고 이렇게 이루어졌습니다.

심리학자이자 의사인 폴 투르니에가 쓴 재미있는 책이 있습니다. 「창조적 고통」입니다. 그 제목 자체에 큰 의미가 있습니다. 그에게 찾아오는 환자들을 가만히 보면 하나같이 실망감이 있더라는 것입니다. 몸에 병이 아니라 정신적인 병이 먼저입니다. 아주 절망하고 실망하더란 것입니다. 그런데 가만히 보면 그렇게 실망할 일이 없는데, 조금 생각만 바꾸면 얼마든지 용기를 낼 수 있는데 벌써 정신적으로 실망하고 상실감으로 가득 차 있더라는 것입니다. 문제는 용기가 없더라는 것입니다. 그 용기의 근본인 믿음이 없는 것입니다. 그래서 '누구나 고통당하는 것을 원치는 않는다. 누가 고통당하는 것을 좋아하랴마는 그러나 확실히 결과적으로 볼 때 모든 고통은 하나님의 선물이다.'

여러분, 내가 당하는 고통을 선물이라고 할 수 있겠습니까? 우리 민족적으로 당하는 고통을 이제서 생각하니 확실히 하나님의 선물이었습니다. 그렇게 간증할 수 있겠습니까? 여기서부터 구원의 역사가 이루어집니다. 깊이 생각해야 합니다. 출애굽기 14장 13절에 보면 이스라엘 백성 육십만이 애굽에서 나와 홍해로 갑니다. 하필이

316

면 홍해의 광야길로 갑니다. 노정으로 보면 북쪽으로 올라갔다가 동쪽으로 가야 됩니다. 그런데 어쩌자고 동쪽으로 동쪽으로 그냥 인도하니 앞에 홍해가 딱 가로막힙니다. 그때에 이스라엘 백성이 얼마나 하나님을 원망했습니까? 또 원망하면서 유머가 있더라고요. '애굽에 매장지가 모자라더냐. 우리를 여기까지 데려다가 죽여 매장하려고 하느냐.' 원망하고 '애굽으로 돌아가자 모세를 죽이자' 얼마나 원망했겠습니까. 그 잠깐 시간에 벌써. 그러나 이때에 하나님께서 말씀하십니다. 모세를 통해서 말씀하십니다. "너희는 두려워 말고 가만히 서서 여호와께서 오늘날 너희를 위하여 행하시는 구원을 보라." 홍해 가에 서서 여호와의 구원을 보라, 가만히 서서, 입 좀 다물고 마음을 고요하게 하고 주께서 하시는 일을 보라……

여러분, 우리가 지금 절박한 시간입니다. 어찌 생각하면 초읽기를 하는 것 같이 아주 위험한 시간을 갑니다. 이때에 우리에게 주시는 말씀은 두려워 말고 가만히 서서 여호와께서 하시는 일을 보는 것입니다. 조용히 주의 하시는 역사를 봅시다. 그리고 앞에 있던 홍해를 열어놓을 때 이스라엘 백성이 그때야 알았습니다. 왜 하나님께서 이리로 인도하셨는지, 왜 하나님께서 우리를 여기까지 인도하셨는지 알게 됩니다.

여러분, 이스라엘의 출애굽의 역사는 큰 기적입니다. 큰 권능입니다. 큰 사건입니다. 그러나 이 사건이 이스라엘에게는 구원이요 애굽에게는 심판이었다는 걸 잊지 말아야 합니다. 그저 가능하면 둘 다 요샛말로 윈윈 해서 너 좋고 나 좋고 다 좋으면 좋겠어요. 그런데 그게 그렇지 않습니다. 같은 사건 속에서 하나님의 백성은 하나님께 돌아오고 구원의 역사가 이루어지고 애굽 사람들은 끝까지 끝까지 강팍해집니다. 완악해집니다. 강팍해지고 마지막에 홍해에 수장되고 맙니다. 구원은 믿고 듣고 순종하고 기다리는 사람에게 있습니다.

오늘도 두려워 말고 가만히 서서 하나님께서 하시는 일을 기다립시다. 완악한 무리들의 강팍함을 이상히 여기지 맙시다. 그럴 것이라고, 아니, 그래야 된다고 하나님의 큰 섭리를 또 한 번 믿고 조용히 기다리는 그런 신앙, 구원의 시간이 될 수 있기를 바랍니다. △

거울을 보는 사람

형제들아 너희가 알지 못하기를 내가 원치 아니하노니 우리 조상들이 다 구름 아래 있고 바다 가운데로 지나며 모세에게 속하여 다 구름과 바다에서 세례를 받고 다 같은 신령한 식물을 먹으며 다 같은 신령한 음료를 마셨으니 이는 저희를 따르는 신령한 반석으로부터 마셨으매 그 반석은 곧 그리스도시라 그러나 저희의 다수를 하나님이 기뻐하지 아니하신고로 저희가 광야에서 멸망을 받았느니라 그런 일은 우리의 거울이 되어 우리로 하여금 저희가 악을 즐겨한 것같이 즐겨하는 자가 되지 않게 하려 함이니 저희 중에 어떤이들과 같이 너희는 우상 숭배하는 자가 되지 말라 기록된 바 백성이 앉아서 먹고 마시며 일어나서 뛰논다 함과 같으니라 저희 중에 어떤이들이 간음하다가 하루에 이만 삼천 명이 죽었나니 우리는 저희와 같이 간음하지 말자 저희 중에 어떤이들이 주를 시험하다가 뱀에게 멸망하였나니 우리는 저희와 같이 시험하지 말자 저희 중에 어떤이들이 원망하다가 멸망시키는 자에게 멸망하였나니 너희는 저희와 같이 원망하지 말라 저희에게 당한 이런 일이 거울이 되고 또한 말세를 만난 우리의 경계로 기록하였느니라

(고린도전서 10 : 1 - 11)

거울을 보는 사람

성도 여러분, 오늘 마침 현충일이 되니 이런 생각이 더욱더 납니다. 제게는 절절한 경험입니다마는 여러분은 아마 전혀 상상할 수 없는 얘기같이 들려질지 모르겠습니다. 1951년입니다. 전쟁이 한창일 때에 제가 군인으로 있었습니다. 수색대에 있으면서 육박전을 하며 아주 어려운 시간들을 보내고 있었는데 보급이 잘 안되던 때라 옷도 시원치 않고 먹는 것도 그렇고 물론 칫솔이나 비누도 없었습니다. 최일선에서 지낼 때는 어쨌든 지금 살아남는 것만이 문제거든요. 그리고 어떻게 전쟁에 이길 수 있느냐? 이것 외에는 아무관심이 없었습니다. 물론 잔다고 하지만 이부자리를 펴고 잔다는 건 상상을 못했습니다. 입은 대로 그냥 누워서 자면 되는 것입니다.

이렇게 몇 달을 지냈는데 잘 모르겠지만 3,4개월을 지낸 것같아요. 크리스마스 때가 됐어요. 그래서 시간을 내어 교회에 나갔는데 교회에서 선물이라고 하면서 크리스마스 선물이라고 주는데 전쟁통에 뭐 줄 게 있겠어요. 기껏 주는 게 손수건 하나, 그리고 제일 많은 선물이 손거울이었습니다. 손에 딱 들어가는 거울 하나 그걸 선물로 주더라고요. 반갑게 받았는데 그리고 돌아서서 그 거울을 봤습니다. 가만히 생각하니 몇 달 동안 거울을 못본 것입니다. 거울을 딱 보고 깜짝 놀랐습니다. 도대체 이게 내 얼굴이냐고요. 그동안 세수를 제대로 했나, 면도를 했겠나, 얼마나 얼굴이 험상궂은지 말입니다. 내가 내 얼굴을 보고 깜짝 놀란 것입니다.

거울을 보기 전에는 자기가 자기 얼굴을 모릅니다. 이것이 중요한 것입니다. 거울이라고 하는 반사체를 앞에 놓고야 비로소 자기가 자기 얼굴을 알 수 있고 자기 존재를 알 수 있다는 것입니다. 요새 유행하는 중요한 말 가운데 반면교사(反面敎師)라는 말이 있습니다. 아마 생소한 분들도 많을 것입니다. 반면교사, 이게 무슨 소리인고 하니 좋은 본보기가 아니고 본받아서는 안되는 본보기를 반면교사라고 합니다. 예컨대 오늘 우리가 잘 아는 상식대로 말하면 타이거 우즈나 도요타 같은 것입니다. 이 두 사람이 공통점이 있습니다. 변방에서 중심에 와서 진입하고 No.1, 제1위의 자리에 올라간 사람들입니다. 그리고 놀라운 혁신을 일으켜서 많은 경쟁자를 물리치고 난공불락의 아성을 이룬 사람들입니다. 한마디로 크게 성공한 사람들입니다. 그런데 그 No.1 제1위의 사업이 혹은 그 신분이 Long run 했습니다. 장기간 동안 이어지면서 달콤함에 빠져 방심하게 됩니다. 결국 욕망과 탐욕의 노예가 됩니다. 언제나 그랬듯이 위기는 옵니다. 그런데 호미로 막을 수 있는 것을 늑장대처 하다가 가래로도 막을 수 없는 결과가 됐고요. 여러분 잘 아는대로 타이거 우즈는 골프 황제에서 스캔들 황제로 전락하게 됩니다. 타도 도요타를 외치는 미국의회 청문회에 나가서 도요타 회장은 고개를 숙이고 사과해야 했습니다.

무엇이 이렇게 만든 것입니까? 길지도 않은 짧은 생애에 어떻게 이렇게 드라마틱하게 해피 엔드로 가지 못하고 웃음거리가 되고 말까? 왜 이런 일이 있어야 하나? 복잡한 얘기가 있겠지만 얘기는 간단합니다. 방심과 오만입니다. 방심과 오만이 이 모양을 만들었습니다. 이 모두가 다 분명히 반면교사입니다. 저들을 보면서 무엇인가 내 모습을 보아야 할 것입니다.

자기를 알려면 분명히 하나님의 말씀에 가까이 가야 됩니다. 믿음과 겸손으로 하나님의 말씀을 읽으며 성령의 조명을 받게 될 때 비로소 자기의 모습을 본다, 이게 성경적 진리입니다. 이때 우리 모두가 자기를 알려면 스스로 겸손해야 됩니다. 낮아질 수 있는 곳까지 스스로 겸손해야 됩니다. 그리고 계속적으로 회개해야 됩니다. 많은 유혹이 있고 타락성이 산재하고 있기 때문에 조금만 방심하면 누구나 타락합니다. 타이거 우즈만 그런 것이 아닙니다. 도요타만 그런 것이 아닙니다. 누구나 다 그럴 수 있습니다.

그런고로 오늘 본문에서 성경을 봅니다. '거울', 새번역에는 '본보기'라고 했습니다. 거울이다 본보기다 하는 말이 다 무엇 때문입니까? 성경은 계시의 말씀입니다마는 그 내용 구성은 역사성입니다. 그래서 오늘 사도 바울은 11절에서 중요한 말씀을 하고 있습니다. 그들에게 일어난 이런 일은 본보기가 되고 옛날 번역에는 거울이 되고 또한 말세를 만난 우리를 깨우치기 위하여 기록되었느니라, 그 사건은 사건대로 중요한 의미가 있지마는 기록된 것은 우리를 위한 것이다, 이렇게 증거하고 있습니다.

성경의 역사 특별히 이스라엘의 출애굽의 역사는 거울을 보듯이 보아야 합니다. '튜포이'— 거울입니다. 이것은 남의 얘기가 아니고 내 얘기로, 먼 얘기가 아니라 오늘의 얘기이고 나 자신을 위한 사건으로, 자신을 위한 거울로 자신을 위한 본보기로 그렇게 이 성경을 읽어야 한다는 말씀입니다. 이 성경을 읽으면서 거울을 보듯이 내 얼굴을 보고 내 모습을 보고 우리 형편을 바로 볼 수 있어야 하겠습니다.

이스라엘은 큰 이적으로 출애굽하게 됩니다. 열 가지 재앙을 내리사 430년 동안이나 노예생활을 하던 이스라엘을 하나님께서 구원하셨습니다. 그리고 430년 노예생활 하던 저들을 구원해서 홍해를 건너 광야를 지나 요단 강을 건너 약속의 땅 가나안으로 인도합니다. 출애굽, 굉장한 사건입니다. 이스라엘 백성이 광야에 나와서 감격합니다. 홍해를 건널 때 찬송을 부릅니다. 춤을 춥니다. 그런데 홍해를 건널 때의 그 놀라운 감격이 성경을 자세히 보면요 열나흘도 못가서 원망으로 바뀝니다. 어떻게 이럴 수 있습니까? 홍해를 건너는 그 엄청난 기쁨과 감격이 어떻게 두 주일밖에 못간다는 얘기입니까? 그러니 참 중요한 얘기 아닙니까? 영국 사람들의 격언에 이런 말이 있습니다. '하루를 기분좋게 살려면 이발소에 가라. 일주일을 기분좋게 살려면 말을 사라. 한 달을 기분좋으려면 결혼하라.' 그랬습니다. 결혼이라는 게 기쁨과 행복이 한 달밖에 안가는가 봐요.

여러분, 이스라엘 백성의 이 큰 감격이 열나흘밖에 가지 못하고 바로 하나님을 원망합니다. 기가 막힌 사건입니다. 물론 현실은 어려웠습니다. 고난이 있었고 물이 없고 거친 광야고 또 더 중요한 것은 할 일도 없습니다. 이렇게 고되고 따분하고 어려운 광야를 통과하는 그런 고통을 치르고 있을 때 저들은 원망합니다. 그 결과, 많은 사람들이 광야에 엎드러져 죽었습니다. 원망 죄로 말미암아……

그러면 한번 생각합시다. 모처럼 애굽에서 나왔는데, 모처럼 애굽에서 열 가지 재앙을 거치고 홍해를 건너 광야로 나왔는데 모처럼 나와서 광야에서 죽었습니다. 어찌 이런 일이 있을 수 있습니까? 어찌 이러해야 한다는 말입니까? 왜 그랬을 것같습니까? 가장 중요한 것은 은혜를 잊었다는 것입니다.

여러분, 은혜를 모르면 사람도 아닙니다. 은혜를 모르면 짐승만도 못합니다. 그런데 은혜를 너무 쉽게 잊어버리면 안됩니다. 하나님의 은혜, 부모의 은혜, 친구의 은혜, 과거에 받은 은혜, 이것은 영원히 기억해야 됩니다. 아무리 건망증이 있어도 은혜는 기억해야 합니다. 하나님께서 그 은혜를 확실하게 하기 위해서 큰 기억을 주기 위하여 홍해의 광야길로 인도하셨고 홍해가 갈라지는 기적을 목도하게 하셨습니다. 엄청난 사건을 통해서 그들의 마음속에 인각을 했습니다. '이것이 내가 너희들에게 베푸는 구원의 은혜다.'

그런데 이들은 구원의 은혜, 그걸 열나흘도 못가서 잊어버렸습니다. 그리고 하나님을 원망합니다. 왜 우리를 이리로 인도했느냐고 원망합니다. 오늘까지 받은 은혜를 다 잊어버리고 하나님을 원망하게 됩니다.

여러분, 어떻게 했으면 좋겠습니까? 저는 이런 생각을 해봅니다. 그냥 이대로 죽어도 받은 은혜를 감사해야지요. 애굽에서 노예생활 하다가 그 고생 속에서 사느니 차라리 여기서 이렇게 죽어도 좋다, 그러면 안되겠습니까? 이만큼 영광을 누렸고 이만큼 복된 날을 경험했으니까 더 바랄 것이 없다, 그러면 안되겠습니까? 저는 그렇게 충고하고 싶습니다. 은혜를 모르면 안됩니다. 여러분, 절대로 은혜를 잊어버리지 마십시오. 그 은혜를 극대화하게 될 때 현실의 문제가 해결이 되고 미래의 문도 열리는 것입니다.

또 하나는 약속을 잊었습니다. 하나님께서 약속의 땅 가나안을 말씀하십니다. 약속의 땅 가나안 땅을 약속하셨습니다. 그럼 믿어야지요. 거기로 가는 과정일 뿐입니다. 모든 고난 모든 어려움은 약속의 땅을 지향하는 과정(process)이다— 그렇다면 뭘 마다하겠습니까? 그 약속의 땅이 있다면 뭐 어렵겠습니까?

죄송하고 개인적인 얘기입니다마는 제가 아이들과 집사람을 두고 혼자서 유학을 갔었습니다. 그래 여기 생활이 얼마나 어려워요. 아이들은 사춘기지요, 여러 가지로 어려움이 많았어요. 언젠가 제 아내가 편지를 썼는데 그랬습디다. '아버지 하나 공부시키느라고 애들 다 버리겠소.' 얼마나 힘들었으면 그렇겠나. 뭐 이것저것 어려운 일이 얼마나 많을지 짐작이 가요. 그런데 문제가 있어요. 내게는 문제가 없었어요. 왜냐? 잠깐만 참아라, 내가 돌아간다, 당당했어요. 그것 때문에 걱정하고 공부 중단하고 나오고 안했어요. 조금만 참아. 그러면 모든 문제는 합동하여 선을 이룰 것이라고 그렇게 믿었습니다. 약속 오메가 포인트. 구원의 땅 약속을 믿고 사는 사람에게 현재란 그 축복의 길로 가는 모든것이 과정일 뿐이요 조금도 흔들릴 필요가 없는데 이 사람들이 하나님의 약속을 믿지 못해서 하나님을 원망하게 됩니다.

또 하나는 현실입니다. 그 약속의 땅을 향해 가는 길에 이 현실은 필요한 것입니다. 시련이 있더라도 필요한 시련입니다. 악조건이 있더라도 필요악입니다. 고통이 있더라도 필요한 고통입니다. 절대 필요한 고통입니다. 하나님의 뜻 안에서 말입니다. 그것을 믿어야 했는데, 그러면 현실 문제는 없는 것인데 이들은 하나님을 원망하게 됩니다.

도야마 시게히코라고 하는 일본의 어느 교수님이 「사고정리학」이라는 유명한 책을 썼습니다. 출간된 지 벌써 이십 년이 됐지만 아직도 서점 판매고 1,2위를 차지하고 있는 유명한 책입니다. 이십 년 동안 말입니다. 「사고정리학」 그 요지는 이렇습니다. '창의적 사고를 위한 방법, 창의적인 사고를 위해서는' 길게 말 안합니다. '딱 두

가지가 있다.' '첫째는 생각을 버릴 줄 알아야 한다. 양손에 딱 쥐고 있지 마라. 어차피 하나는 버려야 한다. 하나를 얻기 위해서는 하나를 버려야 한다. 버리는 걸 아쉬워하지 마라.' 그것이 창의적인 길로 가는 길입니다. 이것도 얻고 저것도 얻고 이리 갈까 저리 갈까, 이리 생각하니 이게 좋은 것같고 저리 생각하니 저게 좋은 것같고…… 아닙니다. 보다 중요한 Priority No1. 최우선적인 것을 선택하고 나머지는 아쉬움 없이 버려야 됩니다. 과감하게 끊어야 됩니다. 그 끊는 능력이 없기 때문에 창의력이 무산된다고 말합니다. 그렇습니다. 버려야 됩니다. 생각도 버려야 하고 물질도 버려야 하고 때로는 가정도 버려야 하고 때로는 내 생명도 버려야 됩니다. 버릴 줄 아는 사람만이 얻을 수 있다─ 여러분, 중요한 말씀입니다. 우리가 이 생각 저 생각…… 그러지 맙시다. 버려야 됩니다.

　　요새 가끔 이런 얘기를 합니다. 간단한 일이지만 저녁에 텔레비전에 좋은 프로그램 나올 때가 있어요. 저는 다른 날은 그럭저럭 봅니다. 볼 때도 있고 안볼 때도 있지마는 토요일 저녁은 다릅니다. 아무리 좋은 일이 있어도 안봅니다. 왜요? 내일 설교해야 되니까요. 내 생각을 비워야 되기 때문입니다. 더구나 요새 누가 그래요. "좀 있으면 토요일에 축구시합이 있다"고 그러더라고요. "난 안봐." "왜요?" "나는 리얼 타임에 보지 않는다. 하루 지난 다음에 봐." "왜?" "내가 알거든. 리얼 타임에 보다가 150명이 죽었거든. 그렇다면 그런 줄 알어. 그게 순교냐 순직이냐?" 축구 응원하다가 죽었다면 그건 어떤 사람입니까? 그게 말이나 돼요? 왜 거기다 목숨을 바칩니까? 그런고로 흥분할 필요 없어요. 다 이긴 다음에 봐도 돼. 통계에 나와 있습니다. 리얼 타임에 보는 사람이 40%밖에 안됩니다. 더구나 나이 육십 넘은 심장 약한 분들은 절대 보지 마세요. 그렇다면 그 런 줄 아세요. 그 다음날 보세요. 이번 선거 할 때도 밤새껏 선거 가 지고 이러다가 잠 못잔 사람들이 있어요. 전 안보기로 했어요. 여러 분, 꼭 잊지 마십시오. '생각을 끊어라 생각을 버릴 줄 알아야 생각 을 얻을 수 있다.'

두 번째 말이 더 중요하게 느껴집니다. '생각을 재울 줄 알아야 한다. 그래야 기발한 생각을 품게 된다. 어떤 생각에 매달리지 말라 뜸을 들이고 기다릴 줄 알아야 한다.' 기발한 생각이 났다고 덥석 뛰 어들면 안돼요. 조금 기다리면서 뜸을 들일 줄 알아야 합니다. 우리 신앙적으로 말하면 그 시간이 기도시간입니다. 좋은 생각이 났어요. 그렇다고 덥석 뛰어들면 안됩니다. '하나님의 뜻이 어디에 있습니 까?' 물어야 합니다.

그래 이분이 예를 참 재미있게 들었습니다. '밤에 사랑하는 사람 을 위해서 편지를 썼다고 하자, 절절하게. 그러고나서 아침에 읽어 봐라. 얼마나 유치한가. 그런고로 서두르지 마라. 서두르지 마라.' 얼마나 중요한 얘기입니까?

여러분, 원망하지 맙시다. 하나님의 능력과 하나님의 경륜과 하 나님의 지혜와 하나님의 사랑이 과거에도 현재에도 함께하고 있기 때문입니다. 현실에 집착하지 맙시다. 속단하지 맙시다. 됐다고 교 만하지도 말고 안됐다고 절망하지도 맙시다. 오로지 믿음이 있을 뿐 입니다.

미국 오클라호마에 있었던 실화입니다. 어떤 목사님이 시골교 회에 부임을 했는데 첫날 교회에 가보니까 교인이 다섯 사람밖에 안 나왔어요. 얼마나 기가 차겠어요. 다섯 사람 놓고 설교하려니까 다

음에도 또 다섯 사람이에요. 교적부를 살펴보았더니 교적부에는 50
명입니다. 그런데 출석은 다섯 명입니다. 몇 달 동안 다섯 사람 놓고
설교하고나니까 기가 차요. 기도하는 가운데 기발한 아이디어가 생
겼습니다. 그래서 광고를 뭐라고 냈는고하니 '다음 주일날 교회에서
장례식 합니다.' 그랬어요. 아무리 생각해봐도 죽은 사람은 없는데
장례식 한다니까 이상하다, 누가 죽었나 해서 사람들이 모여들어서
50명이 다 왔어요. 미국에는 관을 갖다놓고 장례식 끝난 다음에 하
는 의식이 있습니다. 우리나라에는 없는데 관 뚜껑을 열어놓고 한
사람 한 사람 한 번씩 지나가면서 시체를 들여다봅니다. 들여다보면
서 '안녕히 가십시오. 그 동안 고마웠습니다.' 이렇게 인사하는 것입
니다. 인사하는 시간에 꽃을 한 송이씩 들고 와서 그 앞에 섰습니다.
시체를 보려고 들여다보니까 자기 얼굴이 보여요. 그 밑에다가 큰
거울을 깔아놓은 것입니다. 모두가 들여다보니까 시체가 다른 사람
이 아닌 자기 자신입니다. 그래서 교회를 부흥시켰다고 합니다. 기
발한 아이디어입니다.

　　여러분, 마르틴 루터의 신학을 연구해보면 루터는 이렇게 말합
니다. '예수 그리스도의 십자가는 우리의 거울이다. 십자가를 쳐다
봄으로만이 나를 알고 십자가를 쳐다봄으로만이 하나님을 안다. 십
자가는 우리에게 내리신 거울이다.' 여러분, 나 자신에 의해서 나를
평가하려고 하지 마세요. 십자가를 보고 나를 보세요. 현시점에서
조용히 하나님의 뜻을 기다리며 나를 봅시다. 그리고 조용히 들려오
는 주님의 음성에 다시 귀를 기울입시다.　△

안심하라 두려워 말라

　　예수께서 즉시 제자들을 재촉하사 자기가 무리
를 보내는 동안에 배 타고 앞서 건너편 벳새다로 가
게 하시고 무리를 작별하신 후에 기도하러 산으로
가시다 저물매 배는 바다 가운데 있고 예수는 홀로
뭍에 계시다가 바람이 거스리므로 제자들의 피로이
노 젓는 것을 보시고 밤 사경 즈음에 바다 위로 걸어
서 저희에게 오사 지나가려고 하시매 제자들이 그의
바다 위로 걸어 오심을 보고 유령인가 하여 소리지
르니 저희가 다 예수를 보고 놀람이라 이에 예수께
서 곧 더불어 말씀하여 가라사대 안심하라 내니 두
려워 말라 하시고 배에 올라 저희에게 가시니 바람
이 그치는지라 제자들이 마음에 심히 놀라니 이는
저희가 그 떡 떼시던 일을 깨닫지 못하고 도리어 그
마음이 둔하여졌음이러라
　　　　　　(마가복음 6 : 45 - 52)

안심하라 두려워 말라

「레몬, 레모네이드를 꿈꾸다」라고 하는, 많은 사람의 마음을 감동시킨 책이 하나 있습니다. 한 부분을 소개하면 칼럼니스트인 앤랜더스라고 하는 사람은 온갖 문제를 가진 사람들이 자기를 찾아오고 또 전화로 연락하고 인터넷으로 연락을 하는데 무려 한 달에 만통 이상의 편지를 받는다고 합니다. 그런데 한 달에 만 통 이상의 편지를 받고 이것을 잘 분석을 해보니까 전부가 뭐냐하면 바로 두려움입니다. 모두가 두려움에 쫓기고 있다는 것입니다. 많은 사람이 여러 문제를 이야기했지만 내용은 다 똑같다는 것입니다. 두려움입니다.

그럼 두려움은 또 뭘까? 이혼할까 두렵고, 손해볼까 두렵고, 병들까 두렵고…… 뭐 나름대로 얘기하고 있지만 많은 사람을 통합적으로 연구해보니까 두려움은 하나밖에 없더랍니다. 죽을까 두려운 거랍니다. 좀 아파도 죽지만 않는다고 그러면 아픈 것쯤 참을 수 있습니다. 좀 손해봐도 그렇습니다. 문제는 죽음에 대한 두려움이 절대적이다 하는 것을 알게 되었다는 것입니다.

여러분 생각해보세요. 죽음에 대한 두려움, 이게 두려워할 만한 일입니까 아닙니까? 어차피 죽을 건데 아니, 두려워한다고 안죽습니까? 미안합니다만 연기신청도 못합니다. 오라면 가야 됩니다. 그런데 꼭 죽을 건데 별로 걱정해봐야 아무 소용 없는데 왜 이렇게 죽음에 대한 걱정에 온 정신을 쏟고 있는 건지 이것 때문에 지레 병드는 겁니다. 아직 죽을 사람 아닙니다. 의사의 말에 의하면 제대로 죽는 사람이 10%가 안된답니다. 죽을까봐 두려워서 꼴깍하는 것입니다. 이건 제대로 죽는 게 아닙니다.

자, 이걸 가만히 생각해 보세요. 두려움. 도대체 이게 왜 필요한가? 왜 있어야 하나? 어떻게 하면 극복할 수 있을까? 「불안한 현대사회」라고 하는, 현대사회를 비판하는 유명한 교수님이 계십니다. 찰스 테일러 그 교수님이 불안에 대한 원인을 나름대로 분석을 합니다. 나르시시즘이 원인이다, 혹은 도구적 이성지배가 문제다, 혹은 정치적 자유의 상실이 문제다 라고 사회학적으로 분석을 합니다마는 그 내용을 자세히 또 면밀히 연구해보면 간단합니다. 고장난 이성 때문입니다.

사람이 머리가 좋다, 뭐 생각한다, 이성이라는 게 기능이 둘이 있어요. 하나가 비판적 기능이고 하나가 추리적 기능입니다. 우리가 지나간 일이나 현재를 비판합니다. 이성이 무엇이 잘못됐고 무엇이 잘됐나, 무엇이 옳은가 무엇이 그른가, 이걸 판단하는 것이 이성이고 그런가하면 이것을 근거로 해서 예측을 합니다. 이렇게 되면 다음은 어떻게 되나, 흉년이 들면 굶어죽나, 병들면 못고치나, 뭐 이런 거 말입니다. 이렇게 예측을 하는데 그 예측 기능이 고장이 났어요. 잘못된 방향으로 가고 있어요.

마치 뭐같은고 하니 나침반은 중요하지만 나침반이 고장난 나침반이라고 하면 어떻게 하겠습니까? 그것처럼 위험한 일이 없습니다. 현대인들 공부 많이 합니다. IQ를 높여보겠다고 뭐 갖가지 방법을 씁니다. 머리좋은 것까진 좋아요. 머리가 잘못된 방향으로 돌아갑니다. 이게 잘못된 방향으로 돌아갑니다. 지식은 점점 더 많은 의심을 만들어줍니다.

그래서 유명한 말이 있습니다. 'IQ 70 이하는 절대로 걱정이 없다. 물론 자살도 하지 않는다.' 그러니까 머리 똑똑한 사람이 문제입니다. 머리가 좋다, 똑똑하다, 게다가 공부까지 많이 합니다. 참 미안한 말씀입니다만 저도 공부하고 남 공부하는 것도 봤는데 공부 많이 해서 사람 달라진 걸 못봤습니다. 절대로 사람 변하지 않습니다. 그래서 제가 결혼하는 사람들한테 얘기합니다. "학벌 보고 하지 마라. 사람이 문제인데 학벌하고 사람하고 절대 같이 가지 않는다. 사람은 사람 그대로이다. 지식이 많을수록 의심이 더 많아질 뿐이다."

그러면 참지식은 뭐냐? 깨달음입니다. 깨달음은 믿음을 주는 것입니다. 깨달으면서 '아, 그랬구나. 그것이 사랑이었구나……' 제가 유행가 가사를 잘 모릅니다만 이 한 줄은 외웁니다. '이제서 생각하니 그것이 사랑이었소.' 아 그것 참 마음에 듭니다. 그때는 몰랐는데 나이들고 이러고 살고 이제서 생각하니 그것이 사랑이었소— 이 얼마나 중요한 얘깁니까?

그런고로 생각합니다. 두려움의 반대는 평화가 아닙니다. 안심도 아닙니다. 믿음입니다. 두려움을 해결할 수 있는 길은 믿음이지, 생각을 바꾸고 생각을 높이고 그런다고 되는 것이 아닙니다. 믿음을 가져야 합니다.

여러분 잘 아시는대로 아주 어린아이들, 젖먹이들을 보세요. 얼마나 평안합니까? 미안하지만 어린아이들 잠자는 거 참 예쁘잖아요. 쌔근쌔근 자는 거 옆에서 보면 참 천사같고 예쁜데 똑같이 자긴 자는데 어른 자는 건 안예뻐요. 입을 딱 벌리고 코는 왜 또 골고 잔뜩 찌푸리고 자는데 이거 천사가 왔다가 저거 어떻게 보겠나 싶어요. 죄송합니다. 내가 나를 보지 못하니 어떡하겠습니까? 자는 얼굴이 예뻐야 됩니다. 그래야 죽는 얼굴이 예쁜 겁니다. 자는 얼굴이 흉측하면 죽은 다음에도 흉측합니다.

그러니까 어린아이가 잠자는 거같은 평안함. 그 어린아이들 어떻습니까? 어린아이들의 평화 그것이 지식입니까? 믿음입니까? 어린아이들은 아무것도 모르는 거 같습니다. 그러나 모르는 게 아닙니다. 어린아이, 우리가 생각하는 지식은 아니지만 사랑을 알아보는 데는 높은 지식이 있습니다. 벌써 딱 보면 압니다. 얼굴 보고 우는 사람이 있고 얼굴 보고 웃는 사람이 있습니다. 더구나 어머니를 보면 말은 못하지만 웃습니다. 어머니의 냄새와 분위기가 벌써 마음에 평안함을 줍니다. 이건 머리로 하는 게 아닙니다. 총체적으로 아는 것입니다. 총체적으로. 무엇을? 믿음을. 죄송하지만 이렇게 생긴 여자가 나를 사랑한다, 이 여자가 나를 사랑한다— 압니다. 사랑을 압니다. 그것은 믿음을 근거로 한 것입니다. 머리로 아는 것만 다 아는 건 줄 알지만 아닙니다. 그 높은 차원에서 평안한 건 그건 믿음입니다. 그것은 믿음입니다.

오늘 본문에 보면 제자들이 배를 타고 게네사렛 호수를 건너갑니다. 그런데 가다가 이들은 큰 두려움을 만나게 됩니다. 이 상징적 사건 속에 무궁무진한 말씀이 깃들어 있습니다. 읽으면 읽을수록 더더욱 깊은 뜻을 느끼게 됩니다.

첫째는 풍랑이 일어났다는 것입니다. 사람들은 늘 고요하기를 바랍니다. 세상이 평안하기를 바랍니다 하지만 풍랑이 있습니다. 정치적으로 경제적으로 심리적으로 사회적으로 풍랑이 있습니다. 바라지 않는 풍랑이 있습니다. 오늘도 그렇습니다. 내가 기대하는 것은 순풍이요, 고요함입니다. 그러나 예상 외의 바람이 일고 풍랑이 일어납니다. 세상이 풍랑에 흔들립니다. 오늘 우리도 큰 풍랑에 휘둘려서 정신이 없습니다. 어느 순간에 무슨 일이 있을는지 모르는 그런 풍랑에 시달리고 있습니다. 원치 않는 풍랑 그 속에 의미가 있는 것입니다. 한 번 깊이 생각해보아야 되겠습니다.

또 하나는 지식과 경험의 한계를 넘어선 풍랑이었습니다. 이 사람들은 한 평생 이 호수에서 물고기 잡던 사람들입니다. 전업어부입니다. 그러니까 이 작은 호수 배 타고 건너다니면서 익숙합니다. 자신만만해요. 그러나 오늘은 아닙니다. 오늘 만난 풍랑은 그런 게 아닙니다.

여러분 이러한 일 저러한 일 겪으면서 다 처리했겠지요. 해결했겠지요. 극복했겠지요마는 왠지 오늘 당한 일은 그렇지 않을 거같습니다. 내 경험했던 것과는 다릅니다. 내 일생 처음 보는 겁니다. 이런 사건은 종래에 없었습니다. 그런 일들을 경험합니다. 이런 일도 극복하고 저런 일도 이기고 저런 일도 참고…… 오늘은 아닙니다. 한계를 넘어서고 있습니다. 내 지식과 경험의 한계를 넘어서는 풍랑이 있더라. 그러니까 지식이 반대로 말해줍니다. 죽는다. 전에는 이것을 극복할 수 있다고 생각했는데 오늘의 지식은 그게 아닙니다. 이제 죽는다. 여기까지 왔다는 것입니다.

그러나 오늘 성경을 자세히 읽어보면 세 번째 문제가 있습니다. 그것은 예수님께서 옆에 계시지 않다는 것입니다. 예수님께서 옆에 계시다면 뭐 풍랑이 일어나도 예수님과 함께 가는 것이니까 아니, 예수님께서 해결해주시겠지, 그렇게 생각할 수 있습니다. 그런데 예수님께서 옆에 계시지 않습니다. 그리고 예수님께서 보이지 않습니다.

바로 여기에 문제가 있습니다. 예수님께서 나를 못보시는 거같습니다. 예수님께서 내 눈에 없으니까, 내 눈에 안보이니까 예수님께서 안계십니다. 아주 멀리 계십니다. 그렇게 느껴진다는 말입니다. 안보인다는 말은 내 뜻 밖에 있다는 것이고 내 뜻대로 되지 않는다는 말이기도 하고 내 뜻과는 달리 실패한다는 말이기도 합니다. 실패하는데 예수님께서 안계십니다. 나 혼자서 실패합니다. 이 풍랑을 나 혼자 겪는 것입니다. 아무도 모르는데, 예수님께서도 모르십니다.

이렇게 생각하는 동안 불안에 떨게 되는 것입니다. 예수님께서 옆에 계시기만 하면 그저 예수님께 말씀하면 해결을 볼 수 있을 텐데 예수님께서 안보이십니다. 아니 멀리 계십니다. 그런데 안보이고 안계시기 때문에 없다고 생각해버린단 말입니다. 사실 안보이는 거지 없는 건 아닙니다. 오늘 성경이 말씀하는 중요한 메시지는 여기에 있습니다. 실상 예수님께서는 멀리 계셨습니다.

오천 명을 먹이는 큰 기적을 보이시고 많은 사람들이 예수님을 강제로 왕으로 삼으려고 할 때 저는 그 장면에 감추어진 비밀이 너무나도 좋다고 생각합니다. 그게 뭐냐하면 요새말로 말하면 인기 절정에서 예수님께서는 다 물리치시고 조용히 산에 올라가 기도하셨습니다. 형통하는 날에, 인기절정에 기도하십니다.

이 맥락이 우리와는 너무 차이가 있습니다. 우리는 인기가 떨어질 때 기도합니다. 어려울 때 기도합니다. 죽게 되면 기도합니다. 그러나 일이 잘될 때, 성공할 때, 칭찬받을 때, 존경받을 때 기도하는 사람 별로 없습니다. 자기가 잘난 줄로 압니다. 그러나 예수님께서는 이 큰 영광에 오천 명을 먹이고 많은 사람이 강제로 예수님을 왕

을 삼으려고 그렇게들 소란을 떨 때 조용히 홀로 빠져나오셔서 산에
가서 밤새 기도하셨습니다. 그 점이 너무도 아름답습니다. 너무나도
흠모되는 장면입니다.

여러분, 성공하는 날에 기도합시다. 칭찬들을 때 기도합시다.
영광을 누린다 할 때 더더욱 열심히 기도해야 합니다. 왜? 교만하면
무너지니까요. 잘못되기 쉬우니까요. 예수님께서는 산에 올라가서
기도하셨습니다. 그래서 기도하시는 예수님께서는 제자들이 저기서
노를 저으면서 힘들어하고 있는 걸 다 알고 계셨습니다. 이 본문은
너무나도 그 점이 아름답습니다. 바람이 거슬리므로 제자들이 힘겹
게 노젓는 것을 보십니다. 멀리 계시면서 다 알고 계셨습니다. '저것
들이 풍랑 때문에 고생하는구나.' 힘겹게 노 젓고 있는 것을 보고 계
셨습니다. 이 얼마나 아름다운 얘기입니까?

여러분, 내 눈에 안보인다고 안계시는 게 아닙니다. 내 눈에 구
름에 가리어 태양이 안보인다고 태양이 없습니까? 내 눈에 안보이
는 태양도 어딘가에는 있는 것입니다. 아니, 밤에도 태양은 있는 것
입니다.

자, 깊이 생각합시다. 내 눈에 안보여도 그 분은 나를 알고 계십
니다. 아니, 내 뜻대로는 안되는 거같은데 그는 다 알고 계시고 나의
길을 인도하고 계십니다. 얼마나 귀한 말씀입니까? 시편 139편 9절
에 보면 "내가 새벽 날개를 치며 바다 끝에 가서 거할지라도 곧 거기
서도 주의 손이 나를 인도하시며 주의 오른손이 나를 붙드시리이다"
하셨습니다. 바다 끝에 가더라도 주님께서는 나와 함께 계십니다.
나를 알고 계십니다.

여러분, 하나님께서는 아신다 할 때 두려움이 있습니까? 평안

이 있습니까? 아무도 몰라도 좋아, 하나님께서는 아신다, 하나님만
은 아신다 그럴 때 우리는 평안하고 그 때 행복하고 바로 그런 사람
이 그리스도인입니다. 하나님께서는 아신다는 말에 두려움에 떠는
사람 그 사람에게는 문제가 있는 것입니다.

자, 예수님께서는 멀리 계시면서도 제자들이 힘겹게 노를 젓고
있는 것을 보셨습니다. 알고 계셨습니다. 그렇다면 우리는 걱정할
필요가 없습니다. 내가 정신없이 살아도 그는 나를 아십니다. 아니,
내가 주님을 떠나도 그는 나를 알고 계십니다. 이걸 잊지 말아야 합
니다.

그뿐 아니라 오늘 본문의 중요한 메시지는 바로 주님께서 찾아
오신다는 것입니다. 힘겹게 노를 젓는 것을 보시고 예수님께서는 물
위를 걸어서 제자들을 찾아오십니다. 찾아오시는 주님. 잃어버린 양
한 마리를 찾아가시는 주님. 하나를 잃어버렸다고 밤새 찾으시는 주
님. 그 찾으시는 마음. 아니 찾아오시는 주님. 그 주님을 우리가 의
식할 수 있어야 합니다. 반드시 찾아오십니다. 여러 모양으로 다정
하게 꼭 필요한 시간에 찾아오십니다.

오늘 본문에 보니 주님께서는 찾아오실 뿐 아니라 위로하십니
다. 이 정신나간 제자들이 예수님께서 바다 위로 걸어오실 때 유령
인가 했다고 합니다. 난 그게 마음에 좀 안들어요. 풍랑이 좀 있기로
서니 예수님을 못알아봐서야 되겠어요? 이렇게 유령인가 할 때 예
수님께서 가까이 오셨습니다. '내니 두려워하지 마라.' 그 한마디가
얼마나 좋습니까? '내니 두려워하지 마라.'

마치 동화에 나오는 얘기같습니다. 아이들만 놔두고 어머니가
멀리 외출을 했는데 밤중에 아이들끼리만 벌벌 떨면서 있다가 어머

니가 가까이 와서 문을 두드립니다. 아이들은 누가 왔나 해서 벌벌
떨고 있을 때 "나다. 엄마다. 두려워하지 마라." 그 한마디에 아이들
의 마음속에는 얼마나 큰 평안과 기쁨이 있겠습니까? '내니 두려워
하지 마라. 내가 여기 있다. 두려워하지 마라. 내가 찾아왔다. 두려
워하지 마라.' 이처럼 주님께서는 우리의 위로자가 되어 주십니다.

그런데 말입니다. 오늘 본문 성경을 자세히 보면 이 저자의 마
지막 결론이 여기에 있습니다. 해석이 있는데 마지막 52절에 있습니
다. 왜 이들이 두려워했느냐? 왜들 이렇게 멍청한 두려움의 시간을
보내야 했더냐 말입니다. 그 이유를 52절에 딱 밝힙니다. "떡 떼시던
일을 깨닫지 못하고 도리어 그 마음이 둔하여졌음이러라." 뭡니까?
며칠 전도 아닙니다. 바로 지난 낮에 있었던 일입니다. 지금은 밤이
고 낮에 있었던 사건인데 오천 명을 먹이는 굉장한 사건을 놓고 감
격했었는데 어찌 그 사이에 까맣게 다 잊어버렸습니까? 그 은혜가
그 감격이 여기까지 올 수 없다는 말입니까?

여러분 한 번 큰 은혜를 경험했으면 그 은혜로 밀어붙이세요.
그 은혜에 꼭 붙들려 있어야지 몇 시간 후에 이렇게 믿음 없는 자가
되어서야 되겠습니까? 이 점이 중요한 것입니다. 사건을 통해서 예
수님께서 만왕의 왕이시며 그가 우리에게 베푸신 은총이 무엇인지
를 깨달아야 합니다. 아니, 깨달았으면 그 깨달음대로 지속해야 합
니다. 그 깨달은 은혜로 바로 다음 문제를 풀 수 있는 해석 능력이
있어야 합니다. 그렇게 큰 기적을 경험하고 그리고 밤새 또 풍랑이
일어난다고 죽느니 사느니 이게 뭡니까? 무슨 변덕입니까?

여러분, 우리가 하루하루 많은 은혜와 기적 속에 삽니다. 그리
고 큰 은혜에 감격하면서 그 은혜로 오늘의 문제를 풀이합시다. 오

늘의 문제를 해석합시다. 이런 일이건 저런 일이건 두려워할 일은 아무것도 없습니다.

여러분, 멀리서도 내 눈에 안 보여도 주님께서는 계시고 내 눈에 안보여도 나를 아시고 내가 필요한 적절한 시간에 찾아오십니다. 내가 깨닫지 못하나 그는 나와 함께 계십니다. 그런고로 두려워할 이유가 없습니다. 이 풍랑과 현재에 당하는 고난, 여러분, 이것이 내게 필요하다고 믿을 수 없겠습니까? 국가적으로나 세계적으로나 그리고 개인적으로 내가 당하는 이 모든 어려운 일들이 있어야 할 일이라고 말입니다. 아니, 있어야 할 일일 거라고 믿을 수 없겠습니까?

이 모든 사건을 통해 하나님께서는 그 사랑을 우리에게 확증해 주십니다. 하나님되심을 우리에게 보여주십니다. 나는 홀로가 아닙니다. 그가 나를 아시기 때문입니다. 나는 절대로 외롭지 않습니다. 두렵지도 않습니다. 그가 나와 함께하시기 때문입니다. 그런고로 말씀하십니다. '내니 두려워하지 마라. 내니 두려워하지 마라.' △

곽선희목사 설교집·강해집·기타

〈설교집〉
08권 물가에 심기운 나무
09권 최종승리의 비결
10권 종말론적 윤리
11권 참회의 은총
12권 궁극적 관심
13권 한 나그네의 윤리
14권 모세의 고민
15권 두 예배자의 관심
16권 이 산지를 내게
17권 자유의 종
18권 하나님의 얼굴
19권 환상에 끌려간 사람
20권 복받은 사람의 여정
21권 좁은문의 신비
22권 내게 말씀을 주소서
23권 약속의 땅을 바라보며
24권 결단이 있는 자의 행로
25권 이 세대에 부한 자
26권 행복한 사람의 정체의식
27권 미련한 자의 지혜
28권 홀로 남은 자의 고민

29권 자기결단의 허실
30권 자기십자가의 의미
31권 자기승리의 비결
32권 자유인의 행로
33권 너는 저를 사랑하라
34권 주도적 신앙의 본질
35권 행복을 잃어버린 부자
36권 지식을 버린 자의 미로
37권 신앙인의 신앙
38권 예수께 잡힌바된 사람
39권 군중 속에 버려진 자
40권 한 수난자가 부르는 찬송
41권 복낙원 인간상
42권 내가 아는 이 사람
43권 한 수난자의 기쁨
44권 스스로 종이 된 자유인
45권 내게 주신 경륜
46권 자유인의 간증
47권 한 신앙인의 신앙간증
48권 그리스도의 침묵
49권 한 알의 밀의 신비
50권 자기 승리의 비결

〈강해집〉
(빌립보서 강해) 희락의 복음
(갈라디아서 강해) 은혜의 복음
(고린도전서 사랑장 강해) 진정한 사랑의 의미
(예수님의 이적 강해) 이적으로 계시된 말씀
(사도신경 강해) 사도들의 신앙고백
(야고보서 강해) 참믿음 참경건
(예수님의 잠언 강해) 예수의 잠언
(사도행전 강해)(상) 교회의 권세
(사도행전 강해)(하) 교회의 권세
(로마서 강해) 믿음에서 믿음으로
(고린도전서 강해) 복음의 능력
(고린도후서 강해) 생명에로의 길
(예수님의 비유강해)(상) 하나님의 나라/(중) 이 세대를 보라/(하) 생명
에로의 초대
(에베소서 강해) 내게 주신 은혜의 선물
(골로새서 강해) 위엣것을 찾으라
(데살로니가서 강해) 사도의 정체의식
(디모데서 강해) 네 직무를 다하라

〈기타〉
행복한 가정/참회의 기도/영성신학/종말론의 신학적 이해/생명의 길